本成果受到国家社会科学基金重大项目"从'大缓和'到'大衰退'的西方宏观经济学理论与政策的大反思"(课题号:14ZDB123)支持

FINANCE EXTENDS GROWTH
A NEW PERSPECTIVE ON PROSPERITY, CRISIS AND STAGNATION

金融延续增长
繁荣、危机及停滞的另一种解释

杨丹丹　刘元春　著

中国社会科学出版社

图书在版编目（CIP）数据

金融延续增长：繁荣、危机及停滞的另一种解释/杨丹丹，刘元春著.
—北京：中国社会科学出版社，2019.6（2019.12 重印）
ISBN 978-7-5203-4639-9

Ⅰ.①金… Ⅱ.①杨…②刘… Ⅲ.国际金融—研究 Ⅳ.①F831

中国版本图书馆 CIP 数据核字（2019）第 124442 号

出 版 人	赵剑英
责任编辑	黄 晗
责任校对	周 昊
责任印制	王 超

出　　版	中国社会科学出版社
社　　址	北京鼓楼西大街甲 158 号
邮　　编	100720
网　　址	http://www.csspw.cn
发 行 部	010－84083685
门 市 部	010－84029450
经　　销	新华书店及其他书店
印　　刷	北京明恒达印务有限公司
装　　订	廊坊市广阳区广增装订厂
版　　次	2019 年 6 月第 1 版
印　　次	2019 年 12 月第 2 次印刷
开　　本	710×1000　1/16
印　　张	14.5
插　　页	2
字　　数	231 千字
定　　价	69.00 元

凡购买中国社会科学出版社图书，如有质量问题请与本社营销中心联系调换
电话：010－84083683
版权所有　侵权必究

摘 要

2008年爆发的国际金融危机给传统的宏观经济理论和政策实践带来了巨大挑战。在危机前高增长、低通胀的"大稳健"时期，经济学理论的发展推动了作为发达国家主流政策框架的"新共识"货币政策框架的形成，在该框架的指导下，各国央行将通货膨胀作为唯一的政策目标，并利用利率这一主要政策工具来实现同时熨平产出波动和物价波动的目的。然而，金融危机中，面对全球经济增长出现的超预期下滑以及之后的长期停滞，"新共识"框架却遭遇系统性失灵——根据通胀目标的变动未能成功预判出产出和就业在危机初期的大幅下降，以下调利率做出的应对措施也在对抗危机后的衰退中失效。危机后各国经济增长的普遍低迷推动了经济学界关于长期停滞理论的研究，而"新共识"在危机中的系统性失灵也引发了理论界对该框架所忽视的金融因素的一系列讨论。

在危机后关于经济增长与金融问题的讨论日趋热烈的背景下，本书重点分析了危机中经济增长的超预期下滑以及危机后经济的长期停滞问题，并纳入金融因素对此进行研究。选择金融危机进行研究是因为金融危机后经济增速的下降无论幅度还是持续时间上都显著大于传统商业周期，呈现出间断式下滑及长期式下滑的特征。间断式下滑是指危机前后的经济增速在短时间内发生了极其显著的变化，长期性下滑是指在危机爆发后相当长的时期内危机冲击国的经济增速都回不到危机前水平。

在分析本次国际金融危机的过程中，本书发现历史上金融危机后经济增速出现间断式及长期性下滑的现象具有普遍性，除了由美国次贷危机引爆的国际金融危机外，大萧条、拉美债务危机、日本泡沫破灭、亚洲金融危机、欧洲债务危机后危机发生国的经济增长也都出现过类似的特征。通过对此具有普遍性的经济增长问题的梳理，本书发现虽然经济增长的间断式及长期性下滑在时间节点上与危机的爆发紧密相关，但其根源却要追溯到危机前的繁荣时期。这决定了本书在具体论述中所采用的视角不能仅以危机爆发为起始点，而要从一个金融长周期的视角，回溯到危机前的高增长时期去探究最终引发危机的经济矛盾，并具体衡量金融在此间的作用。

由于2008年国际金融危机中新古典宏观经济学出现系统性失灵，建立在其基础上的新古典增长测算方法也未能成功预测出危机的到来，因此在具体的研究方法上，本书没有采用新古典的增长模型进行研究，而是考虑了金融这一需求面冲击的重要性后，在长周期内从需求面入手，先分析金融的膨胀如何导致了需求的扩张，进而考虑其对供给的影响，并以宏观供需的变化推导出经济增速的变动。

本书的主要结论是：金融危机前需求不足与资本过剩的共存导致了金融延续增长这一路径的必然性，经金融扩张的需求暂时掩盖了经济供需间的矛盾，阻碍了危机的小规模爆发，而过剩的资本为金融的膨胀提供了条件，同一时期对金融自由化的推崇以及政府政策的宽松化也保障了金融延续增长路径的持续性。经金融扩张的需求在产能未遭遇限制时会通过逆萨伊定律促成供给的引致性扩张，只要没有外力打破这一进程，需求扩张和供给增长间的正向循环就会一直推动着经济的过度繁荣，经济呈现出持续增长的表象。在此过程中，流动性的充裕以及政府管控的宽松化会在经济增长的同时引发股票、房地产价格的快速上涨，而资本过剩和需求不足的前提条件使得在金融泡沫形成的过程中整体物价水平并不会有同幅度的上升，货币政策的非对称性以及理论界所认为的泡沫的难以识别性也会导致在资产价格快速上涨的初期对此不作太大干预。金融泡沫上升到一定高度后，政府政策的收紧，或者预期的转化等原因会造成资产价格的下跌，维持金融膨胀的信用遭遇紧缩，金融延续增长的路径就被打断，一系列曾刺激需求和供给扩张的因素将反作用地引发经济增速的回落，回落过程中，需求和供给不仅会因为金融支撑的消失而回归其真实值，还会因为危机期间金融体系的失灵进一步降低，最终表现为经济增速的间断式下滑。由于危机前金融膨胀过程中资本的过剩以及政府政策持续性的宽松大大限制了危机中政策的作用空间，因此政策刺激作用的欠缺，以及金融危机所导致的大规模资产负债表衰退在此后的长期修复都会使得经济的停滞持续相当长的时期，经济增长难以重回危机前由金融扩张所维持的高速度。

本书共十章，分为四部分。

第一部分为问题引入及研究综述，包括第一章到第三章，奠定本书的分析基础。

第一章通过总结本轮国际金融危机前、中、后的经济现实和经济学理论变化情况，厘清研究背景，提出研究问题，界定研究对象，阐明研究目的。

第二章为现实综述，通过历史上典型金融危机后经济增速的变化情况，探讨金融冲击中经济增长出现间断式及长期性下滑这一现象的普遍性。选取了影响深远的大萧条，爆发于发达国家的日本经济危机和欧洲债务危机，以及发生在发展中经济体的拉美债务危机和亚洲金融危机这五次大型危机，梳理危机发生国在危机前后的经济表现，为本书的分析奠定现实基础。

第三章为理论综述，梳理经济周期领域四大主要学派——凯恩斯学派、货币学派、奥地利学派以及马克思主义学派中金融对经济周期波动、经济危机及经济萧条的影响机制。重点分析了凯恩斯学派中以萧条经济学、流动性陷阱、资产负债表衰退、长期停滞为代表的需求不足论，以及以融资不稳定、信贷周期、金融加速器、动物精神等为代表的金融不稳定性学说；分析了货币学派中以债务通缩、债务超级周期等为代表的债务变动对经济增长的影响机制，以及货币供应量的变化在滞胀、萧条中的作用；分析了奥地利学派所倡导的货币非中性以及人造繁荣的不可持续性，并以此为基础梳理了该学派的危机根源与政策应对；马克思主义学派的危机理论重点关注的是生产领域，因此在该学派的理论梳理中本书重点分析了金融对生产领域问题，如生产过剩和利润率下降的影响。

第二部分为理论分析与论证，包括第四章到第六章，提出本书的理论分析框架，并通过与现有经济学理论的对比研究，以及对典型金融危机案例的解释，论证本书理论的科学性和普遍适用性。

第四章为理论分析，提出本书的理论分析框架。首先论证作为分析基础的逆萨伊定律的存在性，之后立足于此，从理论机制和模型推导两方面介绍本书的分析框架。在机制分析上，先解释危机前的金融膨胀如何延续了经济增长，导致经济增速的虚高并为危机埋下隐患，再解释这样依靠金融延续的经济增长为何是不可持续的，以及是如何以危机为界发生突变，导致了产出增速的间断式及长期性下滑；在模型推导上，以一个OLG模型解释危机前自由市场经济的运行如何导致了利率的持续下滑，以杠杆增加为代表的金融扩张是如何延缓了利率的下滑，延续了经济的增长，以及危机后的去杠杆进程如何引发政策利率的零下限和经济的长期停滞，并讨论了增长失速时期的通货膨胀、经济悖论以及停滞分化等问题。

第五章总结本书理论的几大特征，包括危机的必然性，金融延续增长路径中的特征性金融变化以及政府的作用，并讨论本书分析与第三章四大主要学派观点的联系与差异，从理论上验证本书分析的科学性，突出本书的创新点。

第六章为案例分析，用本书的分析逻辑来验证并解释大萧条、拉美债务危机、日本经济危机、亚洲金融危机以及欧洲债务危机中相应经济体在危机前后经济增长的变化，总结这些不同危机在危机演变及特征性经济表现上的一系列相似点，包括危机前资本的充裕、利率的走低、资产的泡沫、需求的扩张、产能的增加、增长的繁荣，危机爆发前资金状况的收紧，危机爆发后经济增速的间断式、长期性下滑，以及经济停滞在时间上的分化。之后论证具体国情的不同所导致的不同发展阶段国家在金融危机中的差异，包括过剩资本来源、需求不足根源、需求扩张路径、政府干预方式、危机后经济调整等方面的区别。

第三部分为实践分析，包括第七章和第八章，用本书理论具体分析国际金融危机中的中国经济问题，并对应比较危机后的中美政策调整。

第七章立足于危机中经济增长变化在发达国家和发展中国家的差异，用本书的理论逻辑具体分析中国问题。先通过改革开放以来三次关键性改革事件的梳理，确定造就中国增长奇迹的驱动来源，认为需求的外延性及政府主导性扩张，联合由人口红利、投资红利、技术红利等推动的供给增加一起促进了中国经济的高增长，且同一时期国内与国际的资金供给、流动维持了这一增长的持续。金融危机爆发后，传统需求下滑的长期性以及供给红利的陆续消散造成了经济增速的大幅下滑，危机初期的政府大规模干预虽然以信贷—投资拉动形式暂时弥补了外需的下滑，推动了经济增速的短暂反转，但却并不能改变增长速度长期下滑的趋势。

第八章以美国代表发达国家、中国代表发展中国家，梳理这两个代表性国家在国际金融危机后的政策调整，并进行横向和纵向两个角度的分析，纵向分析将危机后的政策调整与危机前经济高增长阶段暴露出的问题一一对应，进一步完善本书的长周期分析；横向分析深入阐述经济扩张路径不同的发达国家和发展中国家在危机后政策调整上的联系与差异。

第四部分为补充分析，包括第九章和第十章，对研究方法的采用作补充说明，并就一些经济问题进行延展思考。

第九章通过论述基于新古典基础的潜在产出测算方法在危机期间的失灵以及对发展中国家的适用性问题，具体说明本书为何不选择新古典的增长理论而是用长周期的供需分析法研究金融危机后经济增速的间断式及长期性下滑问题。

第十章总结全文，对增长基础、古典二分法、金融的作用与约束以及政府的定位这几个问题展开进一步思考，并总结本书的创新与不足。

目 录

第一章 研究背景：国际金融危机前后经济增长与经济学理论发生变化 (1)

第一节 危机前的经济稳健与理论综合 (1)

第二节 危机中的经济下滑与理论失灵 (3)
  一 经济的下滑 (3)
  二 理论的失灵 (4)

第三节 危机后的经济停滞与理论探索 (6)
  一 经济增长停滞 (6)
  二 增长理论创新 (7)
  三 金融的重要性 (9)

第四节 研究界定 (12)
  一 概念界定 (12)
  二 研究目的 (13)
  三 研究安排 (14)

第二章 现实综述：金融危机后经济增长减速的典型案例概览 (16)

第一节 大萧条 (16)
  一 危机前的普遍繁荣 (16)
  二 危机中的同步衰退 (18)
  三 危机后的长期萧条 (20)

第二节 拉美债务危机 (21)
  一 危机前的外资流入 (21)

  二 危机中的形势恶化 …………………………………… (23)
  三 危机后的持续衰退 …………………………………… (24)
 第三节 日本泡沫破灭 ……………………………………………… (25)
  一 危机前的金融泡沫 …………………………………… (25)
  二 危机中的泡沫破灭 …………………………………… (27)
  三 危机后的大衰退 ……………………………………… (28)
 第四节 亚洲金融危机 ……………………………………………… (29)
  一 危机前的增长奇迹 …………………………………… (29)
  二 危机的席卷式爆发 …………………………………… (30)
  三 危机后增长神话的破灭 ……………………………… (32)
 第五节 欧洲主权债务危机 ………………………………………… (34)
  一 危机前欧元区的分化 ………………………………… (34)
  二 危机中的增长下滑 …………………………………… (35)
  三 危机后的持续震荡 …………………………………… (38)

第三章 理论综述：周期理论中的金融与增长 ………………………… (39)
 第一节 凯恩斯学派 ………………………………………………… (40)
  一 需求不足 ……………………………………………… (41)
  二 金融不稳定 …………………………………………… (44)
 第二节 货币学派 …………………………………………………… (49)
  一 债务变动 ……………………………………………… (51)
  二 货币供给 ……………………………………………… (54)
 第三节 奥地利学派 ………………………………………………… (56)
  一 货币非中性 …………………………………………… (57)
  二 人造繁荣不可持续 …………………………………… (58)
 第四节 马克思主义 ………………………………………………… (60)
  一 生产过剩 ……………………………………………… (61)
  二 利润率下降 …………………………………………… (64)

第四章 理论分析：金融延续增长——危机后经济增速间断式及长期性下滑的原因 (68)

第一节 逆萨伊定律 (69)
一 萨伊定律及成立条件 (69)
二 逆萨伊定律的存在性 (71)

第二节 机制分析 (74)
一 需求不足与资本过剩 (74)
二 总需求的金融化扩张 (77)
三 总供给的引致性增加 (81)
四 过度均衡与转折点 (82)
五 经济增速的间断式下滑 (84)
六 经济增速的长期性下滑 (86)

第三节 模型推导 (87)
一 均衡利率的下行 (88)
二 金融延续增长 (91)
三 名义利率零下限与经济的长期停滞 (93)
四 经济增长停滞时期的相关问题 (95)

第五章 理论研讨：理论特征分析及与主要经济周期学派观点的比较 (99)

第一节 危机的必然性 (99)
一 理论特征 (99)
二 理论比较 (100)

第二节 金融延续增长 (102)
一 利率的下降 (103)
二 金融非中性 (104)

第三节 政府的作用 (106)
一 金融危机发生前 (107)
二 金融危机爆发后 (107)

第六章 案例论证：经济增长减速的典型金融危机剖析 …… （111）
第一节 大萧条与2008年国际金融危机的比较分析 …… （111）
第二节 拉美债务危机与本书理论的比较分析 …… （114）
第三节 日本泡沫破灭与本书理论的比较分析 …… （114）
第四节 亚洲金融危机与拉美债务危机的比较分析 …… （116）
第五节 欧洲主权债务危机与本书理论的比较 …… （117）
第六节 不同金融危机的比较 …… （118）
　　一　不同金融危机的相似性 …… （118）
　　二　不同金融危机的差异 …… （121）

第七章 中国经济：国际金融危机与中国经济增长 …… （123）
第一节 危机前中国经济增长的动力探析 …… （124）
　　一　经济增长的驱动来源 …… （124）
　　二　经济增长的驱动基础 …… （127）
　　三　经济增长的驱动条件 …… （129）
第二节 危机中经济增速的下滑 …… （131）
　　一　需求的降低 …… （131）
　　二　供给的变动 …… （132）
　　三　经济增速的下滑 …… （135）
第三节 危机后的中国经济增长 …… （136）
　　一　经济增速下滑的长期性 …… （137）
　　二　经济增长的前景探析 …… （138）
　　三　经济增长的政策管理 …… （140）

第八章 政策实践：国际金融危机后中美政策比较 …… （143）
第一节 危机后美国的政策调整 …… （143）
　　一　美国经济扩张模式在危机中暴露出的问题 …… （143）
　　二　危机后美国的政策改革 …… （148）
第二节 危机后中国的政策调整 …… （152）
　　一　中国经济增长模式在危机中暴露出的问题 …… （153）
　　二　危机后中国的政策改革 …… （155）

第三节　危机后中美政策比较 …………………………… (164)
　　　一　中美政策调整的相关性 ………………………… (164)
　　　二　中美政策调整的差异性 ………………………… (165)

第九章　传统潜在产出测算方法的局限性 ………………… (168)
　　第一节　潜在产出测算的理论基础及适用性 …………… (168)
　　第二节　潜在产出测算在金融危机中的问题 …………… (170)
　　　一　危机前市场失灵对潜在产出测算的冲击 ………… (170)
　　　二　危机中逆萨伊定律对潜在产出测算的挑战 ……… (172)
　　　三　危机后有效需求长期不足对潜在产出测算的影响 ……… (173)
　　第三节　潜在产出测算对发展中经济体的不适用性 …… (174)
　　第四节　潜在产出测算的突破思路 ……………………… (176)

第十章　总结与思考 ………………………………………… (179)
　　第一节　增长基础的再讨论 ……………………………… (186)
　　第二节　古典二分法的突破 ……………………………… (187)
　　第三节　金融的定位与约束 ……………………………… (188)
　　第四节　政府定位的再思考 ……………………………… (189)
　　第五节　本书的创新与不足 ……………………………… (191)

参考文献 ……………………………………………………… (193)

第一章

研究背景：国际金融危机前后经济增长与经济学理论发生变化

经济增长历来是宏观经济研究的重要内容，一个低水平的增长率不仅预示着社会福利、生活水准的下降，更将导致债务率上升、资本外流、汇率贬值等一系列负面影响。本轮国际金融危机爆发以来，美国乃至世界经济经历了深度并且持续的下滑，面对这场堪比大萧条的经济衰退，不仅政策当局的传统逆周期刺激政策遭遇巨大挑战，危机前发展形成的经济学理论也暴露出重大缺陷。

第一节 危机前的经济稳健与理论综合

1929年大萧条之后，2008年国际金融危机之前，西方世界经历的影响范围最为广泛、程度最为深远的经济衰退当属20世纪70年代的"滞胀"，滞胀期间，经济低迷不振，物价水平飞涨，1973年和1979年的两次能源危机更是导致一些国家发生了自大萧条以来最为严重的衰退。而大萧条后占据经济学主流的凯恩斯主义政策却对此一筹莫展，以美国为代表的大多数西方国家政策当局在产出和通胀间的相机抉择非但不能取得预期效果，反而因政策的频繁摇摆引发了通货膨胀和工资水平的螺旋式上升。

坚持通胀与失业具有替代效应的凯恩斯主义在持续的滞胀中遭遇困境，其宏观经济学主流地位开始动摇，之后，由弗里德曼推动发展的货币主义逐渐取代凯恩斯主义成为政策参考的主要理论。在货币主义的影响下，通货膨胀逐渐被认为是一个货币现象，各国中央银行也开始试图通过货币量的管控遏制物价上涨。美联储在1979年首次公开表态将通货膨胀的主要责任归于中央银行，并通过切实有力的紧缩性货币政策成功控制了1981—1983年的三次通胀恐慌，证明了政策承诺的可信在稳定通胀中的关键作用。在美联储的实践带领下，新西兰、加拿大、瑞典、英国、澳大利亚等国的央行也开始承担起通胀控制的责任。在此后调控物价的实践过程中，各国央行又发现清晰的通胀目标相较货币总量更易控制，因此逐渐完成了政策目标从货币数量向通货膨胀的过渡。

货币主义的理论创新推动了各国央行的货币政策实践，政策实践的经验及效果又进一步推动了经济学领域的理论研究。各国央行在控制通货膨胀方面的成功经验推动了经济学家们在真实经济周期、货币政策、理性预期等领域的研究，同一时期，由于计算机的快速发展，经济学动态随机宏观模型的求解也得到了极大简化。这些因素共同推动了滞胀之后占据宏观经济学主流的"新共识"政策框架的诞生。

"新共识"货币政策框架包含三大部分：以方程（1.1）代表的新凯恩斯主义菲利普斯曲线，以方程（1.2）表示的动态IS曲线，以及以方程（1.3）所描述的泰勒规则。该框架建立了产出缺口和通货膨胀的惯性特征，并给出了利率工具在应对产出和物价波动时的对应规则。在"新共识"框架的指导下，各国央行确立了货币政策在宏观政策框架中的主导地位，以及货币政策实践中的四项基本原则：维持低通胀水平；主要关注核心通货膨胀率；低通胀目标承诺的可信性；透明的利率政策。即以通货膨胀作为货币政策目标，以利率作为政策工具（Meyer，2001；范志勇、杨丹丹，2016）。

$$\pi_t = \alpha_1 \hat{y}_t + \alpha_2 \pi_{t-1} + \alpha_3 E_t(\pi_{t+1}) + \varepsilon_t \qquad (1.1)$$

$$\hat{y}_t = \beta_1 \hat{y}_{t-1} + \beta_2 E_t(\hat{y}_{t+1}) - \beta_3 [i_t - E_t(\pi_{t+1})] + \varepsilon_t \qquad (1.2)$$

$$i_t = r_t^n + \gamma_1 E_t(\pi_{t+1}) + \gamma_2 \hat{y}_{t-1} + \gamma_3 (\pi_{t-1} - \pi^T) \qquad (1.3)$$

作为近40年来主流宏观经济理论和技术方法上集大成者的"新共识"货币政策框架在对滞胀后经济政策的实践指导中取得了非常好的效果。在"新共识"货币政策的主导与运用下，发达国家经历了长达30年低通胀、高增长的"大稳健（The Great Moderation）"时期。20世纪70

年代噩梦般的通货膨胀得到了成功控制,民众情绪乐观,对政府调控的信心充足,大幅度的萧条也未再次在美国等西方国家出现。真实经济活动的持续繁荣,以及通货膨胀波动的减缓,使得以本·伯南克(Ben Bernanke)、罗伯特·卢卡斯(Robert E. Lucas)① 为代表的一些经济学家认为,大幅萧条的时期已经成为过去,商业周期基本已被驯服。经济所遇到的衰退频率和幅度都大为减少的波动不再是经济学领域的突出问题。

第二节　危机中的经济下滑与理论失灵

就在伯南克和卢卡斯声称现代宏观经济政策已经基本解决了经济周期问题短短几年后,一场惨烈的金融与经济危机迅速席卷了世界绝大部分地区。这场由美国次贷危机引发的国际金融危机不仅推翻了上述乐观宣言,更将世界经济拖入了一场堪比20世纪30年代的萧条中。在这场金融危机面前,发达国家的平稳增长均被打断,经济遭遇了全面的增速下滑和失业增加;占据主流的"新共识"货币政策框架也暴露出一系列缺陷和不足,不仅未能成功预测出危机的到来,在危机爆发后的政策应对也出现系统性失灵。

一　经济的下滑

21世纪初,为应对互联网泡沫破灭对经济的负面影响,格林斯潘领导的美联储于2001年年初将联邦基金利率下调50个基点,美国货币政策开始进入从加息到降息的周期。至2003年6月,经过美联储的13次降息后,联邦基金利率已经降至过去46年中最低水平的1%。基准利率的下降带动了放贷利率的同步下降,同一时期美国的短期、长期按揭贷款利率都呈现出大幅度下滑,导致了贷款的大规模发放。利率的下降,资金的充裕一方面推动了资产价格的上涨,另一方面使得许多不具购房能力的群体通过高风险的金融创新产品进入了房地产市场。只要房价维持上升,这些购房者每月就只需负担较低的还款,而这些贷款在放贷金融机

---

① 伯南克的发言来自于2005年的国会证言,卢卡斯的发言来自于2003年在美国经济学年会上的主席发言。

构的资产负债表上也以优良资产的形式存在。

2004年6月,出于控制通胀、维护美元稳定的目的,美联储开始加息,至2006年6月连续加息17次,联邦基准利率由1%提高到5.25%。基准利率的上升带动了住房贷款利率的上升,美国房价开始下跌,且随着还贷压力的加大,一部分购房者难以按时付息,到2006年四季度次级抵押贷款不良率上升到13%以上。2007年4月美国第二大抵押贷款机构——新世纪金融公司宣告破产,3个月以后,美国两大评级机构——标准普尔和穆迪下调了1000多只按揭贷款抵押债券的评级,投资者对信用衍生品的投资信心动摇,大量次级债券难以出售,金融机构面临巨额损失和投资者赎回压力,这进一步加大了金融市场的恐慌和波动,形成恶性循环。2008年8月,美国住房抵押贷款投资公司、高盛、美林、摩根大通等金融机构相继宣布在次贷危机中受损,2008年9月15日以雷曼兄弟破产为标志,金融危机爆发。至此,这场最初起源于信贷市场的信用危机愈演愈烈,迅速席卷了股市和汇市等其余金融市场,引发了全球的金融动荡。到了2008年10月初,全球股市同步下跌,总市值损失在6万亿美元以上。股市的下跌引发了银行不良资产率的上升,导致银行系统出现大规模挤兑与破产风潮。金融市场的持续动荡导致了流动性紧缩、企业融资困难、失业率上升、社会需求下降、全球贸易下滑等一系列实体经济问题,最终引发国际经济危机。

二 理论的失灵

"新共识"理论的失灵表现在两个方面:政策目标标示作用的失灵以及政策工具调节作用的失灵。

在"新共识"所依托的宏观模型中,稳定的低通胀正好对应着为零的产出缺口(Blanchard,2010;Gali,2009等),能够实现通胀目标、保证物价稳定的政策措施会同时将产出稳定到其潜在水平(Arestis,2008;Hlédik等,2011),因此受"新共识"框架指导的中央银行主要致力于维持稳定的低通胀,较少关心具体的经济活动,并只需在通胀上企的时候实行较为紧缩的政策就能同时实现控通胀并抑制需求过热的效果,在经济出现通缩趋势的时候出台宽松性政策也就能相应完成稳物价与促需求的双重目标。然而,一旦通胀与产出缺口间的关系发生改变,按照历史经验出台的政策效力就要大打折扣。因此，在此次通胀变动与产出水平变动出现背离的金融危机之前，仅仅依靠通胀目标对经济活动的判断就出现了失灵。本轮金融危机爆发之初，在发达国家产出快速下滑、失业急剧增加的同时，其通胀水平却相对稳定得多（Williams，2010；Ball 和 Mazumder，2011 等），由于政策目标的平稳化，央行就没有出台大幅度的刺激计划，因而在危机初期没能有效应对经济和就业的急剧下滑。

"新共识"框架下的主要货币工具是利率，利率政策主要依据的是泰勒规则。当产出缺口为负，且通货膨胀率低于目标值时，央行应降低短期名义利率，并通过金融市场的套利关系降低长期利率，促进消费者减少储蓄，促进企业增加投资，带动就业的增加、产出的上升。然而，此次危机中，利率工具遭遇了"大稳健"时期几乎未曾出现过的失灵。这种失灵主要表现在以下两个方面：（1）利率刚性。在危机初期，反周期作用的利率并未降低至泰勒规则所计算出的水平。以对泰勒规则具有较好执行力的美国央行为例，面对总需求的大幅萎缩，央行虽然快速下调政策利率并接近零，但如果基于泰勒规则的估算，美国的利率水平仍需再下调 3—5 个百分点（Blanchard 和 Ariccia，2010），然而名义利率已经为零的事实让利率的继续下调难以实现，这降低了利率对产出缺口的反应弹性，阻碍了货币政策刺激的空间。利率刚性问题也与通胀水平的持续走低有关。危机后在世界主要经济体增长乏力，物价走低的同时，大宗商品和原材料价格的下跌更给各国造成了通货紧缩的风险，名义利率受零下限制约条件下，通货膨胀率的下降进一步限制了实际利率水平的下降，削弱了传统货币政策应对负向产出缺口的效力。（2）萧条与泡沫的共存。危机后为刺激实体经济复苏，政策利率在下降刚性的背景下一直处于零值附近。政策利率的走低虽然因较低的通胀率而难以刺激实体投资的增加，却导致了资金成本的低廉化。低廉的资金成本，结合实体经济的低收益，促进了宽松货币政策所释放的流动性向股票、房地产等资产市场的大幅流入，催生出大量资产泡沫，引发了实体经济与金融发展的两极分化。而根据丁伯根法则，一种工具难以控制两个政策目标，传统利率工具难以同时兼顾刺激经济复苏与防范金融风险的双重任务。

第三节　危机后的经济停滞与理论探索

一　经济增长停滞

各国经济增速在全球金融危机初期经历了大幅度下滑后,复苏持续乏力,增长速度一直难以恢复到危机前的水平,经济出现全面停滞。

表1—1　　全球金融危机前后经济增速变化①　　　　单位:%

	世界	发达国家	新兴和发展中国家	美国
危机前8年平均 (2000—2007年)	4.473	2.638	6.563	2.655
危机后8年平均 (2008—2015年)	3.317	1.058	5.219	1.300
经济增速下降百分比	25.859	59.897	20.479	51.036
经济增速下降绝对值	1.157	1.580	1.344	1.355
危机前10年平均 (1998—2007年)	4.192	2.748	5.831	3.037
危机后10年平均 (2008—2017年)	3.353	1.247	5.088	1.416
经济增速下降百分比	20.015	54.624	12.746	53.390
经济增速下降绝对值	0.839	1.501	0.743	1.622
危机前16年平均 (1992—2007年)	3.800	2.746	5.030	3.232
危机后16年平均 (2008—2023年)	3.521	1.476	5.066	1.636
经济增速下降百分比	7.344	46.239	-0.721	49.393
经济增速下降绝对值	0.279	1.270	-0.036	1.596

资料来源:IMF《世界经济展望》数据库(2018年4月)。

---

① 危机开始之后10年内(2008—2017年)的数据都是实际统计数据,超过10年的平均数据自2018年起用的是IMF《世界经济展望》数据库中的预测数据,由于预测数据只到2023年,因此比较时限最长取到16年。关于数据年限选取的考虑详见本章第四节。

根据表1—1，全球金融危机爆发后，美国以及受危机波及的许多国家在经济增速的变化上体现出两大特点：(1) 经济增速在危机后出现了间断式下滑，即经济增速的下滑远远超过普通商业周期中的下滑。如作为危机发生国，美国的经济增速在危机前后有了显著下降，危机爆发后的8年中，美国平均经济增速与危机前相比下降百分比在50%以上；除了影响美国外，国际金融危机显著拉低了世界经济的增长，危机开始8年后的世界平均经济增速下降了25.9%，增速的绝对值由4.5%下滑到3.3%；分地区的研究发现，发达国家在危机爆发后的8年后，平均经济增速下降的百分比高达60%，新兴和发展中经济体所受影响虽然要低于发达国家，但平均增速下降百分比也在20%以上。(2) 经济增速的下滑是长期性的，即使距离危机爆发相当长的时间之后，经济增速也难以恢复到之前的水平。根据IMF的估计，到了距危机开始16年之久的2023年，美国经济的平均增速仍将比危机前低一个百分点以上，相对下降比率接近50%；同一时期，世界经济不仅难以恢复到危机前的高增长，相较危机前还有高达7.3%的相对下降；且这7.3%的较低相对下降比率也主要是受新兴和发展中经济体增速的提振；去掉新兴和发展中经济体的影响，就会发现发达国家的经济增速下滑依然严峻，到了IMF所预测的2023年，发达国家经济增速下降的绝对值仍在1个百分点以上，相对值依然高达46%以上。

二 增长理论创新

鉴于危机前占据主流的"新共识"货币政策框架在经济增速间断式下滑时的预测失灵，以及在经济增长长期停滞时期的应对失效，学术界开始了一系列的理论反思与创新。

金融危机至今，美国等发达国家的经济复苏普遍乏力，面对主要经济体高赤字、高债务与高失业并存的现状，经济学家们逐渐认识到虽然如今的产出水平在数量上已经恢复并超越了危机前水平，但在增长速度上却将长时期低于危机前趋势。针对这样的增长前景，学者们提出了"新平庸（New Mediocre）""新常态（New Normal）""长期停滞（secular stagnation）"等理论来进行分析、解释。这些理论均产生了极大影响，其中关于长期停滞的讨论尤为引人关注。

长期停滞这一概念始于 Hansen（1939）的研究，他认为大萧条可能开启一个持续失业和增长停滞的新时期，因为出生率的下降、储蓄倾向的增加等将导致需求的长期不振。然而，不久之后的第二次世界大战打破了 Hansen 的担忧，战争导致的政府大规模支出极大地扩张了需求，第二次世界大战之后婴儿潮的出现也扭转了美国等发达国家人口结构的变化，长期停滞理论随着这些变化一度沉寂，直到 2013 年借由 Summers 在 IMF 的演讲重新获得关注。Summers 认为，虽然此次国际金融危机引发的恐慌已经得到有效控制，然而大幅宏观政策干预下的经济增长依然迟迟回归不到危机前的趋势，因此本轮危机可能如 Hansen 分析的那样开启一个以低增长、高失业、低物价与低产能利用率等为表征，难以由传统政策有效刺激的经济长期不景气时期。Summers 的发言迅速引发了一系列后续讨论，Krugman（2013），Taylor（2014），Teulings 和 Baldwin（2014）等学者纷纷从不同角度展开了对长期停滞的分析。

关于经济长期停滞的原因探讨，主要分为需求和供给两大方面。

需求面的分析将长期停滞归结于需求的持续低迷，Hansen（1939）在大萧条后对美国的分析、Summers（2014）对金融危机后发达国家增速下滑的分析均属于此类。Summers 等学者认为，需求的低迷是因为政策利率高于均衡利率所致，能够促进市场出清的利率为均衡利率（这一利率水平在危机后可能已经下降成负值），而政策能够影响的是名义利率和通货膨胀率，当名义利率和通货膨胀率决定的实际利率高于均衡利率时，市场就会因为投资、消费的抑制而难以出清，就业也就达不到充分就业水平。而实际利率的过高源于以下因素：（1）利率在危机前就一直呈现出下降趋势（Furceri 和 Pescatori，2014；Teulings 和 Baldwin，2014）。21世纪以来，具有较高储蓄率的新兴市场国家因为其较高的增长率，在经济的日益全球化中对全球储蓄规模的快速增长做了极大贡献（IMF，2014），全球储蓄规模的迅速增长导致了可贷资金供给的大幅增长；与此同时，全球投资水平却一直处于下滑态势，一方面源于发达国家人口增长率下降背景下，新增人口资本投资需求的下滑；另一方面源于资本品价格下滑背景下，进行定量资本建设所需要的投资的下滑，尤其是以信息技术产业为代表的行业投资的下滑。全球投资的下滑导致了资金需求相对资金供给的下降，对全球利率造成下降压力。此外，安全资产较风险资产相对需求的上涨也起到了拉动实际利率下降的作用。过去几十年，全球外汇储备、养老基金和保险公司的资产总量快速增长，而这些资本主要坚持的是以政府固定收益率债券为主要投资标的的保守型投资策略，这导致了全球市场对较低收益率的安全资产相对需求的上涨，这一转变也对利率起到了下拉作用。在危机前全球利率已经持续下降的背景下，危机中金融机构不良资产率的上升、微观个体资产负债表的恶化、恐慌情绪的蔓延以及风险规避的增长，又通过投资的下滑、预防性储蓄的增加以及对风险资产相对需求的减少巩固了以上三大因素的影响，进一步拉低了金融危机后均衡利率的水平，扩大了政策利率与均衡利率间的差距。（2）通胀水平的下滑。滞胀之后随着央行低通胀目标承诺的可信，公众随之形成了较为稳定的低通胀预期，因此厂商和劳动者对于产品价格、工资的调整频率也逐渐降低，这减轻了通胀的波动（Roberts，2006；Mishkin，2007）；同时，名义粘性与通货膨胀间的关系是非线性的，工资和物价的粘性会随着通胀水平的下滑而增强，因此在低通胀时期，物价的波动会进一步趋缓（Akerlof，1996；Benigno 和 Ricci，2010）。此外，全球化的日益发展也对发达国家的物价造成了向下的压力，因为在要素可以自由流动，产品可以全球竞争的环境下，通胀的决定因素由一国内部的产能变化逐渐变为全球产能的变化，来源于发展中国家的更为廉价的进口就因此促进了全球通胀的结构性下降（IMF，2006；Borio 和 Filardo，2007）。

供给面的分析将长期停滞归因于潜在产出增速的下降，而潜在产出增速的下降源于劳动生产率、总工作时间这些新古典增长理论中生产因素的下降。第二次世界大战后婴儿潮时期出生人口的逐渐退休、青少年劳动参与率的下降以及寿命预期相对于退休年龄的延长导致了人均工作时间的下降（Gordon，2012）。网络化办公、零售业革新等信息时代所促使的商业模式变革的完成，初创型企业所带来的破坏性创新的减少等使得危机前的劳动生产率就已经出现显著下滑，而国民受教育程度的停滞不前、社会问题的增多也使得未来的生产率进步堪忧（Gordon，2015）。

三 金融的重要性

在探究经济长期停滞根源的同时，理论界也对"新共识"理论在危机中及危机后的系统性失灵进行了彻底的反思。这些反思的一大关键发现就是原有理论框架对于金融因素的缺乏。

危机前以真实经济周期、理性预期、一般均衡等为代表的主流经济学分析框架中一直缺少有关金融市场、金融中介等领域的系统分析。有些模型即使通过加入金融中介等方式考虑到了金融的存在性，但其模型假定中也基本都认为金融市场是完全的，金融的作用只是无摩擦地进行实体经济中储蓄和投资间的转换，不具备价值发现、信息甄别、信用创造等可以实际影响经济的功能。对金融的普遍忽略在"新共识"框架中也有体现，作为"新共识"组成部分的新凯恩斯主义菲利普斯曲线、动态 IS 曲线都是由假设不存在信用风险、金融摩擦的最优化模型推导得出的（Arestis，2009）。对金融研究的忽视是理论和政策相互作用的结果。一方面，理论研究对此领域发展的欠缺导致政策实践中对金融的重要性没有足够重视；另一方面，在西方发达国家经济经历"大稳健"的同时，虽然发展中国家爆发过金融危机，但这些危机往往源于债务或汇率等方面，导致经济学家忽视了金融摩擦的全方位分析。因此本轮国际金融危机之后，面对主流框架的失灵，大量文献开始将研究重点转向金融机构，试图对传统的货币政策及其规则进行改进（Cúrdia 和 Woodford，2009；Gertler 和 Kiyotaki，2010）

除了对"新共识"总体框架的反思外，经济学家们还具体分析了金融因素如何导致通胀目标制的失灵以及利率政策的失效。

随着经济金融化程度的加深，通胀的稳定与经济稳定，尤其是与金融稳定间的对应关系遭到了破坏（Blanchard，2010；Borio 和 Disyatat，2013），对应关系的趋弱导致了危机时期产出缺口与通货膨胀间对应关系的失灵。这一现象的出现源于以下原因：（1）剧烈的金融膨胀往往伴随着正向的供给冲击（Drehmann 和 Borio，2012）。金融扩张引起的经济繁荣能够促进生产要素的增加，如通过劳动参与率的提高、移民的增加提高就业量[①]，突破原有的产能限制。而在需求不变的情况下，由正向供给冲击导致的产品供给的增加会给一般物价水平造成向下的压力，这就使得在金融膨胀引发资产价格上升的同时，通胀水平可以保持稳定。（2）

---

① 在本次危机前的金融繁荣时期，西班牙和爱尔兰等经济体都曾迎来显著的移民增长。

金融扩张会引发货币的升值。因为金融膨胀中资产价格的上升以及实体经济的预期优化会提高资本收益率，吸引国际资本的流入，这就提高了国际市场对于该国货币的需求，造成汇率的上升。而币值的上升又会造成进口品价格的下跌，拉低整体的通货膨胀率。(3) 金融繁荣一般发生在对资金供求相对敏感的行业，如房地产行业等，这些行业的发展会吸引其他生产部门生产要素的流入，造成整体经济中资源的错配，但只要这种错配在经济产能限制的范围内，就不会对实体经济的总供给产生太大影响，通胀水平就不会出现大的波动。

在经济活动与通货膨胀之间的稳定性出现背离的情况下，传统利率工具的调控效力就遭遇巨大挑战：(1) 在危机发生前的繁荣时期，利率难以约束金融的膨胀以及资产价格的泡沫化。日益复杂的金融创新削弱了单纯利率政策对资产价格的影响力，即使在利率水平不变的情况下，品类繁多的金融创新也会通过衍生品的创造扩大经济的流动性、推高政策限制框架内的杠杆水平，造成资产价格的上升。资产价格的上升会继续吸引资金的流入，除了引发更加复杂的国内资产证券化外，还会吸引国际资本，尤其是致力于投机获益的短期游资，这些资本的流入会对资产泡沫起到进一步的推动作用。而面对金融的过度繁荣，作为利率政策施行者的央行却很少会提高利率来刺破泡沫，一是因为泡沫的难以具体识别性，二是因为利率的调节成本过高，因为资产泡沫一般只发生于经济中的特定部门，而利率的提升除了造成这些部门的信贷紧缩外，还会造成经济整体融资成本的上升，扭曲其他正常运行的经济活动（Bank of England, 2009; Mishkin, 2011）。(2) 在危机发生后的萧条时期，利率刺激政策的效用会随着金融深化程度的加深而下降。经济金融化程度的提升导致了日益精细的市场分割，而市场分割的细化增大了资金在不同金融市场间流动的摩擦成本（Blanchard, 2010）。金融危机爆发后，不同金融市场的受损程度会呈现出一定差异，而特定市场投资者的退出造成的定价机制失灵等问题并不能轻易被来源于其他市场的资金的进入解决，也即利率的下降虽然能促进整体流动性的增加，但并不能迅速解决具有专业性划分的特定金融市场的失灵，只要这些失灵还没解决，实体经济就依然会因为金融体系摩擦的过大而难以快速复苏。

第四节 研究界定

一 概念界定

在本书的研究范畴内,金融危机是指由金融冲击引发的,爆发于社会金融系统且能对实体经济造成巨大破坏的危机,其初始表现为全部或大部分金融指标急剧、短暂及超周期地恶化,这些指标包括利率、汇率、债务和资金水平,证券、房地产和土地价格,以及金融机构营运状况等;金融指标的恶化会引发需求的下降、生产的崩溃、企业的破产清算,打断经济的正常运行,带来物价水平和就业率的大幅变动,导致社会生产、流通过程的急剧萎缩和混乱。需要指出的是,在本书的长周期研究中,能够引发金融危机的金融冲击具有两面性,不仅能在危机前通过正向的金融膨胀引发实体经济的繁荣,也能在危机爆发后的金融萧条时期引发经济的大幅度、长时期衰退。且在整个长周期中,前期的金融膨胀和后期的金融萧条间存在一系列对应、转化关系。

对于金融危机后的经济下滑,本书具体研究的是大型金融危机所造成的经济增速的间断式及长期性下滑。间断式下滑是指危机前后的经济增速在短时间内发生了极其显著的变化,长期性下滑是指在危机爆发后非常长的时期内,危机冲击国的经济增速也回不到危机前水平。本书分别用增速变化的相对值 $(g_{t-1,t-n-1} - g_{t,t+n})/g_{t-1,t-n-1}$ 与绝对值 $g_{t-1,t-n-1} - g_{t,t+n}$ 描述经济增速的下滑,其中 t 为危机爆发时点,$g_{t-1,t-n-1}$ 为危机爆发前 $n+1$ 年经济的平均增速,$g_{t,t+n}$ 为危机爆发后 $n+1$ 年经济的平均增速。对于长期性下滑,Hausmann,Pritchett 和 Rodrik(2005),Eichengreen,Park 和 Shin(2012,2013)等人在关于增长加速、中等收入陷阱等的研究中设定 $n = 7$,即若 t 期前后 8 年的平均经济增速发生了显著变化,则认为以 t 期为界,经济增长发生了加速或下滑。本书以此作为参照,取最低比较时长为 8 年,并在 8 年的基础上,还将比较时限扩展到了危机前后 10 年以上甚至 20 年,若相应时间段的比较结果均呈现显著下降,就认为此下降是长期的。对于显著性的标准,考虑到不同地区增长基础的差异,本书主要采用的是相对值的变化,具体论证中,当危机冲击国经济增速相对下降至少在 30% 以上时,就认为这种下降是显著的，同时以增速下降的绝对值作为参考。对于间断式下滑，即经济增速所发生的大幅度、超预期的下降，其表现最为明显的时期当属金融危机爆发的初期，之后，随着政府的救市及经济的逐渐复苏，经济增速将从危机直接冲击下的超低增长中逐渐恢复，增速逐渐向着危机前接近，间断式特征的显著性慢慢下降。但出于分析的简化，本书不再具体单列危机初期的增速下降程度，而是综合长期性下滑的考量，一并以最低8年的比较时限为准来对间断式下滑进行论证，因为在一个间断式且长期性的增速下滑中，即使经济后期逐渐复苏，其平均值也仍将显著低于危机前的水平。

二 研究目的

本轮金融危机之后，不仅作为危机爆发国的美国出现了堪比大萧条的经济衰退，以欧洲为代表的发达国家和以中国为代表的新兴经济体也广受波及，欧洲经济增速的下滑引发了主权债务危机，债务危机的演化又导致了社会、经济运行摩擦的进一步增大，欧元区的经济增长在这样的恶性循环中出现长久的停滞；而中国在危机后，经济增速从危机前持续30年平均两位数的增长速度下滑到目前的7%以下，下滑幅度显著，且经济走势呈现出持续低增长态势。

在对本轮金融危机后全球以及分地区的经济增长形势进行分析后，笔者又梳理了历史上典型金融危机之后危机影响地区的经济增长情况，发现了两个与本轮危机之后的经济增长变化相一致的特点：（1）大型的金融危机之后，波及地区的经济增长基本都呈现出间断式的大幅度下滑，且在之后经历了普遍性的增长停滞；（2）虽然经济增速间断式及长期性下滑的表现在时间节点上与金融危机紧密相连，但在危机之前的正常时期很多隐患就已形成，也即增长停滞的本质原因根植于危机前的更早时期。基于这样的特征，本书在研究方向上重点突出了金融因素的作用，并试图从一个长周期的视角，进行全周期范围的分析，探讨金融对经济增长的影响机制，考虑金融的跨期替代作用如何阶段性地掩盖了供给与需求间的不平衡，延续了危机前的长期高增长，从而将经济增速的平滑变化以危机为界转换成间断性的变化，以及金融的扩张是如何累积起了经济中的矛盾，被拖延后的爆发又如何造成了危机后经济增长的长时期停滞。

三　研究安排

本书分为十章。第一章通过梳理本轮金融危机前后的经济现实和经济学理论，引出研究问题——金融危机后经济增速出现间断式及长期性下滑。为研究这一问题，本书在接下来的两章分别从实践和理论两个层面展开综述。

第二章梳理典型金融危机前后，被冲击经济体的经济现实和增长变化，寻求不同历史条件下、不同地区经济增长变化中的共性。

第三章为文献综述，梳理经济周期领域四大重要学派——凯恩斯学派、货币学派、奥地利学派以及马克思主义学派理论中金融对经济周期波动、经济危机及经济萧条的影响机制。

第四章为理论分析，先介绍本书理论分析的基础，再从机制逻辑和理论推导两方面介绍本书的分析框架；先解释危机前的金融膨胀如何延续了经济增长，导致了经济增速的虚高并为危机埋下隐患，再解释这样依靠金融延续的经济增长为何是不可持续的，以及是如何以危机为界发生突变，导致产出增速的间断式下滑。

第五章梳理本书理论的特征，并与第三章四大学派的论点进行比较研究，验证本书结论的科学性，突出本书的创新点及特征。

第六章为案例分析，用本书的分析逻辑来验证并解释大萧条、拉美债务危机、日本经济危机、亚洲金融危机以及欧洲债务危机中相应经济体增速的间断式下滑，验证本书理论在适用上的普遍性；并探讨发达国家与发展中国家金融危机中的相似性和差异性。

第七章联系中国实际，以本书的理论解释国际金融危机前后中国经济增长问题。

第八章通过对比国际金融危机后中美两大经济体的政策调整，深入剖析全球化背景中发达国家和发展中国家在金融危机前的共同扩张中经济角色的差异如何导致了危机后政策调整的差异。

第九章通过论述传统潜在产出测算方法的局限，解释本书为何没有采用新古典的增长模型来研究经济减速问题，而是采取纳入金融因素的长周期分析法。

第十章总结全文,并对增长基础、古典二分法、金融的定位与约束、政府的定位等问题展开进一步思考。

第二章

现实综述：金融危机后经济增长减速的典型案例概览

纵观人类经济发展的历史，鲜少有经济体能够保持长时期增长，绝大多数国家经历过一段时期的增长腾飞后基本都会落入经济增速的阶梯式下滑轨道。根据世界银行增长与发展委员会的统计，第二次世界大战后能够长达25年以上保持年均7%以上高增长的国家只有13个，而这些少有的持续高增长经济体之后都陆续遭遇了经济增速的下滑。

通过梳理分析人类历史发展中的典型经济减速案例就会发现，经济增速的大幅度、长期性下滑与金融危机的爆发密切相关。无论是工业革命以来在世界范围内蔓延最广、破坏力最大的大萧条，还是爆发于发达经济体的日本经济危机和欧洲债务危机，抑或是发生在发展中国家的拉美债务危机和亚洲金融危机，这些典型金融危机发生后，相应经济体的经济增长都呈现出超预期的大幅度及长期性下滑。本章通过梳理代表性金融危机前后的经济增长变化情况，总结冲击国危机前后经济现实中的相似性，奠定后文理论探讨的现实基础。

第一节 大萧条

一 危机前的普遍繁荣

狭义的大萧条是指1929—1933年爆发在美国的经济危机。广义的大萧条不仅包括美国，还包括在20世纪30年代横扫欧美国家的一场世界范围的经济危机。这场危机造成了极其惨烈的后果，危机波及国不仅遭遇了产出下降、物价下跌、资产价格暴跌、银行挤兑、严重失业等经济问题，更受到了由经济问题引发的社会、政治影响。

第一次世界大战后，通过在战争中增强的经济和军事实力，美国一跃成为资本主义世界首位的经济大国，从战前的债务国变为资本主义世界的主要债权国以及国际金融中心。在此背景下，美国经济日趋繁荣，工业生产指数大幅增长，而高涨的经济也刺激了信用的大幅膨胀，导致了股票行情的一路上涨。

美国20世纪所享受的普遍繁荣并不仅仅建立在新兴工业的蓬勃发展上，还建立在巨额的信贷增长以及社会的急剧不平等上。如1920—1929年美国的工业生产总值虽然提高了53%，但就业量却没有上升，且这一时期的大规模兼并导致了社会财富的日益集中，全国近1/3的收入被仅仅占国民比例5%的最富有者占有，导致社会购买力的严重不足，进而引发生产过剩与资本过剩。生产的过剩促使了信贷的大规模增长，如1926年美国70%的销售是建立在赊欠基础上的（石自强，2011）。而资本的过剩引发了股市投资和财富泡沫，在购买力不足、生产领域低利润的背景下，金融巨头将资金纷纷投入到高回报的证券投资领域，这引发了股票价格的快速上涨。

助推20世纪20年代经济繁荣的另一个重要保障是美国政府的政策，在处于经济繁荣早期的1921—1923年，为履行《皮特曼法案》，国库开始了大量的白银购买，这导致了国库通货非同寻常的增长。此后，美联储的宽松贴现率政策扩大了信贷规模，刺激了贴现票据的交易，美联储非常规的再贴现政策不仅始终将再贴现率保持在市场利率以下，更在经济需要再贴现率上升时，还延误、阻止这种上升。美联储的做法一是希望为商业活动提供足够的信贷，二是担心提高利率会伤害合法的商业活动。这样的宽松货币供给促成了大萧条之前的超高繁荣（罗斯巴德，2009）。

在美国经济通过信贷扩张而繁荣的同时，美国的投资及投机者还将大量的过剩资本投资于海外，为处于债后重建阵痛期的欧洲、南美洲等国家借出了大量资金，通过这种方式，美国推动了这种金融膨胀下的繁荣在其他国家的蔓延。以德国为例，在战后巨额赔款的压力下，德国一方面借入了大量的海外贷款来更新工业设备并支付赔款，另一方面通过增发货币的方式向国民大幅变相征税，外来资金的大量流入和货币的增长助推了短时期的投资热潮以及经济繁荣。与此同时，法国等战胜国依靠大量战争赔款，以及贸易保护政策也获得了经济的快速增长。

二 危机中的同步衰退

1928年开始，为抑制股票市场的投机行为，美联储一连七次上调贴现率，并要求金融机构减少对入市资金放款并提高股票购买保证金比例，结合美国公用事业管制加强等突发事件的影响，纽约股市于1929年10月迎来下挫，10月28日，道琼斯指数狂跌13%，29日更下跌高达22%，危机爆发。

危机的第一轮影响是累积财富的大规模蒸发，在大崩溃的头一个月便有260亿美元在股市化为乌有。接下来，由股市崩盘引发的流动性危机逐渐向金融危机、再向经济危机传导和转化。股市下挫直接引发银行体系资产质量的骤降以及流动性的短缺，这又继而导致银行的恐慌性挤兑，金融危机出现。而金融危机中的银行破产和信贷紧缩引发了实体经济的一系列震荡，如消费、投资的下降，物价的下跌，工厂的倒闭以及普遍性大规模的失业。实体经济中工、农、商领域旷日持久的危机又进一步加大金融的混乱，形成恶性循环。

美国金融危机爆发中的大规模财富蒸发耗尽了美国原本用于投资海外的资本。因此，美国危机甫一爆发，资金流入和商品输出的断裂立刻就带动了其他国家的经济崩溃。以德国为例，危机前德国依靠外债虽然形成了一段时期的工业投资热潮，但这种繁荣只持续了较短的时间，因为德国自身市场狭小，工业设备革新后形成的巨大生产能力必须通过出口的高速增长才能得以延续，但美、英、法等债务国却在要求赔款的同时拒绝进口德国的工业品，德国的巨额投资无法达到预期的利润。同时，为向国民变相征税而超发的货币也逐渐引发了大规模的通货膨胀以及经济活动的混乱，因此，在美国危机前的1927年，德国经济已经开始出现问题。而美国资金流入的停止无疑起到了雪上加霜的效应，大量投资的撤回导致了德国经济的全面崩溃。除了美国，在德国亦拥有大量投资的英国因德国危机的爆发而出现了证券市场的巨幅下滑，英国经济也随之陷入危机。

除了德国以外,其他对国际市场具有一定依赖程度的西方国家,也受到了来自贸易、金融领域危机传播的影响。贸易领域,在国内经济受危机冲击的情况下,各国纷纷采用了提高关税、增加配额等以邻为壑的政策阻碍全球贸易的增长,贸易量的大幅下降进一步拖累了国内经济的增长;金融领域,出于金本位制下维持货币平价的需要,各国陷入了提高利率及黄金争夺的竞争中,通货紧缩通过金本位迅速向全球扩散,带来了各国经济的同步衰退。在危机的全球性传播中,即使自立性较高的法国也被波及,危机前繁荣时期积累的问题逐渐暴露,并最终在1930年陷入危机。

表2—1　　　　大萧条前后西方国家经济增速变化　　　单位:%

	美国	德国	法国
危机前8年平均(1922—1929年)	4.856	4.622	6.301
危机后8年平均(1930—1937年)	0.249	2.650	-0.276
经济增速下降百分比	94.882	42.668	104.387
经济增速下降绝对值	4.608	1.972	6.577
危机前10年平均(1920—1929年)	3.563	5.701	6.194
危机后10年平均(1930—1939年)	0.597	3.834	0.457
经济增速下降百分比	83.241	32.746	92.614
经济增速下降绝对值	2.966	1.867	5.737
危机前20年平均(1910—1929年)	3.243	1.742	2.535
危机后20年平均(1930—1949年)	2.910	0.878	1.249
经济增速下降百分比	10.275	49.581	50.752
经济增速下降绝对值	0.333	0.864	1.287

资料来源:Angus Maddison,《公元1—2008年的全球经济数据》。

在这场广泛性的大萧条中，西方国家的经济增长经历了间断式下滑。出于数据的可获得性，本书仅采用了美、德、法三国的经济数据，进行危机前后经济增长速度的比较分析。由表2—1可知，大萧条爆发后，危机波及国的经济增速在短期内即发生巨大下滑，危机爆发8年后，美国、德国、法国的产出增速下降百分比分别高达95%、43%和104%，增速绝对值下降分别为4.6个、2.0个和6.6个百分点；且在危机后的较长时期内，经济一直处于停滞状态，难以重回危机前的高增长。

在之前的资本主义发展时期，即使生产能力在危机中出现下降，也不太可能下降到上个周期的最高点以下，生产水平的倒退期限鲜有超过5年的，但1929年的危机却突破了这一界限：这次危机使得整个资本主义世界的工业生产水平大致退后到了1908—1909年的水平，其中美国倒退到1905—1906年，德国倒退到1896年，法国倒退到1897年。

三 危机后的长期萧条

作为资本主义历史上最深刻的危机之一，大萧条的持续时间大大长于预期。金融领域，股市下跌引发的银行体系瘫痪持续了4年多的时间，1930—1933年，每年银行倒闭的比例分别为5.6%、10.5%、7.8%和12.9%，连续的破产倒闭使得1933年年底坚持经营的银行数量较1929年减少了将近一半（Bernake，1995）。在实体经济领域，大萧条造成了美国经济活动的持续衰退，危机期间，从1929年的最高点到1932年的最低点，各国的工业生产在4年间的下降幅度分别为：美国46.2%、德国40.6%、英国23.8%、法国32.9%、日本37.0%。金融领域和实体经济领域所受到的持续冲击使得此次危机创下了危机持续时间的最长纪录。在此之前，资本主义危机的爆发时间最多也不过1—2年，但1929年的危机在1932年经历了生产的最低点后，于1933年又再次出现贸易缩小和信用危机爆发的迹象，危机持续时间长达4年。

除了危机持续时间破纪录外，此次危机的萧条时间也突破了常规。危机在1929年爆发后，一直持续到1933年才开始进入萧条阶段，此后虽然随着罗斯福新政的实施，公众信心开始恢复，经济出现了某种程度的回升和复苏，却在还未彻底复苏时，就在1937年下半年再次陷入新的经济危机中，并再一次卷入了英国、法国等其他国家。此时，美国的工业生产值只恢复到 1929 年的 92.2%①，法国只恢复到危机前的 82.8%。

这种持续萧条的局面最终一直延续到 1939 年第二次世界大战爆发，第二次世界大战爆发后，英、法等交战国对美国军工装备的需求拉动了美国的工业生产，美国经济增长才再次上升，到 1940 年实际 GDP 水平才恢复到了危机水平。然而，在此期间经济的长期停滞还是对美国经济的增长造成了永久性的损害。根据表 2—1，危机开始 10 年后，美国经济平均增速下降百分比仍高达 80% 以上，德国平均增速较危机前低近 2 个点，法国的增速下降百分比依然高达 92.6%；危机发生 20 年后，德国和法国平均增速下降的百分比仍高达 50%，绝对值徘徊在 1 个点左右，美国的增速与德、法两国相比有了比较明显的恢复，这很大程度源于第二次世界大战的影响，然而即便有第二次世界大战的需求带动，美国经济在危机发生 20 年后经济平均增长相对于危机前仍然低了 10%。

第二节　拉美债务危机

一　危机前的外资流入

拉美债务危机是指 20 世纪 80 年代发生在墨西哥、委内瑞拉、阿根廷、巴西、秘鲁、哥伦比亚等拉美国家的债务违约事件。

拉美债务危机的成因源于 20 世纪 70 年代国际资本的大规模流入，以及由此造成的债务增加。

20 世纪 70 年代初，"布雷顿森林"体系解体后，随着浮动汇率制对固定汇率的代替，各国为增强国际市场竞争力，纷纷通过增发货币来降低汇率，这一举措联合同一时期国际市场上以原油价格为代表的原材料价格的上涨，导致了西方国家普遍的高通胀和低增长。在经济停滞的背景下，发达国家先是采用了当时占据主流的凯恩斯主义需求刺激政策，但是扩张性的刺激政策不仅没能缓解高通胀和高失业的压力，反而造成了流动性的泛滥。在国内货币政策宽松，增长停滞，获利有限的情况下，

---

① 美国在后期由于部门比重的变更而对工业生产指数进行了修正，按修正后的数据比较，1937 年的生产略微超过 1929 年的水平，但即使超过，在工业生产仅仅超过一点的时候就再次爆发新的危机，依然可以认为是萧条的延续，不影响经济增长长期停滞的结论。

这些过剩的流动性开始在国际市场上寻求投资目标，并且大量流入了当时经济前景向好的拉美国家。与此同时，第一次石油危机后，由于油价的保障而大幅增加的石油美元涌入了国际市场，进一步拉低了国际市场利率，增加了资本供给，且这些石油美元在发达国家滞胀的背景下，也纷纷将资金投向了拉丁美洲。

国际流动性的过剩是拉美外债增加的条件，但这些过剩资本要能真正流入拉美国家并成为其外债，还需要拉美国家本身政策的配套性。而拉美整个70年代的发展战略和政策取向也确实是资本吸纳、债务增长型的。第二次世界大战后，拉丁美洲普遍推行的是高目标、高投资、高增长速度的战略，并在70年代初工业化程度大幅提高所导致的乐观情绪下，纷纷依靠大量举债谋求经济的快速发展。这种建立在赤字财政基础上的增长战略在70年代初期使得该地区的大部分国家规避了当时由第一次石油危机引发的普遍性的经济衰退，经济增长远高于同期工业化国家，并带来了以城市化速度加快、国民教育水平提高等为表征的经济发展水平的提高。拉美经济形势的繁荣又进一步吸引了国际资本的流入，在整个70年代形成良性循环。

国际市场上资金的高供给与拉丁美洲对资金的高需求共同促成了外资流入的大幅度上升。1974年拉美国家的外资流入比1973年增加了50%，1975年外资流入量已经达到相当于1973年两倍的160亿美元，1977年上升到1973年的3倍，1981年更是创纪录地达到1973年6倍之高的483亿美元（赵春玲、张武春，2002）。大幅度的资本流入造成了拉丁美洲外债的急剧增加，70年代以前，整个拉美国家的债务并不突出，到了1975年增加到685亿美元，之后一路猛增到危机爆发前1982年的3000亿美元，这占到第三世界外债总额的近50%。其中负债最严重的四国，巴西（900亿美元）、墨西哥（800亿美元）、阿根廷（380亿美元）、委内瑞拉（320亿美元）又占了拉美总债务的80%。如此庞大的债务，已经远远超过了这些国家的财政支付能力。截至1982年，拉美国家外债量占国内生产总值的比重高达45%，相当于两年半的出口总收入（齐楚，1983）。

大量外来贷款的流入造就了拉丁美洲集体的高增长，其中巴西在1968—1974年达到了年均11%的增长，1974年之后的增长率也保持在6%以上，被称作"巴西奇迹"；墨西哥1977—1981年的平均增长达到了

8%；委内瑞拉在70年代的增长率超过了7%。

二 危机中的形势恶化

到了20世纪70年代末期，以美国为首的发达国家开始采用货币主义的紧缩政策遏制通货膨胀，这导致国际金融市场贷款利率的急剧上升，而拉美整体债务中浮动利率贷款所占比重过大，随着国际市场利率上升而加重的利息负担大大削弱了拉美国家还本付息的能力。1982年，拉美国家需负担的利息量就占当年出口的29%以上（齐楚，1983）；与此同时，美元升值引发了资本流向的大幅逆转，资金的流出导致拉美国家的货币贬值，在债务以外币计价的情况下，本币币值的下降进一步恶化了拉美国家的负债情况。同一时期，西方发达国家贸易保护主义所导致的拉美地区贸易条件的恶化，以及拉美国家债务增长型战略的惯性也造成了债务的进一步恶化。

1982年8月，墨西哥政府因外储下降至危险线以下，宣布关闭汇兑市场，无力偿还外债，墨西哥的私人财团也纷纷趁机宣布推迟还债，之后，阿根廷、巴西、秘鲁、委内瑞拉等国也相继发生类似的清偿危机。

债务危机对拉美国家的经济增长产生了严重影响，自20世纪80年代初以来，拉美国家经历了大萧条以来最为严重、持续性时间最长的经济衰退，1983年全地区的人均国内生产总值比1980年减少了10%，一些大城市的失业率上升到高达15%—20%的水平，物价增长率从1981年的29%上升到1982年的47%再到1983年的70%（江时学，1987）。而为支付大规模的外债，拉美国家进行了一系列的财政紧缩、投资削减、外汇管制政策，这些政策在债务违约之后又引发了金融市场的进一步动荡，加大了货币贬值、资本外逃与经济减速的程度。

债务危机导致了经济增速的急剧恶化，在高利率的国际环境下，经济增速的大幅下滑又造成了外债占GDP比重的进一步增长，导致债务危机程度的加深，拉美经济陷入恶性循环。到1986年年底，拉美国家的债务总额已经飙升到10350亿美元。之前作为经济增长引擎的外债最终变成经济增长的桎梏。

三 危机后的持续衰退

以债务危机为界,拉美战后持续增长的时代结束,如阿根廷这样曾在19世纪末占据全球经济增速榜首的国家,在一个世纪后仍然徘徊在中等收入阶段。拉美债务危机全面爆发并延续了近20年,一直到2003年拉美国家才走出债务危机的阴影。

表2—2　　　拉美国家债务危机前后经济增速变化[①]　　　单位:%

	墨西哥	委内瑞拉	阿根廷	秘鲁	哥伦比亚
危机前8年平均 (1973—1980年)	6.885	3.096	2.888	3.644	5.203
危机后8年平均 (1982—1989年)	0.616	0.393	-0.716	-0.945	3.458
经济增速下降百分比	91.058	87.308	124.779	125.942	33.546
经济增速下降绝对值	6.269	2.703	3.603	4.589	1.746
危机前10年平均 (1971—1980年)	6.707	2.753	3.039	3.722	5.525
危机后10年平均 (1982—1991年)	1.422	1.934	0.455	-1.033	3.598
经济增速下降百分比	78.805	29.736	85.039	127.743	34.876
经济增速下降绝对值	5.285	0.819	2.584	4.755	1.927
危机前20年平均 (1961—1980年)	6.757	3.927	3.522	4.511	5.396
危机后20年平均 (1982—2001年)	2.332	1.743	1.714	1.389	3.118
经济增速下降百分比	65.495	55.621	51.317	69.201	42.209
经济增速下降绝对值	4.426	2.184	1.807	3.122	2.278

资料来源:世界银行。

---

① 20世纪70年代末期美联储开始提高利率后,拉美国家的经济增长就已经受到影响,但危机爆发的标志以1982年墨西哥债务违约为标志,所以危机前的平均取到1980年,危机后以1982年开始。

根据表2—2，拉美债务危机爆发后的8年内，墨西哥与委内瑞拉的经济增速较危机前下降了90%左右，阿根廷和秘鲁的经济增速分别由危机前的接近3%、4%一路下降到危机后的负增长，增速绝对值相应下降了3.6个与4.6个百分点；危机开始后10年，墨西哥和委内瑞拉的情况略有好转，阿根廷的平均增速由负转正，但秘鲁的经济增长还是在-1%左右徘徊；危机之后20年，墨西哥、委内瑞拉、阿根廷、秘鲁四国的经济增速距离危机前仍有巨大差距，平均增速相对下降的百分比在50%以上，绝对值下降基本大于2个百分点。受债务危机冲击的几国内，哥伦比亚经济增速的下降较其他四国和缓些，但相对值也下降了30%以上，绝对值下降近2个百分点，并且从危机开始后一直到进入21世纪后20年的时间内，经济增速较危机前一直呈现出显著的间断式下滑。

第三节　日本泡沫破灭

一　危机前的金融泡沫

第二次世界大战后，日本创造了长时期的增长奇迹，在20世纪80年代以前先后经历了神武景气、岩户景气、奥林匹克景气、伊奘诺景气等多轮经济繁荣时期，这些景气之间虽然也有衰退，但总体而言扩张的势头远远超过幅度较小且主要表现在工商业的小幅衰退。1955—1973年，日本实际GDP增长率高达9.25%，这样的超高速增长和繁荣前所未有。在此期间的经济增长主要由实体因素推动，如能源从煤炭到石油的彻底转换，土地改革提高了农业生产率，强烈的出口导向与美国对日本商品的进口，国外技术的引进和国内的技术改进，《和平宪法》减轻了军费负担，人口结构的变化，对中小企业发展的鼓励政策等。到了70年代，日本经济虽然在两次石油危机的冲击下出现了暂时的萧条，但节能技术、汽车、机械、半导体等高新技术的发展再次恢复并强化了日本经济高速发展的基础（林直道，2005）。

日本经济高速增长的同时，以索尼、松下、丰田为代表的一批民营企业在完成资本积累和技术创造后，由内向型企业转变为外向型企业，并发展成大型跨国集团，带动日本企业在汽车、家电等行业的出口大增，并促进了钢铁、制造业等的发展。企业出口的激增为日本带来了巨大的贸易顺差。而同一时期的美国为了遏制通货膨胀，将利率水平一直维持在远高于大多数工业化国家的水平，高利率引发了资本的流入以及汇率的飙升，1979年至1985年2月，美元对其他10个发达国家货币的有效汇率上升了73%，美元对主要工业国家的汇率超过了布雷顿森体系瓦解前所达到的水平（宿玉海、宋凡，2010）。这进一步扩大了美国的贸易赤字，而日本是美国贸易赤字的重要来源国。在此背景下，美国寄希望以美元贬值增强本国产品的对外竞争力，降低贸易赤字，在1985年主导签订了要求日元升值的《广场协议》，迫使日元兑美元汇率从240∶1飙升到120∶1。

日元的大幅升值引发了一系列影响：（1）从出口导向向扩大内需的转变。《广场协议》之后，为减轻日元升值的影响，避免与欧美国家之间的贸易摩擦，也迫于美国政府要求日本开放市场实现贸易平衡等方面的压力，日本政府制定了以国家投资、私人投资以及个人消费支出扩张为引擎的内需增长策略，以国内大规模基础设施、房地产等的建设替代之前的出口导向政策。（2）资本的过剩。资本过剩源于出口企业资本投入的转变、日本在《广场协议》后货币政策的宽松以及金融机构间的竞争：日元的升值引发了出口的下滑，为减少损失，日本出口企业纷纷将资本转入国内市场，造成了日本国内资本的大幅增加；出口的下滑对当时出口导向的日本造成了极大的负面影响，为防止经济萧条，日本政府实施了降低利率的宽松型货币政策对冲出口萎缩对整体经济的影响；以银行为代表的金融机构，在以金融自由化促进的机构竞争背景下，也纷纷利用超低的政策利率拼命发放贷款，扩大营业份额。（3）资产泡沫的出现。资本向日本国内的转入与低利率的货币政策导致了资金的低成本以及流动性的泛滥。同时，由于日本国内市场的狭小，土地资源的匮乏，这些过剩的流动性最终能够用于实体投资的比例远远达不到预期，大多进入了证券和房地产市场。1984—1989年，固定资产项目下的实物资产只增加了34.5%，而土地项目增长了129.2%，股票项目增长了340.9%，这导致土地、股票、住房等资产价格的迅速膨胀；1986—1989年，日经平均股价上涨了3.24倍，1983—1990年，东京圈地价上涨了2.5倍，大阪圈上涨了3倍（林直道，2005）。在政策的刺激及金融的膨胀下，日本的GDP增长率在80年代后期仍然达到了4.53%，位列G7（世界主要资本主义7国）之首。

二　危机中的泡沫破灭

20世纪80年代末期，意识到经济过热的压力后，日本政府开始收紧货币政策，贴现率从1987年的2.5%一路提升至1990年的6.0%，资金成本的上升直接影响了资本的收益率，日本股价开始下跌，到1992年时日经平均股价指数一度跌到14000点，几乎跌掉2/3。而房地产领域，1990年大藏省开始对房地产进行限制，通过对融资的控制和对地价税的征收促使了地价的冷却，1991房价在达到顶峰后由东京开始下滑，仅1991年当年，六大城市的房地产价格就下降了15%—20%，此后继续一路下滑，房地产泡沫破灭10年后的2002年，日本全国市街地价指数（2000年3月=100）跌到87.4（相当于1983—1984年的水平），2009年已跌到61.4（相当于1977—1978年的水平）（戴慧，2011）。事后统计显示，日本因资产泡沫破灭而造成的损失达6万亿美元（石自强，2011）。

房地产价格和地价的下跌减少了企业拥有的资产价值，进一步导致了股价的下跌。而地价和股价的下跌又催生了银行体系大量不良债权的出现，由于日本银行在之前的金融泡沫时期发放了大量金融领域的贷款，资产泡沫破灭所引发的不良债权规模非常惊人。不良债权的增加一方面迫使银行陷入亏损、自有资本不足的局面，削弱了金融体系的信贷创造能力；另一方面导致公众对银行信任度的显著下降，引发恐慌，并加速了金融机构的破产倒闭。

股市和房地产泡沫的破灭除了将金融机构推入困境外，还对实体经济造成深度打击：（1）企业资产负债表的恶化和投资的下滑。在危机前的低利率时期，日本企业在宽松货币政策背景下，借入了大量成本低廉的资金，这些资金除了用于生产经营，也被投入到金融投资领域，危机爆发后，随着资产价格的缩水，企业持有的资产大幅缩水，负债相较资产恶性膨胀。这引发了大规模的企业倒闭风潮，也造成了企业投资的大幅度缩水。（2）国内消费不振。泡沫经济破灭后，居民财富的缩水以及收入的减少使得日本的消费不足问题日益严重。（3）通货紧缩与经济衰退。投资和消费的下滑引发了总需求的持续不振，这带来了物价水平的持续下跌，通货紧缩一方面减少了企业的销售收入，加重企业的实际债务负担，导致企业投资额的进一步减少；另一方面恶化了居民的消费心理，并减少了政府的财政收入，加重公共债务。这些因素加大了经济增长的阻力，致使日本经济持续低迷，经济增速的快速下滑又进而引发了一系列的政治、社会问题。

三 危机后的大衰退

1991年资产泡沫破灭以后，日本陷入了历时极长的萧条。1991年危机爆发后，日本经济曾在1993年一度得到缓和，但1997年日本政府错误地提高了消费税率，这造成了国民消费的急剧冷却，将经济再次拖入危机状态。整个90年代日本实际GDP增长率从危机前在G7国家中的最高滑落到最低，到了2000年，日本的经济增长率就不仅是发达国家中最低的，与欧美、中南美、亚洲、非洲、中东等国家相比也都是最低的。除了经济增长率的巨幅下滑外，日本的失业率在2000年2月达到了位于战后最高水平的4.9%，这相比于危机前接近"完全雇佣"的状态无疑令人倍感吃惊（林直道，2005）。进入21世纪后，日本经济仍未摆脱长期衰退的局面，经济萧条对日本造成的打击从"失去的十年"一路持续到"失去的二十年"。

表2—3　　　　　日本泡沫破灭前后经济增速变化①　　　　单位:%

危机前8年平均 （1984—1991年）	危机后8年平均 （1992—1999年）	经济增速下降 百分比	经济增速下降 绝对值
4.718	0.858	81.823	3.861
危机前10年平均 （1982—1991年）	危机后10年平均 （1982—2001年）	经济增速下降 百分比	经济增速下降 绝对值
4.458	1.005	77.464	3.453
危机前16年平均 （1976—1991年）	危机后16年平均 （1982—2007年）	经济增速下降 百分比	经济增速下降 绝对值
4.421	1.165	73.653	3.256

资料来源：世界银行。

---

① 由于2008年全球金融危机爆发后日本经济也被波及，为了排除这一影响，日本泡沫破灭后经济增速比较最远取到2007年，即比较的最长期限为16年。

根据表2—3，泡沫破灭前，日本经济持续了将近20年平均4个百分点以上的经济增长，泡沫的破灭迅速将这一增速降低到1%以下，泡沫破灭后的8—10年中，经济增速较危机前下降了80%左右，绝对值下降了3%左右，之后随着日本政府一系列改革措施的实施，经济稍显起色，泡沫破灭16年后，经济平均增速终于回到了1%以上，然而随之而来的全球金融危机迅速打破了这一还不显著的回升，日本及经济再次被打入泥潭，在"失去20年之后"（池田信夫，2012），经济仍然不见复兴的希望。

第四节　亚洲金融危机

一　危机前的增长奇迹

20世纪60年代中期以来，东亚经济保持了近30年的高速发展，在同期世界经济普遍不景气的情况下，创造了增长的奇迹。国际社会在探索这一奇迹的过程中提出了"东亚模式"的概念，用以概括东亚经济体高增长的原因和规律。

东亚国家在60年代以前，经济只以农业和轻工业为主。从60年代起，以韩国、新加坡、中国台湾、中国香港为代表的东亚经济体利用西方国家产业升级的契机，接受了其向发展中国家转移的劳动密集型产业，利用本地较为低廉的劳动力优势推行出口导向战略，重点发展劳动密集型加工产业，经济逐渐崛起。到了80年代后半期，随着日元的升值与美元的贬值，普遍实行与美元挂钩的联系汇率制度的东亚国家因为币值的降低进一步加大了出口优势。如1986—1994年，泰国制造业出口年增长30%，制造业出口占总出口的比重从36%上升到81%，而农业出口比重则由47.7%下降到了13.9%（李晓鹏，2009）。出口的增长引发了雇佣的扩大和收入的增加，带来消费的热潮。这些因素推动了东亚经济体在80年代后半期到90年代前半期空前的经济增长，以及经济体量在世界GDP总额中所占份额的快速上升。

出口导向战略带来的高增长，加之东亚国家过早的金融开放吸引了大量国际资本的流入，以泰国为例，在储蓄率长期低于投资率的情况下，泰国一直依赖外资弥补投资和储蓄间的缺口。在泰国GDP年均增长率显著提高的同时，外国直接投资也大幅增长，仅1988年，外国直接投资便增长了10倍，80年代最后三年的外国直接投资流入额相当于过去30年外资流入总额。外资年流入额从1980年的1.9亿美元增至1988年的11.5亿美元，直至亚洲经济危机爆发前的90年代的大部分年份，外国直接投资流入额都在20亿美元以上（沈红芳，2001）。然而，这样大幅度流入的国际资本并不是全都投资于长远发展的工业，而是大规模进入了房地产和股票市场，催生了泡沫的产生。1995年之后，随着美元兑主要货币的汇率由贬值转为升值，东南亚等国的出口优势下降，出口竞争力的下降削弱了外需对经济的拉动作用，并导致了贸易赤字的迅速扩大。而贸易收支的失衡引发了对国际资本的进一步需求，在持续的外资流入以及资本助推形成的虚假繁荣下，制造业衰退、贸易收支失衡的问题暂时被掩盖。

东南亚过早的金融开放在经济发展的初期确实为实体投资的增长做出了有力贡献，但在之后经济快速增长，以及股票、房地产市场价格快速上升的同时，也导致了短期游资的大规模流入，这些国际投机资本出于短期利益，纷纷涌入金融市场，并利用价值已经被高估的金融资产作为抵押，从东南亚本国的金融机构进一步获得贷款，进行金融投机。这种行为在助长房地产与股市泡沫的同时，也加大了东南亚国家银行和金融机构在房地产等资产领域的贷款比重。

二 危机的席卷式爆发

20世纪70年代后期，随着石油危机的爆发，国际上贸易保护主义思潮逐渐兴起；到了80年代，随着东亚经济发展竞争力的提高，经济相对不景气的西方国家不断要求东亚开放市场，扩大内需，但80年代中后期开始的日元升值、美元贬值暂时保留了东南亚地区的出口优势。90年代后，国际市场竞争愈演愈烈，东亚国家的出口竞争优势再度被削弱，之后美元的持续升值更是造成了这些国家币值的上升，对出口优势造成深度打击。如韩国的经常项目从1993年的顺差变为逆差且迅速上升到空前的高水平，泰国经常项目逆差占GDP的比率也从1992—1994年的5%多上升到1995年以后的8%以上（何秉孟、刘溶沧、刘树成，2007）。然而，在出口竞争优势逐渐消退的同时，东亚国家出口导向性的战略并未随着形势的改变而做及时调整，发展滞后的出口产业更逐渐成为产业结构调整的桎梏。

到了90年代末期，随着出口竞争优势的消退，贸易赤字、外债增加，金融体系脆弱以及其他社会、经济制度缺陷的暴露，国际市场对东亚国家逐渐看空。1997年，索罗斯带领的量子基金联合其他国际投资者开始攻击泰国外汇市场，而泰国政府选择了维持固定汇率，保卫泰铢，但随着外汇储备的迅速消耗，到了7月2日，泰国政府最终被迫宣布放弃固定汇率制，当天泰铢兑美元汇率下降近20%，汇率失守又进一步导致了银行挤兑风潮、股市下跌等一系列金融混乱。在泰铢急剧贬值的影响下，具有相似经济体制的东南亚国家相继成为国际炒家的攻击对象。7月11日，菲律宾对比索的大规模干预宣告破产，比索开始贬值；8月，马来西亚放弃保卫林吉特的努力；一向坚挺的新加坡元也受到冲击；8月23日，印尼盾贬至历史最低点；10月，国际炒家开始冲击香港市场；11月中旬，韩国也爆发金融危机，韩元对美元汇率的贬值、金融的混乱一直延续到1998年。

在投机资金做空引发泰铢暴跌以及危机传染的同时，危机前大量流入东南亚国家的资本纷纷流出，尤其是不满一年、主要投资于有价证券与房地产市场的资本快速转向。据IMF估计，在泰铢暴跌后，共计约有1050亿美元的短期资本转瞬撤出东亚，其资本量大致相当于印度尼西亚、泰国、菲律宾、韩国、马来西亚五国GDP总额的10%（林直道，2005）。投机基金的多国攻击与国际资本的普遍流出造成了东南亚经济体币值的普遍下调，这场以汇率的急速下跌为开端的危机席卷了整个东南亚。

汇率的失守和资本的流出导致了东南亚各国股市、房地产市场资产泡沫的破灭。到1999年8月，中国香港、新加坡、马来西亚、印度尼西亚、菲律宾、韩国以及泰国股市市值较其危机前最高点的下跌幅度均超过50%，其中印度尼西亚、马来西亚、泰国的股价基本跌至最高点的1/10，这些国家股票市场损失的财富占其1997年GDP总额的65.9%。在房地产市场，根据 IMF 的评估，中国香港的房价大致跌到其最高点的 1/3，泰国下跌了 1/2，马来西亚跌了 1/3。资产价格的急速下跌造成了银行不良贷款的巨幅增加以及银行的破产和兼并，印度尼西亚、马来西亚、韩国、泰国银行的不良贷款占总贷款的比重均超过了 30%。东亚国家银行不良贷款比例的增加造成了私营部门实际信贷的下降，在印度尼西亚，给予私人部门的实际银行信贷缩水了 50%，菲律宾、马来西亚、泰国也缩水 10%—20%（沈联涛，2009）。

这场危机不仅使得亚洲国家和地区的人民资产大幅缩水，金融崩溃，经济衰退，更激化了马来西亚、印度尼西亚、泰国、日本等国家的国内矛盾，引发政治和社会动荡。危机爆发后的 1998 年，东亚各国经济基本都从危机前的高增长瞬间下降为负增长，泰国和印度尼西亚从之前 5% 左右的增速分别下降到 -7.6% 和 -13.1%，马来西亚从 7.3% 降至 -7.4%。若考虑到危机时期这些国家对美元汇率的失守，以美元计价的名义 GDP 下降量更为触目惊心。

三　危机后增长神话的破灭

危机后，随着东亚各国国内改革的实施，这场危机在世纪之交逐渐消退。然而，自此之后，东亚经济体再也未能回到危机前的高增长状态，东亚增长神话就此破灭，曾经引以为傲的东亚模式也遭受到了诸多批判。

表2—4　　　　　　　　亚洲金融危机前后经济增速变化[①]　　　　　单位:%

	泰国	印度尼西亚	马来西亚	菲律宾	新加坡	中国香港	韩国
危机前 8 年平均（1989—1996 年）	8.752	7.273	9.430	3.254	8.878	4.614	8.324

[①] 本书选择亚洲四小龙和亚洲四小虎作为亚洲国家和地区的代表，其中亚洲四小龙中的中国台湾因为数据所限去掉。在时长研究上，由于 2008 年全球金融危机中，这些国家受到的冲击相比发达国家要小得多，因此将增速变化的研究时限一直拉长到危机后 20 年。

续表

	泰国	印度尼西亚	马来西亚	菲律宾	新加坡	中国香港	韩国
危机后8年平均（1997—2004年）	2.714	1.905	4.180	3.789	4.788	2.920	5.059
经济增速下降百分比	68.991	73.809	55.671	-16.441	46.072	36.715	39.216
经济增速下降绝对值	6.038	5.368	5.250	-0.535	4.090	1.694	3.264
危机前10年平均（1987—1996年）	9.283	6.889	9.057	3.709	9.290	5.882	9.096
危机后10年平均（1997—2006年）	3.087	2.643	4.436	4.033	5.465	3.778	4.957
经济增速下降百分比	66.747	61.631	51.023	-8.724	41.169	35.771	45.499
经济增速下降绝对值	6.196	4.246	4.621	-0.324	3.825	2.104	4.139
危机前20年平均（1977—1996年）	7.814	6.565	7.444	2.818	8.219	7.023	8.952
危机后20年平均（1997—2016年）	3.145	4.116	4.606	4.819	5.213	3.381	4.150
经济增速下降百分比	59.748	37.307	38.128	-70.998	36.573	51.860	53.640
经济增速下降绝对值	4.669	2.449	2.838	-2.001	3.006	3.642	4.802

资料来源：世界银行。

表2—4中，菲律宾的表现有异于其他国家，亚洲金融危机爆发前，菲律宾的经济并不算过热，或者说刚刚步入经济快速发展的轨道，其1994—1996年的经济增长率都在5%左右，大大超过此前80年代初以来的其他年度的增长率，经常项目逆差占GDP的比重在危机前也由1994年的4.6%下降到1995年的2.7%。它之所以在危机中遭遇外汇攻击主要源于持续通货膨胀导致的本币汇率过高。由于菲律宾并未像泰国、马来西

亚等国一样在危机前经历高速增长,因此经济增速放缓带来的震荡也不如其他国家剧烈,在危机之初的猛烈冲击后,相对较快地恢复了经济发展。除却菲律宾后,以"亚洲四小龙""亚洲四小虎"为代表的其他亚洲国家的高速增长都在这场金融危机中终结。危机后 8—10 年,泰国、印度尼西亚、马来西亚等受危机冲击较大国家的增速下降了一半以上,新加坡、中国香港、韩国的增速下降较少,但也都在 1/3 以上;危机后 20 年的时间里,这些经济体的平均增速下降绝对值仍维持在至少 2 个百分点以上。

第五节　欧洲主权债务危机

一　危机前欧元区的分化

1992 年,《欧洲联盟条约》在马斯特里赫特签署,1999 年 1 月 1 日欧盟国家开始实行单一货币欧元和统一货币政策;2002 年 1 月 1 日起,欧元纸币和硬币正式流通,欧元区正式成立。欧元区成立以来,有效促进了区内贸易的增长,并保持了较低的失业率和通胀率,也充分提升了欧元区国家的国际地位。意大利、西班牙、葡萄牙、爱尔兰、希腊这些日后爆发债务危机的国家在加入欧元区后,经济也都获得了较为显著的增长,其在同一时期人均 GDP 的增长幅度也高于德国、法国这些传统工业国家。

虽然从整体而言,欧盟成员国的经济发展受益于欧元区的成立。然而,统一货币的使用也加大了不同经济基础的欧元区国家的分化,当低国际竞争力的国家无法通过货币贬值的方式提高其产品竞争力,且欧盟内部的贸易协定无法弥补由于竞争力下降而带来的贸易损失时,欧元区内部"生产国"和"消费国"的分化就被加剧。"生产国"以德国、卢森堡、芬兰等国为代表,其均为欧元区内的净出口国,并通过出口、投资、制造业等的发展维持了较为健康的经济增长。比利时、荷兰、奥地利等国相较德国等国家而言虽然存在一定程度的债务问题,但由于其能持续保持净出口且贸易盈余占 GDP 较高比率,因此总体而言也属于"生产国"的范畴;"消费国"的代表包括意大利、西班牙、葡萄牙、希腊这些净进口国家,为了支撑巨额的贸易赤字,这些国家加入欧元区后凭借具有较高地位的欧元以低利率向国际以及欧元区内净出口国进行了大量借贷。

然而，外来资本的流入并没有流向改善经济结构的实体领域，因为资本的流入进一步推高了实际汇率的升值，恶化了贸易部门的竞争力。在此情况下，这些资本基本都被用于了金融扩张以及消费支撑。如爱尔兰一方面通过降低税费吸引外资在信息技术、生物科技等领域进行投资，另一方面大力发展房地产产业，2002—2007 年，爱尔兰房地产价格上涨近 200%，泡沫化速度惊人，房地产的泡沫化除了继续吸引外来短期资本的流入外，还造成了爱尔兰银行放贷量的剧增。同时，泡沫化的房地产行业发展还掩盖了爱尔兰财政的结构性问题，因为在价格的高涨下，房地产领域的税收占了政府收入的 1/3，这大大高于欧元区其他国家，来源于房地产的高税收也让爱尔兰在金融危机之前一直保持着财政盈余。流入西班牙的外资也流向了房地产行业，在危机前全球房地产均呈现繁荣景象的大背景下，西班牙政府将房地产作为支柱产业重点发展，1999—2008 年，欧洲新屋建设中有 2/3 都发生在西班牙，住房价格平均上涨 150%，房地产相关行业占制造业的比重也显著上升。流入希腊的资本除了催生房地产泡沫外，还大幅度地流向了私人消费领域，通过政府的转移支付以及工人工资的提高促进了整体消费水平的提升，以此拉动经济增长（周舟，2013）。

区域内的分化导致不同国家经济增长来源的差异，西班牙、葡萄牙等区域内的"消费国"面临较高的收支赤字，只好借助欧元的国际地位大量借入低利率的外债，吸引外来资本，靠房地产行业的发展、公众支出的增加扩张需求，拉动经济增长，维持财政平衡。这种方式在全球金融危机前，借助低成本的资金流入，维持了经济的繁荣发展以及债务的可控，但是掩盖并恶化了实体经济的问题，为危机的爆发埋下了隐患。

二 危机中的增长下滑

到了 2008 年，受全球金融海啸的冲击，欧元区国家的经济也陷入疲软。此时，由于没有独立的货币政策，希腊、意大利、西班牙、葡萄牙、爱尔兰等国为了刺激经济大多采用了规模庞大的财政方案，这导致其在危机前就已经处于高位的财政赤字与公共债务的大幅攀升。高负债、高赤字及在次贷危机中愈加下滑的出口造成了主权信用风险的逐步积累，而危机前拉动经济增长的船运、旅游业收入的下滑，以及房地产泡沫的破灭也恶化了财政收支及经济增长。

2009年10月20日，希腊政府宣布当年财政赤字占GDP的比例将超过12%，这一指标远高于欧盟设定的3%上限。大规模的财政赤字导致全球三大评级机构对希腊主权信用评级的普遍性下调，欧洲主权债务危机率先在希腊爆发。至此之后一直到2010年上半年，欧洲央行、IMF等国际机构虽致力于为希腊债务危机寻求解决措施，但由于一些成员国担心对希腊的无条件救助可能助长欧元区内部"挥霍无度"并引发本国纳税人不满，因此救助机制的具体力度与具体施行上一直存在较大分歧。由于有效救助机制的缺乏，欧洲债务危机不断扩散。2010年9月30日，爱尔兰对外披露，由于国内银行援助成本的上升，预计2010年度预算赤字占GDP的比重可能升高到32%，这是《稳定与增长公约》所规定的上限的10倍，这一披露造成了市场恐慌情绪蔓延，之后爱尔兰政府虽然为安抚投资者信心曾发表声明不需要外界援助，不过在市场形势的急剧恶化下最终改口。而希腊和爱尔兰债务风险的溢出迅速波及了欧元区的其他国家，2011年3月，葡萄牙随之"倒下"，西班牙、意大利等国也接连爆出财政问题，危机开始从欧元区外围国家向核心国家延伸，并开始拖累德国、法国等欧元区主要国家的经济增长。

根据表2—5，危机开始至今，希腊平均增速一直为负，经济增速受危机影响在五国中是最大的，爱尔兰的平均增速下降在五国当中是最少的，但这并不是因为爱尔兰所受债务危机的冲击小，而是因为爱尔兰危机后的平均增速被2015年25%的年度GDP增长率拉高了，而高到如此离谱的增长速度绝大部分不是来源于爱尔兰本身的复苏，而是由于跨国公司出于避税等需求进行的资产转移。意大利、葡萄牙和西班牙三国在危机之后8年经济平均增速下降百分比都在100%以上，根据IMF的预测，到2023年，三国的平均增速虽然均能转正，但增速下降百分比依然在70%以上。

表2—5　　欧洲主权债务危机前后欧元区五国经济增速变化① 　　单位:%

	希腊	爱尔兰	意大利	葡萄牙	西班牙
危机前8年平均 （2000—2007年）	4.045	6.043	1.487	1.524	3.744
危机后8年平均 （2008②—2015年）	-3.667	3.943	-0.969	-0.644	-0.408
经济增速下降 百分比	190.676	34.749	165.145	142.248	110.893
经济增速下降 绝对值	7.712	2.100	2.456	2.168	4.152
危机前10年平均 （1998—2007年）	3.932	6.745	1.507	2.087	3.917
危机后10年平均 （2008—2017年）	-2.823	4.448	-0.542	-0.086	0.306
经济增速下降 百分比	171.795	34.047	135.970	104.106	92.180
经济增速下降 绝对值	6.756	2.296	2.049	2.173	3.611
危机前16年平均 （1992—2007年）	3.117	6.792	1.408	2.190	3.216
危机后16年平均 （2008—2023年）	-1.129	4.074	0.033	0.528	0.929
经济增速下降 百分比	136.224	40.010	97.665	75.899	71.125
经济增速下降 绝对值	4.246	2.717	1.375	1.662	2.287

资料来源：IMF《世界经济展望》数据库（2018年4月）。

---

① 危机开始之后10年内（2008—2017年）的数据都是实际统计数据，超过10年的平均数据自2018年起用的是IMF《世界经济展望》数据库中的预测数据，由于预测数据只到2023年，因此比较时限最长取到16年。

② 虽然欧洲主权债务危机正式爆发的时间是2009年，但是由于欧债危机由全球金融危机引发，2008年欧洲国家的经济增速已经开始下降，在此仍以2008年为界。

三 危机后的持续震荡

欧债危机对危机发生国的经济造成了一系列打击，并引发了整个欧元区内的政治、社会震荡。

危机之前，欧洲各国的银行业均相互持有巨额的政府债务，同时，由于危机爆发国之前对房地产及金融业发展的支持，这些国家的银行所发放的贷款中也就有相当大比重与这两个行业有关，因此债务危机的爆发以及房地产价格的下滑加大了欧洲银行业的风险敞口，降低了银行的盈利能力以及对实体经济的融资能力。同时，由于国际评级机构对危机发生国主权信用评级的下调，这些国家难以再获得低廉成本的国际资本，欧洲国家和银行业发行的债券也遭遇认购受阻。这些因素造成了危机发生国信用的进一步紧缩，然而，由于没有独立的货币政策，这一流动性紧缩局面难以被有效缓解。流动性的紧缩恶化了危机后资产价格下滑的局面，造成财富的蒸发及投资者的损失，又进一步引发了资金从危机国的抽离。金融摩擦的增大、主权评级的下调、信贷规模的压缩、融资成本的上升等也造成了总需求的下滑，抑制了危机国的经济复苏。

除了经济增长速度的趋缓外，债务危机还对社会、政治领域造成了巨大的冲击。危机爆发及经济减速造成了社会的高失业率，大规模的失业不仅压缩了社会总需求，还增加了政府的公共开支负担，而政府致力于收缩开支的降薪、削减社会福利等行为又加剧了社会的动荡，引发民众对执政党的不满，由此导致的罢工、示威、游行等造成了一系列的政治危机。除了危机国的动荡外，债务危机对欧盟其他国家的拖累、欧盟内部对债务国救助态度的不一致、联合难民问题的爆发，对欧洲整体也造成了巨大的影响。在2016年6月23日举行的英国全民公投中，超过一半的民众选择脱离欧盟；2017年，英国正式启动"脱欧"程序，这不仅造成了欧洲金融市场的大幅震荡，更导致了欧洲一体化遭遇重大挫折。

第三章

理论综述：周期理论中的
金融与增长

本书研究的是金融危机中经济增速的间断式及长期性下滑，但研究方法并未采用新古典的增长理论①，而是在一个长周期的范畴内，通过代表需求面波动的金融冲击的引入，探讨社会总需求和总供给在金融膨胀以及金融萧条时期的变动，以供给需求分析来解释经济的突变式下滑和长期停滞。这就决定了主要借鉴的理论不是新古典的增长理论，而是包含金融分析的经济周期理论。由于经济周期领域的主要经济学流派包括凯恩斯学派、货币学派、奥地利学派及马克思主义学派，因此下文的理论综述部分，本书将分别梳理这四大流派中关于金融因素如何造成经济周期性波动的研究。②

这四大流派最根本的差异在于对市场经济的坚持上，从马克思主义、凯恩斯主义、货币主义到奥地利学派，其对市场经济的信仰逐步加深：马克思主义学派对市场经济没有任何信仰，认为经济社会的问题来源于资本主义的固有体制；凯恩斯学派认为市场在有效的基础上存在失灵，且这种失灵难以由市场本身纠正，若任由市场失灵持续，就会对经济造成巨大危害；货币主义学派对市场经济的信仰较为坚固，认为市场的自动调节就能使经济达到最优，但也承认在短期经济中存在着一些难以完

---

① 本书将在第九章具体论述不采用新古典增长理论进行研究的原因。
② 需要说明的是，随着时间的推移，这几大流派中的理论在发展过程中存在一系列借鉴和融合，下文的分类只是依据不同理论的思想源头归纳而来的一种结果，若采用不同视角和界定，结果也会有所差异。

全由市场自动消除的摩擦；奥地利学派对市场经济的信仰坚定不移，认为人为的任何调节都会对经济造成干扰。以上这些根本差异决定了这几大学派在经济周期根本原因与应对方式上的不同。马克思主义认为经济的周期波动由资本主义的体制决定，体制不变则危机的爆发就是必然的，要杜绝经济周期波动，则必须改革资本主义的经济制度；凯恩斯学派认为危机来源于市场经济的一些固有缺陷，这些缺陷导致周期波动的必然性，但并不足以动摇资本主义市场经济的地位，政府要通过积极的干预来稳定本质上不稳定的市场经济，致力于熨平经济波动；货币主义者认为债务、货币供给的变动是引发经济萧条的重要原因，但因为政府在政策实施上存在一系列失灵，因此政府应该采用某种固定规则来进行货币的增加，严控通货膨胀与债务水平，以此稳定经济的波动；奥地利学派认为自由放任的市场经济是完美的，在不加干预的情况下，经济主体通过各自的信息收集、分析与决策会达到最优的结果，因此造成经济周期的原因只能是外来的干预，政府的货币增发、信用扩张会以通货膨胀的方式人为制造繁荣，但这种繁荣不可持续，最终将通过萧条的方式爆发出来。

第一节　凯恩斯学派

凯恩斯主义起源于约翰·梅纳德·凯恩斯（John Maynard Keynes）的《就业、利息和货币通论》。凯恩斯主义流派在经济周期的分析中有以下特点：（1）着重于短期分析，凯恩斯认为"从长期来看，我们都将死去"。短期分析决定了凯恩斯主义学派分析的基础为宏观的供给需求分析，而非自由主义流派的均衡分析。（2）注重需求层面的分析，凯恩斯主义者认为，与总供给相比，社会总需求具有天然的不足，而需求的不足就会导致危机。因此在危机的救助上，凯恩斯学派提倡政府的干预，认为政府应该人为地创造需求，弥补总需求的不足，从而将经济拉出衰退的泥沼。（3）在需求面的具体分析中，凯恩斯本人提出了"不确定性"的概念，并使用"动物精神""羊群效应"和"货币幻觉"等概念解释投资者、消费者、雇佣者等市场主体决策行为的不一致性。而后续的学者，包括明斯基（Hyman Minsky）、金德尔伯格（Charles P. Kindleberger)、希勒（Robert J. Shiller）等都对这一思路进行了继承与发展，将复杂而充满不确定性的金融因素纳入需求分析的核心。

一 需求不足

凯恩斯认为，由于总供给在短期内不会有大幅变动，因此一国的国民收入和就业水平实际上取决于社会的有效需求。有效需求不足，尤其是有效需求中的投资需求不足时，厂商就会因为大量的产品积压压缩生产，解雇工人，造成失业人数的剧增，使得就业量低于充分就业水平。而就业量的减少会导致工人收入的减少，收入的减少又会带动需求的进一步减少，恶性循环下，总需求的减少会引发总产出倍数化的减少，经济陷入衰退。

凯恩斯最初在讨论金融与经济危机间关系时，是通过利率这一因素进行的。凯恩斯指出，危机产生的重要来源是资本边际效益的变动，因为资本边际效益的变动直接影响有效需求重要构成部分的投资需求。而资本的边际效率由新投资资本的未来收益[①]以及资本的成本决定。当作为资本成本的利息率过高时，有效需求就会因为投资的减少而减少，经济陷入萧条。

很多学者发展了凯恩斯需求不足的理论，比较代表性的有克鲁格曼（Krugman）的"萧条经济学（Depression Economics）""流动性陷阱理论（Liquidity Trap）"理论，萨默斯（Summers）的"长期停滞（Secular Stagnation）"理论以及辜朝明（Richard Koo）的"资产负债表衰退理论（Balanced Sheet Recession）"。

（一）萧条经济学

克鲁格曼在其代表作《萧条经济学的回归》中认为，在经济萧条时期，供给似乎无处不在，而与此形成鲜明对比的是无影无踪的需求；愿意工作的人到处都有，而工作机会却远远不够；具有生产能力的工厂大规模闲置，而订单却极其匮乏；商场依然开放，顾客却十分稀少。

为了更好地阐明萧条来源于需求的不足，克鲁格曼用了一个比较浅显的"婴儿看护合作社"的例子解释了需求不足与经济萧条之间的关系。

[①] 关于资本未来收益变动与危机间的关系，下文将在金融不稳定部分论述。

在克鲁格曼所设定的婴儿看护合作社中，作为合作社参与者的家长们通过一种票券解决管理问题，每对家长事先被分发等量的票券，并用票券支付婴儿照看的服务，代别的家长照顾婴儿的人在完成工作后，会根据照看时间从婴儿家长处得到相应数量的票券。

然而，这一预想的合作社机制并不总能完美运行。若初始的票券数量过少，那么为了获得足够的票券储备以应对不时之需，每对家长就会努力积累票券，当所有合作社成员都致力于积累票券时，找人代为照顾婴儿的需求就会大幅减少，票券的支付与流通也就随之减少，一直少到难以满足合作社的正常运行所需时，整个合作社就会陷入衰退。对应到实际经济运行中，克鲁格曼认为，若货币政策过于紧缩，则人们积累现金/收入的愿望就会大于消费的意愿，没有消费就没有收入，收入的减少又会导致又一重的消费减少，由此造成的需求不足就会让经济陷入衰退。

（二）流动性陷阱

在萧条经济学的介绍中，克鲁格曼认为过紧的货币政策会抑制需求，引发衰退，因此，面对一般程度的衰退，可以采用增加资金注入的方式解决。但是，当衰退程度过深，经济陷入流动性陷阱时，货币政策就面临失效，难以通过利率的下降来刺激需求。

流动性陷阱理论最早源于凯恩斯提出的流动性偏好假说，当利率低到一定水平，有价证券的价格将高到人们预期未来不会继续上涨的水平，此时对债券的购买就只会带来损失，因此人们就不会再将手头的货币用以债券购买，任何规模的货币发放都会被居民储存起来，因此宽松货币政策所释放的流动性会因为居民对货币本身的无限偏好而难以起到刺激经济的作用。

20世纪90年代初日本房地产市场和股票市场泡沫相继破裂，为刺激经济，并应对国内GDP平减指数为负和通货紧缩的困境，日本央行于1995年开始将隔夜利率降低至0.5%，随后一直维持在零附近，并在受全球金融危机影响后日本经济前景更趋黯淡后的2016年正式实施负利率政策。随着日本经济泡沫破灭后利率的持续走低，以及低利率政策下经济的持续停滞，流动性陷阱理论逐渐被关注。

现有研究认为流动性陷阱本质上是一个信用问题（Werning，2011；Cochrane，2013），即公众认为政府宽松的货币政策只可能是暂时的，具有通胀控制目标的央行不可能永久地将这种宽松政策保持下去。出于对未来货币政策趋紧的担忧,私人部门不会在流动性注入时进行货币与金融资产间的转换,货币需求趋于无限大,市场利率难以降低,消费和投资难以提高。除了利率本身难以降低外,在经常伴随着通货紧缩的经济衰退中,流动性陷阱还会因为实际利率的走高而进一步抑制需求,难以降低的名义利率以及下跌的物价所导致的实际利率走高会增加借款人的成本,这不仅削减了借款的增加,还往往迫使借款者出售资产以偿还借贷。

(三)资产负债表衰退

在克鲁格曼等学者以流动性陷阱理论解释日本经济长达20多年的萧条时,另一位经济学家辜朝明则提出了资产负债表衰退理论。不同于新古典理论从银行等资金供给方进行的分析,资产负债表理论坚持流动性陷阱产生的本质源于借贷方,认为危机中资产价格的下跌导致在泡沫期过度扩张的企业资产大幅缩水,资产负债表失衡,负债率上升,导致企业的最优化目标从"利润最大化"转为"负债最小化"。目标模式的大规模转换最终造成合成谬误,此时即便银行有放贷意愿,也无法找到借贷方。并将这种由资金需求方的最优化目标转换(从利润最大化转为负债最小化)所引发的经济衰退称为资产负债表衰退(Koo,2011;2013)。

而危机爆发之后经济之所以长期萧条是由于危机中的资产价格破灭急剧恶化了企业的资产负债表,因此危机后企业的绝大部分利润都被用来修复资产负债表,这就导致了投资需求的普遍不足,此时的信贷增长低迷不在于银行的信贷紧缩,而在于企业借贷意愿的下降。在此情况下,常规性的货币政策与结构改革都是无效的,应该运用非常规手段优化企业的资产负债表,或者以财政支出的大幅度增加弥补私人部门借贷需求的下降。

资产负债表衰退理论将经济活动分为"阴""阳"两种状态,"阳"态经济指的是处于正常状态,适用于传统新古典理论的经济;"阴"态经济包括以下阶段:货币政策收紧或金融过度膨胀导致泡沫破灭,资产价格下跌导致企业负债超过资产,运营目标从利润最大化转向负债最小化,整体经济由于企业资产负债表恶化后的目标转化而陷入资产负债表衰退。在资产负债表得到修复之前,政府宽松政策提供的流动性不会被以债务偿还为主要目标的企业用来增加投资，货币政策失灵；即使资产负债表逐渐得到修复，危机中资产急剧恶化带来的负面记忆依然会造成企业对负债的抵触，低利率下企业也宁愿将资金用于储蓄而非投资。在整个资产负债表衰退时期，货币政策失效，政府仅能依靠财政政策的扩张以公共支出弥补私人部门需求的下滑。直到预期呈现明显好转，经济前景日趋明朗，一部分企业将原本用于偿债的资金流转为投资，经济才开始回升。在经济"阴"态下，资产负债表理论适用，政府要通过财政政策托底需求，缓解货币政策失效下的经济萧条。

（四）长期停滞

关于危机后长期停滞理论的发展，本书第一章第三节已经分别从需求和供给两方面做了介绍。凯恩斯主义范畴内的长期停滞针对的是经济的需求层面，主要是认为能够促使市场出清的均衡利率已经永久性为负，而传统货币政策受限于名义利率不能低于零的限制而难以将政策利率降低到能够实现充分就业的均衡水平。所以，长期停滞理论也是需求不足的一种表现形式。

由于有效需求的不足，经济在短期内难以自动达到充分就业状态，因此凯恩斯主义学派的经济学家信仰政府干预，提倡政府通过财政支出的增加弥补总需求的减少，或是通过货币政策的扩张降低市场利率，促进投资需求的增加，以拉动经济走出萧条。

二　金融不稳定[①]

除了需求不足理论外，凯恩斯在经济危机的论述中还分析了"投资周期理论"。上文提及，资本的边际效率取决于两个因素：投资资本的收益和资本的成本，代表资本成本的利息率的变动有可能会引发投资的减少，进而通过需求的减少引发危机。此外，对投资资本未来收益的预期也会对资本的边际效率产生重要影响，进而引发危机。而未来收益的预期，一方面取决于资本的丰裕程度，另一方面取决于企业家的悲观或乐观情绪。当人们对前景估计乐观时，资本投资就会逐渐增加，资本投入

[①] 金融不稳定部分中的一些著名学者，如明斯基、金德尔伯格、伯南克等也都曾吸纳过费雪的理论。

的增加会带动资本成本的上升,利息率高到一定程度时人们的预期就会反转,预期的悲观连同利率的上涨会导致资本边际效率的崩溃,引发投资量巨减,投资量的减少继而又通过乘数作用影响总产出和总就业。后续的学者发展了凯恩斯的分析,提出了一系列较为完整的金融不稳定性理论。

(一) 融资不稳定

在凯恩斯"投资周期理论"的基础之上,明斯基发展出了"投资的融资理论"。明斯基认为,金融一定是不稳定的,因为为投资而进行的融资是不稳定的,这种金融的不稳定导致经济一定是不稳定的。明斯基认为,根据债务占收入比重的差异,经济中的融资方式按照安全性依次下降的顺序可以分为三种:对冲性融资、投机性融资和庞氏融资。在安全性最高的对冲性融资中,债务人依靠融资进行的投资的未来现金流能够完全覆盖融资的成本和利息;而投机性融资中,未来的预期收益只够利息支出,这种融资方式通常用短期融资来进行长期投资,任何一期的融资成本支出出现问题都将引发资金链的断裂;在风险最高的庞氏融资中,债务人从投资得到的收入连每一期的融资利息都难以涵盖,需要借助资产的出售或者新债务的产生来履行每一期的支付承诺。在繁荣时期,经济整体处于扩张中,投资收益普遍偏高,人们就倾向于多借资金用于投资,以获取更多的收益,当每个个体都有这样的动机与行动时,经济整体的风险就被拉大,融资就从取得资金较为保守的对冲性融资一步步向安全性降低的投机性融资、庞氏融资过渡。然而,一旦维持经济扩张过程的宽松的信贷环境、上涨的资产价格等发生变化,融资链就会断裂,风险性融资的不安全性就会暴露出来,利息及本金的难以偿付便会触发以资产价格崩溃为表征的明斯基时刻,造成巨大的金融动荡。

与凯恩斯"在一个不稳定的经济中,投机行为主宰着人们的事业心"这一观点类似,明斯基认为经济有着内在的、本质的不稳定性。即使经济最初处于稳定中,市场力量也会通过利益的引导诱发对风险的追逐,人们会通过风险融资行为加大杠杆的比重,这会导致不稳定的产生。因此,明斯基认为,在倾向于发生投机性繁荣的经济中,经济始终是趋于不稳定的,任何暂时的稳定都会引发融资的扩张以及资产价格的膨胀,我们永远到达不了完全的稳定。

在政策取向上，因为经济本身具有不稳定的特征，因此明斯基反对完全的自由主义；但由于政府的宽松政策会促进融资方式由低风险向高风险的演进，因此明斯基也反对凯恩斯主义的需求刺激政策，认为中央银行的职能不能局限于控制货币供给，更重要的是抑制金融不稳定性。

(二) 信贷周期

金德尔伯格在明斯基的基础之上，重点论述了信贷的顺周期性，即当经济景气时银行信贷投放扩大，当经济衰退时信贷规模收缩，信贷规模的顺周期性会加剧金融体系的脆弱性，增加发生金融危机的风险。金德尔伯格认为明斯基模型中的投机狂热是由银行信贷扩张推动的，其将明斯基模型扩展为包括金融泡沫产生至破灭的全阶段理论，并考虑了金融危机中的欺诈行为、国际传播、最后贷款人等问题，用以分析了历史上一系列金融泡沫的产生和破灭。

根据金德尔伯格的分析，一个典型的金融危机会经历如下步骤：(1) 正向冲击引发经济繁荣。战争、技术发明、金融制度变革、某一股票或债券的意外成功发行、大规模的债务转换导致的利率急剧下降以及基础货币迅速扩张等外部条件的改变会给宏观经济造成冲击，若这些冲击对于利润机会、经济行为等的改变具有正面效应，且冲击波及多个部门，带来的利润增加也具有足够规模，就会显著优化预期，促使经济向繁荣演进。(2) 信用扩张和经济繁荣的相互作用带动资产价格不断攀升。首先，经济的扩张会优化个体关于未来能够获取的利润的预期，预期收益率的提高会引发投资的狂热、金融的创新以及信贷的增加；而信贷规模的增加又催生了利润，巩固了预期，导致了经济的进一步扩张。之后，随着信贷的进一步增加，大量资金开始游离于实体经济之外，转向金融资产的购买，并凭借以出售为目的的购买获利，如果这种投机行为的绝大多数参与者都能获利，就会吸引更多的参与者及资金投入，经济和信贷扩张的非理性繁荣就形成了"过度贸易"，导致资产价格与其价值的偏离，带来资产泡沫。(3) 泡沫崩溃，危机爆发。资产价格涨至一定高度时，成本与利润间的变化开始导致预期转向，市场新进入者购买资产的意愿减退。此时，若出现负向冲击，如银行或企业的倒闭，欺诈行为的暴露，或主要投机性资产的价格下跌等，一部分参与者就会通过出售投机商品撤离市场，给资产价格造成下滑压力，当越来越多的参与者选择退出时，资产价格从最高点转为下跌，股票、房地产等价格大幅下跌的同时，市场往往随之出现大规模的"财务困境"，这引发了不安情绪的增加以及下一轮的恐慌性抛售，最终导致泡沫的崩溃与危机的爆发。

金德尔伯格认为，虽然货币机制和金融改革可能成为诱发投机过热的正向冲击，但通过货币机制解决投机过热和投机泡沫问题都存在极大困难。因为虽然货币是一种公共产品，但货币安排却可能存在党派之见，且对银行业的监管也十分困难。即使货币供应能够完全贴合实体经济的需要，也会因为微观个体的不断创新而难以保证货币机制的长久正确。因为在政府供应的给定货币量下，微观个体会通过一系列的措施创造更多的流动性，且对货币机制的突破在货币从硬币向银行钞票、票据、银行存款、融资券的转化中变得更加容易。货币学派关于货币供应量保持固定的必要性方面的讨论可能是正确的，但他们相信货币供应量可以永远保持不变这一点显然是错误的。

(三) 金融加速器

在融资、信贷重要性凸显的同时，信息经济学的发展为信贷市场及其信息不对称的分析提供了有力的工具。由于信息不对称的存在，信贷市场的运行存在一定摩擦，借贷双方间存在代理成本，代理成本的存在造成了企业融资时内部融资与外部融资成本的差异，外部融资成本高于内部融资成本的部分称为外部融资溢价，除了银行信贷供给状况外，企业自身的资产负债、现金流状况等都会影响融资溢价。这就导致能够影响企业资产负债表的任何冲击，哪怕微小，也会通过改变企业的资本状况影响其外部融资的额外成本，最终对整个宏观投资和产出产生放大效应。

基于这一逻辑，Bernanke、Gertler 和 Gilchrist (1999) 提出了金融加速器的基础模型（BGG 模型）。该模型指出，在信贷市场存在信息不对称的情况下，现金流量和资产净值会对融资成本、融资数量以及投资支出水平等宏观经济变量产生重要影响。以一个负向的经济冲击为例，冲击的产生首先将导致企业现金流量和利润的下降，这在削弱企业内部融资数量，使得企业不得不依靠更多外部融资来保证生产的同时，还会导致企业外部融资溢价的上升。内部融资数量的减少联合外部融资成本的上升最终造成企业投资水平的下降，当这一外部冲击对企业的影响具有普遍性时，即使冲击的力度较小，也会引发大面积的投资减少与产出下降。"金融加速器"效应描述的就是这种由小规模冲击引发并最终给整体经济造成远大于初始冲击幅度的收缩。基于这一原理，伯南克分析了美国大萧条期间融资和投资水平的变化，并在比较了货币与金融总量的相对重要性后，认为金融系统的崩溃才是决定大萧条的深度和持续性的关键因素，这与下文所述的弗里德曼的观点有所差异。伯南克认为，大萧条期间爆发的银行业危机大大提高了信贷市场的信息不对称，使得金融机构难以有效甄别贷款人的资质状况，造成了信贷中介成本的上升。信贷中介成本的上升不仅使得潜在生产者难以得到从事生产活动所需的资金，也导致潜在消费者推迟消费，潜在投资者减少投资，最终引发了总需求和总产出的大规模下滑。

BGG模型主要从价格角度出发，认为外部融资溢价的高低取决于企业自身的资产状况，如企业的财务杠杆率（企业的债务融资规模与净资产的比率），且外部融资溢价是企业财务杠杆的增函数，经济冲击主要通过外部融资溢价影响经济活动。而Kiyotaki和Moore（1997）从数量角度出发，探究经济冲击对企业融资数量的影响，其认为借款人必须以一定数量的资产作为抵押才能获得相应的贷款数量，由于抵押品的价值会受宏观经济变量的影响，企业所获得的抵押贷款的数量也会因宏观经济形势的变化而变化，会导致企业的可抵押资产价值缩水的外部冲击将恶化企业的借贷能力，减少企业所获得的贷款数量，贷款数量的减少会通过企业的投资水平反馈到宏观经济层面，引发宏观经济的衰退。而在经济衰退的同时，资产价值还会进一步缩水，宏观经济和抵押品贷款之间的循环反馈机制保证了初始冲击的放大性和持续性。

(四) 动物精神

在论述投资预期收益不确定的同时，凯恩斯还分析了经济个体的行为，用动物精神描述了人们在不确定的经济环境中进行长期预期时的非理智冲动。凯恩斯认为，在追求经济利益时，人们总是有非经济方面的动机，其行为也并不总是理性的，这些非理性的动物精神是造成经济波动以及非自愿失业的主要原因。在现代经济学中，动物精神这一经济学术语一般被用来描述人们面临模糊性或不确定性时的思维模式，与新古典学派不同,凯恩斯主义者认为这种不断变化的思维模式,包括不断变化的信心、诱惑、嫉妒、怨恨、幻觉等,对经济本质的认识引发了危机。

受凯恩斯影响,后续许多学者开启了金融危机的社会心理层面的考察,其中的代表性经济学家之一就是希勒,希勒从"行为金融学"视角出发,用动物精神解释了20世纪90年代以来发生在美国及全世界的金融泡沫。希勒的动物精神包含以下几方面的内容:信心、公平、腐败及货币幻觉。当信心普遍居高,越来越多的人相信经济前景趋于繁荣时,消费的铺张、投资的集中就成为常态,腐败和欺诈也在公众的信任和政府监管的放任中横行,经济趋向过热;之后,有关经济失败的故事以及萧条发生前若干年内腐败增加的故事导致信心破灭,人们空前强烈地感觉到经济政策的不公平,货币幻觉使人们未能准确地认识价格下降造成的后果,繁荣消退,泡沫破灭,危机的各种负面影响接踵而至。

信心是动物精神理论的基础,信心以及信心与经济运行之间的反馈机制放大了各种干扰,人们在做重大决策时,并不是如新古典的经济学理论所认为的,会完全考虑所有的信息,如不同的选择及结果,每个选择的概率及优势等,再做出决策。而是凭靠信心,有信心时,人们就会买进,缺乏信心时,就会退缩与卖出。信心的时有时无,时而合理时而不合理,爆棚与消退充斥着经济历史,引发繁荣和萧条。信心的变动除了直接影响经济外,还会通过信心乘数影响国民收入以及其他乘数,如在经济萧条时,信心的低落会导致信贷市场冻结,贷款人不相信能收回贷款,也就会停止新贷款的发放,在此情况下,资金的需求者就难以得到所需的信用,商品的提供者就难以获得所需的流动资金,此时国民收入不仅会因为信心乘数而下滑,还会因为通常的财政乘数、投资乘数在信心影响下的变小而进一步减少。因此,希勒认为,应对经济衰退的重要途径是通过政府力量,凭借传媒等各大途径重塑信心。

第二节 货币学派

货币学派兴盛于20世纪50—60年代,其创始者一般认为是美国芝加哥大学的弗里德曼，但其思想渊源最早可追溯到费雪的货币数量论。欧文·费雪（Irving Fisher）通过费雪方程阐述了物价为何是由货币数量决定，并阐明了利率与通货膨胀之间的对应关系，由于其在货币数量论方面的贡献而被一些学者称为"第一代货币主义者"。费雪的交换方程不仅是解释通货膨胀的早期理论中最为成功的，更是后期许多经济学理论发展的基础，包括弗里德曼、辜朝明、伯南克等一系列著名经济学家都曾借鉴、吸纳过费雪的理论。

费雪方程由费雪在1911年出版的《货币的购买力》一书中提出，表示货币数量与货币使用次数的乘积必然等于名义收入，数学关系表达为 $MV=PT$，其中，M 表示一定时期流通中货币的平均数量，V 为货币流通速度，P 表示以商品和劳务价格的加权平均数为代表的一般价格水平，T 为商品和劳务的交易数量。费雪认为，V 由于由社会制度和习惯等因素决定，所以长期内比较稳定，可视为常数；而在充分就业条件下，T 也是大体稳定的，由于货币流通速度以及商品总量都比较稳定，总体物价水平就由货币流通量决定。据此，费雪认为，经济周期是一种货币现象，货币流量的变动通过影响物价水平导致了以债务为代表的一系列实际量的变动，引发经济波动，因此，只要控制货币流通量就可以稳定价格水平，从而稳定经济体系。

费雪方程是现代货币数量论的理论基石，依托于费雪方程，费雪以物价下跌导致的债务通缩解释了大萧条的产生。而弗里德曼等经济学家细化了费雪方程的结论，将引发商品价格普遍上涨的货币增发归结到政府的货币政策上，直接将通货膨胀和通货紧缩的矛头指向了政府，以政策的失误来解释经济危机的产生。

货币学派将物价水平的波动归根于货币供应量的变动，强调货币供给对经济活动的影响。这与凯恩斯学派有非常大的不同，凯恩斯主义关于货币和价格关系的论述是与产量、就业和工资等变量联系在一起的，认为在充分就业到达以前，货币量变动主要影响的是产量和就业，只有在充分就业情况下货币量变动才影响价格。两大学派对货币与价格之间关系认识的不同，决定了两者在金融影响实体经济机制分析上的差异：在凯恩斯学派中，货币能够影响就业和产量，因此代表需求面冲击的金融因素可以直接影响到实体经济；而货币学派对名义量和实际量做了严格区分，以货币为代表的金融因素，其作为名义量必须通过价格才能对实际产出造成影响。基于价格这一重要的中介指标，货币主义分别从债务以及货币量这两个角度出发，探讨了金融与经济波动间的联系。

一 债务变动

（一）债务通缩

1929—1933年大萧条后，费雪着重于债务这一金融因素，围绕物价下跌对实际债务的影响，在《繁荣与萧条》一书中用债务、货币数量、价格水平、净值、利润、生产、心理、货币周转率和利率这九大因素的循环，将大萧条的产生归结于债务通缩（Debt-deflation）。在危机前的经济繁荣与信用高涨时期，企业家出于对利润的追求会逐渐通过高杠杆形成一系列的信用链条，一旦过度乐观的信用预期发生扭转，或者经济体受到任意一个"意外冲击"，原本可持续的债务就会突然过度，为偿付过度的负债，企业会通过廉价销售来出售资产回笼资金，廉价销售导致的物价下跌引发了实际债务的上升，若物价下跌的速度快于债务清偿的速度，还会引发总债务数额的增加，巨大的债务压力又引发了进一步的资产倾销，这样的恶性循环最终会导致利润的下降，失业的增加，引发经济萧条。

费雪认为债务的循环趋势是承载着萧条灾难的九个主要循环趋势的始作俑者。(1) 债务→廉价销售。当债务人借入了过多的债务，尤其是对债务的到期日没有把握好的话，债务人就会面临过度负债，并出现无力偿还的风险，当过度负债的风险被察觉时，经济个体会采取一系列措施来纠正这种状况，廉价销售就是其中非常常见的措施之一。若过度负债的规模足够大，则整个国家都会陷入一种廉价销售的状态。(2) 廉价销售→货币数量缩减。在正常时期，面向银行的债务偿还并不一定会引发货币收缩，因为一般情况下，随着银行的某些债务人还清他们的债务，被注销的那些货币会被一些新存款人所获得的新贷款所取代。然而，过度负债通常都会导致人们竞相清偿债务，而新的贷款数额绝对不足以使货币的存量回复到原来的那种平衡的局面，存款或"信用货币"的萎缩几乎是必然的。① 因此，廉价销售过程中所出现的竞相清偿债务的局面实际上收缩了货币（即存款货币）的数量。(3) 货币数量缩减→价格水平下跌。根据费雪方程，货币数量的减少会降低价格水平。当价格下降时，每一单位货币实际上所代表的价值都更大，因此，在名义债务水平不变的情况下，价格水平的下降就导致了实际债务的增加。若物价水平下降得足够快，则名义和实际价值的分离会导致这样一种结果——名义清偿可能导致实际债务更快的增加，即货币价值的提高可能不仅会让未清偿的实际债务量增加，而且其增加速度会快于债务数量减少的速度。(4) 价格水平下跌→净值减少。价格的下降减少了经济个体所拥有的资产的货币价值（不包括现金和别人欠他的债务），这导致了净值——资产与负债间的差额的必然缩水，考虑到物价下跌中实际债务的增加，净值缩水的速度还要快于资产缩水的速度。在资产和负债的共同挤压下，净值经常会变为负值，从而令其所有者资不抵债。(5) 净值减少→利润减少。同净值一样，利润也受到两方面因素的挤压。利润是收入与支出之间的差额，其中收入随价格的下降而减少，而支出（包括利息、税收、租金、薪金等）即使不是固定不变的，其对于通货紧缩的反应也不像价格那么敏感。支出越是坚挺，其所造成的紧缩就越严重。因此，利润就减少了，通常还会演变为亏损。(6) 利润减少→生产、贸易和就业下降。利润的变动或利润预期的变动会导致商人改变其企业的常规经营策略。当利润被挤压得过于薄弱时，生产者就会削减生产，解雇员工。所有生产者行为的同步会使该国的总产出、贸易额和就业水平出现大幅度的下滑。在以上的债务循环过程中，费雪还加入了情绪、货币流通速度以及利率的讨论。(7) 乐观与悲观。廉价销售、物价下跌、产出下滑等的负面影响会导致悲观预期的加重与信心的丧失，助长恐慌情绪的蔓延，使得预期进一步恶化。(8) 货币流通速度。恐慌的蔓延及预期的不确定使得人们更多地窖藏货币，降低货币流通速度。货币数量的减少和周转率的下降共同促成了充分的通货紧缩。(9) 利率。随着借款人变得对前景

---

① 费雪认为，个人之间债务的偿还不会影响流通中的货币量，因为用以偿还这笔债务的货币量会被另一个人收到，仍然处于流通中。因此，重要的是面向具有货币创造功能的金融机构的债务偿还。

失去信心并因此而产生恐慌,利率是趋于下降的。但在经济萧条时期,名义利率和实际利率的变动并不是完全对应的,由于物价水平的大幅下跌,货币利率降低的同时可能伴随着实际利率的提高,而真实利率的上升会导致债务的进一步上升及需求的进一步下跌。①

(二) 债务超级周期

超级周期(Supercycle)的概念是由《银行信用分析师》杂志(*Bank Credit Analyst*,BCA)的创办者汉密尔顿·博尔顿(Hamilton Bolton)提出的,最早的"超级周期"一词涵盖了银行流动性、货币周转率、利率等许多变量的波动。之后,由于托尼·博艾克(Tony Boeckh)等认为经济的根本问题出自于不断增加的私营部门债务,因此将"超级周期"的概念具体简化为"债务超级周期"(Debt Supercycle)。马丁·巴恩斯(Martin Barnes)、肯尼斯·罗格夫(Kenneth Rogoff)、约翰·莫尔丁(John Mauldin)等学者对此概念做了扩展。从本质上看,债务超级周期是指持续数十年的债务增长周期,在此周期内,债务从小额、可控水平一路增长到令金融市场无法容忍的程度,最终不得不通过重组或削减等方式对债务规模进行紧缩。在超级债务周期的扩张阶段,经济活动会随着债务水平的提高而扩张,在之后的债务缩减阶段,经济增长会由于大规模的杠杆收缩而下滑。超级债务周期提出伊始关注的焦点是美国的债务超级周期,但金融危机及欧洲主权债务危机的爆发让学界意识到诸多发达国家都处在债务超级周期的不同阶段。

超级债务周期的形成源于三大因素的助推:(1)利率的下降。20世纪80年代的恶性螺旋式通货膨胀结束后,各国利率水平都呈现出显著下降的趋势,从高通胀时期20%的水平一路下降到危机后接近于零的水平;与此同时,债券收益率也呈现出同样的趋势,如1980—2010年,美国10年期的债券收益率从16%下降至3%。利率的下降和债券收益率的下降带来了借款成本的下降,导致债务的增加远快于 GDP 的增长。虽然关于债务的累积没有一个固定的限度或者说占国内生产总值的比例来表示临界点,且各国的限度也因具体国情而异(Reinhart, Rogoff, 2012)。但可以肯定的是,债务不可能永远增长得比收入还快,到了一定阶段,债务累

---

① 经济萧条中,以上九大因素在时间上具有错杂性,相互之间也有许多影响。

积会变得不可持续并引发灾难性的后果。（2）宽松的货币政策。自20世纪80年代以来，在通胀"盯住制"的货币政策中，以美联储为代表的发达国家央行将低通胀率与成功的货币政策混为一谈。且各国央行主要关注的是核心通货膨胀（Core Inflation）而非总体通货膨胀（Headline Inflation），而在此期间由于新兴经济体的开放和发展，全球廉价劳动力供给大幅增加，这拉低了全球消费品的价格，也就保证了包含消费品价格的核心通胀率的不断下降，这就导致了货币政策的持续宽松。持续宽松的政策引发了信贷和货币向股市和房地产市场的不断进入，并形成没有在核心通货膨胀中显示出来的资产泡沫；除了政策本身过于松散外，美联储还以流动性增加的手段化解各种危机，如在应对1987年的股市崩溃，以及世纪之交的纳斯达克泡沫破灭时，美联储都是以提供流动性的办法来应对危机。（3）放松监管和金融创新。在利率走低以及货币政策趋于宽松的背景下，发达国家的证券化和影子银行体系快速发展。评级机构的失灵和宏观监管的不作为导致了次级债券和次级信贷的泛滥，许多不具备贷款资格的经济个体进入信贷市场。金融技术和金融工程的创新在资产泡沫还能维持的时候助推了泡沫的高涨，并以高泡沫资产为抵押，进一步释放了流动性，造成了私人部门杠杆的持续增加。

随着金融危机的爆发，私人部门加杠杆的进程被迫结束。2007年开始，随着巴黎银行、雷曼兄弟等大型金融机构风险的暴露，银子银行体系出现挤兑，次级抵押债券遭遇抛售，为避免抵押贷款市场的全面崩盘，阻止私人部门偿还债务、快速去杠杆对经济的负面影响，政府部门通过高额财政赤字，超额货币发放以及一系列旨在提供流动性的非常规货币政策来弥补去杠杆的私人部门所留下的缺口，杠杆从私人部门转移到了公共部门。尽管债务超级周期关乎私人部门债务不可持续的增加，但终究是将在政府债务部门出现的危机。当所欠债务过度时，各国政府用来削减债务的选择通常只有通货膨胀、债务违约以及汇率贬值这三种手段，因此私人部门的过度杠杆转移导致的政府高负债最终将通过通货膨胀、主权违约、货币贬值等方式爆发。

二 货币供给

以弗里德曼为代表的货币主义学者发展了费雪的货币数量论，认为货币数量的增长率与名义收入（货币收入）是密切联系的，通货膨胀是一种货币现象，将通胀的原因指向政府，认为通货膨胀的唯一原因就是政府发行了过多的货币。这一理论的普及在很大程度上遏制了发达国家政府印钞的冲动，限制了政府通过增发货币来削减债务的行为，尤其在应对20世纪80年代的滞胀中取得了较好的效果。但另一方面，这一理论也在商品价格下跌、就业量下降、社会生产总值下降的萧条时期，对政府的宽松货币政策给予了支持，因为既然政府是通胀的唯一原因，那么当通缩出现时，政府就具有发行货币遏制通缩的能力和义务，基于此，货币主义者也通常将萧条的原因归结于货币政策的不作为。

米尔顿·弗里德曼（Milton Friedman）在与安娜·施瓦茨（Anna J. Schwartz）所著的《美国货币史（1867—1960）》一书中，以货币存量为主线，研究了美国近一个世纪的货币发展历程，分析了货币存量变化的决定因素，以及货币存量对历史重大事件的影响。弗里德曼研究发现：（1）虽然在长期，货币存量变动与实际收入间的关系并不密切，但货币存量周期性的变动，与名义收入和价格水平的相应变动之间有着密切联系，而由于实际收入与名义收入在周期波动的幅度和方向上的一致性，货币存量与实际收入或商业活动的周期变动之间亦存在着密切联系。因此，在经济波动中，货币存量的不稳定始终伴随着经济增长的不稳定。（2）货币存量方面的变动与其他经济变量变动之间的关系一旦确定下来，就很少再发生变动。在货币存量与经济活动的相互作用中，从货币到经济活动这一方面的影响是主要的，尤其是在较长期的波动以及主要的周期性波动中，货币的作用明显更大。第一条结论证明了货币存量与经济波动之间的显著相关关系，第二条结论则具体化了这层相关关系中的因果链条，认为在经济萧条中，货币存量的变动是"因"，产出下降、失业增加等经济活动的变化是"果"。

基于以上理论，弗里德曼将大萧条的原因归结为美联储政策失误导致的货币存量减少。在对大萧条的原因追溯中，弗里德曼首先排除了作为大萧条初期标志性事件的股市暴跌。因为1929年10月的股市暴跌主要影响的是货币流通速度而非货币存量，从1929—1930年，货币流通速度下降了13%，但在经济萧条时期，货币流通速度的下降是正常现象，且与其他经济萧条时期货币流通速度的变化相比，1929年的股市暴跌所带来的货币流通速度下降并不具有特殊性，鉴于以往类似程度的货币流通速度下降并不曾引发如大萧条般的深度衰退，因此股市暴跌并不是大萧条的原因。之后，从1930年10月开始，随着三次银行倒闭风潮的出现，公众失去了对银行偿付存款能力的信心，银行的货币创造功能也大幅度受损，货币存量和货币乘数的下降速度由温和转为加速，公众越来越多地持有通货，存款/通货比率也快速下降。在银行流动性严重不足的情况下，美联储不仅未有效提供流动性，反而于1931年10月提高贴现率，致使银行大量破产，形成公众对金融体系的信用危机，出于对银行的不信任，公众货币现钞的持有量持续增加，到1933年每100元信用货币中就有40.7元是以现金方式被公众持有。这些行为共同导致在20世纪30年代的大萧条期间，美国的货币供给量减少了约1/3，当实际货币供给量无法满足市场经济正常运转所必需的货币量时，衰退就逐渐向大萧条演变。因此，以弗里德曼为代表的经济学家均认为，大萧条所引发的大幅度、大规模衰退均应归咎于美联储的错误决策。如果美联储当时保持了正常的货币供给，那么大萧条能被人为避免。

弗里德曼所代表的经济学家虽然也认为总需求的变动会影响经济波动，但不同于凯恩斯主义学者的是，他们认为需求波动的原因来源于货币供给量的减少，而凯恩斯主义则强调自发支出的下降是总需求下降的根本原因。在因果关系论证上，凯恩斯主义认为总需求的下降为代表的经济活动是"因"，而总需求的下降会通过消费支出、投资支出的减少带来货币存量下降这样的结果；而货币主义认为，货币供给量的下降是"因"，由此导致的需求下降以及生产活动的下滑才是结果。在对金融因素的讨论上，凯恩斯主义学者着重于利率对消费、投资等自发性支出的影响，由此引发关于国民生产总值的讨论。而货币主义则着重于政府所控制的货币供给的变化以及银行信用危机对货币流通量的影响。

第三节　奥地利学派

奥地利学派的创立者卡尔·门格尔（Carl Menger）认为，经济学是研究选择行为的科学，人们的选择由主观偏好和边际效用决定，时间和利率在其中发挥重要作用。在门格尔的理论基础上,欧根·冯·庞巴维克(Eugen von Bohm-Bawerk)提出了资本和利息理论,弗里德里希·冯·维塞尔(Friedrich von Wieser)提出了边际效用、经济计划、机会成本等现代经济学术语,逐渐确立了奥地利学派资本理论和宏观经济学的基础。进入20世纪后,以路德维希·冯·米塞斯(Ludwig van Mises)等为代表的奥地利学派学家,对前人的理论进行吸收借鉴后,构建出了比较完整的经济周期理论。奥地利学派经济认为,商业周期问题是关于经济普遍性的繁荣与萧条的问题,并非特定行业的相对繁荣或低迷,而市场本身不会带来经济普遍的繁荣和萧条,那么经济的繁荣或衰退只会由市场之外的因素引起,政府干预就是这些外生因素的一个重要组成部分。之后的学者,如米塞斯的学生弗里德里希·哈耶克(Friedrich A. Hayek)、默里·罗斯巴德(Murry Rothbard)等人进一步发展、完善了米塞斯的经济周期理论,并用奥地利学派的商业周期理论重新解释了20世纪30年代的大萧条。

本书认为,奥地利学派经济周期理论中关于金融因素的分析中有两大重要结论——货币的非中性以及人造繁荣的不可持续性,这两大结论对后续金融危机领域的分析研究做出了重要贡献。

一 货币非中性

奥地利学派认为,货币对经济活动和价格的影响是非中性的。关于这一点最著名的论述当属哈耶克的《价格与生产》,在这本书中哈耶克通过货币和实际经济的相互影响具体说明了经济的周期波动。

哈耶克在分析中吸纳了维克赛尔与庞巴维克的思想,用利息理论与资本结构理论分析了货币的非中性问题。哈耶克同意维克赛尔关于利率的二分法,认为代表实物资本收益率的"自然利率"与代表货币资金的利率的"市场利率"并不总是相等的,两者间的差额会对经济活动造成实际影响。

在利率分析的同时,哈耶克联系了"资本结构"的概念,强调了生产结构中的阶段性,认为由于经济活动由不同生产阶段组成,新增加的货币会通过影响相对价格(生产资料价格与消费品价格之间的对比关系),进而影响生产的时间结构,使资源在不同的生产环节上重新分配,最终影响经济的真实方面。

正常情况下，经济中的货币一部分会被花费在消费领域，剩下的则被储蓄起来，用以投资到高级的资本生产和其他不同级别的生产中。消费与储蓄或者说投资的比例是由人们的时间偏好决定的，人们对现在的满意程度较未来的满意程度越低，越不喜欢现在，时间偏好就越低，自然利率就比较低，投资与消费的比值相对就较高，企业家会更多致力于满足未来消费的生产，生产结构和资本结构就会扩大。在一个纯粹自由而没有干预的市场，训练有素的企业家根据会根据由时间偏好决定的自然利率以及企业本身的风险程度做出投资与生产的判断。当人为地向商业领域投放货币（无论是印制纸币还是增加银行贷款）时，新的货币流入将降低信贷市场的利率，其效果相当于为投资而储蓄的资金增加了，这就使得企业家误以为储蓄资金的供给要高于实际的数量，而当储蓄资金增加时，企业家按照惯例，会进行生产结构与资本结构的扩大，尤其是会对那些"更为长期的生产过程"或者说远离目前消费者的生产领域进行投资，资本价格和其他生产资料价格就被抬高。最终，新增货币导致了投资由"低级"（接近消费者）的生产领域向"高级"（远离消费者）的生产领域转移——从消费品向资本品行业转移。由此，货币的增发导致了实体经济不同领域间的真实变动。

奥地利学派货币非中性的论点与货币学派不同，货币学派坚持货币的中性理论，认为尤其是在长期，货币的增加会同时改变所有市场参与者的现金余额，因而也就对所有商品的价格造成了同样的影响，增加的货币量直接体现在总体价格水平的变化上。而奥地利学派则着重讨论了货币增加所引发的实体经济的不同生产部门、生产结构的变化。

二 人造繁荣不可持续

由于货币对真实经济部门的影响是非中性的，因此，人为的货币干预就会造成经济不同部门间的失衡，由此造成繁荣与衰退的交替。罗斯巴德在《美国大萧条》中详细论证了这一观点，并以20世纪30年代大萧条为例，系统论述了繁荣与萧条背后的来龙去脉。

自由市场经济情况下，利率的下降只会由时间偏好的正式下降造成，此时由低利率促使的投资增加会伴随着时间偏好改变后的消费选择，投资和消费之间会在一个新的比例达到均衡，被重新延长的生产过程就可以一直维持下去。但若资金从消费向投资的转移是由货币增发或者信贷扩张造成，当企业家收到货币扩张的误导，对高级的资本品进行过度投资导致经济繁荣后，由于时间偏好没有发生改变，人们仍将以与原来的投资—消费比例来花费新增的收入，一旦货币增加所带来的收入增加以及通货膨胀渗透到大多数人的生活中，旧的由时间偏好决定的投资—消费比例会被重新确立，对较高层生产领域的商业投资就会相较此比例过高而显得浪费。资本品行业的商人将会发现他们的投资出现了失误，以前认为可以牟利的产品因为消费的缺乏并不能带来预期的收益。当之前扩张的资本品生产被证明是一种浪费后，错误和不当的投资就必须得到清偿，危机也就随之而来。罗斯巴德通过梳理20世纪20年代的货币供给、信贷规模及利率变动，证明了大萧条的爆发源于政府以通货膨胀的方式人为制造的繁荣。过多的货币供给以及过低的利率扭曲了资源配置信号，使得资金向一些重工业、房地产等对利率变动相对敏感的资金密集型产业聚集，引发了固定资产投资热潮以及资本市场泡沫。而膨胀的投资需求导致原材料价格和工资的相应上涨，投资成本上升，当政府的扩张性政策难以为继，原有投资逐渐就会发现达不到预期收益，股票和房地产泡沫破灭，资金沉淀在不可变现的固定资产中，现金流断裂，投资项目纷纷下马，银行贷款难以收回，信贷收缩，萧条由此发生。

  人为的信贷膨胀误导的资本品过度生产因为没有时间偏好的降低相匹配，生产所需的大量储蓄与投资就难以一直维持下去，因此，人为的繁荣必将走向萧条。但是，现实经济运行过程中，政府机构及银行的干预在制造繁荣的同时，往往还会人为地延续繁荣。货币扩张后在不加干预的情况下，新增货币渗透到商业各个环节只需较少的时间就可完成，但是作为借款机构的企业在发现资金短缺的初始，往往会再次求助于银行，此时银行如果进一步扩张信用，那么新增货币的进入又会促进对生产要素的购买，在此情况下，企业不仅没有及时调整之前的错误投资，反而会因为资金的持续供给而进一步造成扭曲。信贷扩张的程度越大，持续时间越长，繁荣所维持的时间就越长，而错误投资所带来的浪费也就越多，日后错误投资需要清偿的时间也就越长，数量也就越大，危机爆发后萧条的持续过程会越长，萧条的程度也会更剧烈。

奥地利学派认为，在一个纯粹自由而没有干预的市场，训练有素的企业家会根据由时间偏好决定的自然利率以及企业本身的风险程度做出投资与生产的判断，由于这些企业家不可能同时做出错误的判断，因此经济是不会出现一连串普遍性的商业失误的。因此，经济出现普遍性波动的根本原因就在于政府通过人为干预制造了繁荣，这种繁荣导致了经济的扭曲，而扭曲必将通过萧条的方式进行清算。基于这样的分析，奥地利学派严格坚持自由放任的市场经济，反对任何形式的政府干预，认为政府不仅不能人为地扩张货币促进投资，也不能在萧条时期人为干预市场的调整过程。因为萧条要通过清算因为人为繁荣而得益的低效机构，促进市场利率向自然利率的回归，引发高级生产领域商品价格相对于消费品价格的下跌，促使生产要素从高级生产领域向低级生产领域转移，这些都是经济从扭曲向由时间偏好所决定的均衡调整的必要过程，虽然在调整过程中，由于生产领域的变动，失业问题不可避免，但这一问题只是暂时的，萧条调整的速度越快，解决失业问题的速度就会越快。若政府通过继续提供货币扩张、保持较高工资率、阻止物价下跌、救助失业等方式来进行干预，只会拖延恢复的进程，拉长萧条时间。如20世纪70年代的滞胀就是政府人为干预萧条过程所造成的，在正常的衰退时期，由于过度投资的清理，资本商品的价格相对于消费品价格将发生下跌，此时由于经济紧缩所导致的货币和信用的紧缩，消费品价格即使相对资本品价格出现上升，但总体上还是呈下降趋势，只不过下降的幅度较资本品更小而已。但是在20世纪70年代，由于政府对通货紧缩的干预，在工业原材料价格因为生产领域从高级向低级调整而下跌的同时，消费品价格却因为过度的货币扩张而出现了上升，由此造成了在经济衰退的萧条时期通货膨胀高居不下的局面，政府对衰退的干预最终带来了通货膨胀下的萧条。

第四节　马克思主义

在以上三大学派的理论中，资本主义尽管有许多缺点，难以平稳运行，但它仍然是人类历史上所有可能的经济制度中最好的一种，对危机原因及应对的讨论也都局限在资本主义这一社会经济体制中。与之不同的是，马克思主义将资本主义经济周期及其带来的巨大社会成本与这个经济的阶级结构联系了起来，认为危机起源于资本主义的内在矛盾且不可避免，单纯的修复和政府调节都不可能有效处理危机，只有改变资本主义的阶级结构才能从根本上解决危机。

马克思在著作中从不同角度分析了资本主义经济危机，提出过包括生产过剩、消费不足、比例失调、利润挤压、平均利润率下降等危机成因，但没有对这些理论进行整合，也就没有发展出一个系统而完善的经济周期理论，这导致了马克思主义经济学家在危机理论上的分化和相互批判，以及不同理论在时间、空间影响上的差异化。虽然消费不足论、比例失调论、利润挤压论都曾在历史的不同时期产生过重大影响，但总体而言，目前影响力不如生产过剩和利润率下滑这两大理论，且在对2008年全球金融危机的解释中，马克思主义学者主要采用的是生产能力过剩和利润率不足的解释。因此，下文论述中，本书将主要采用生产过剩和利润率下降两大理论来论述马克思主义经济学家的金融危机理论。

2008年全球金融危机后，马克思主义学者们也发展了经济危机的金融成因分析，提出了资本主义金融化危机论和新自由主义危机论等代表性理论，认为金融危机源于金融化膨胀、金融掠夺，以及加剧竞争、扩大不平等、催生金融泡沫的新自由主义体制。但以安德鲁·克莱曼（Andrew Klima，2012）为代表的学者们反对了这些论点，认为虽然此次全球金融危机的导火索来自于金融领域，但根源仍在于实体经济领域，生产领域中的事件才是危机的决定因素，金融的发展只是导致了生产领域本质矛盾在表现形式上的新型化。因此，下文不再具体单列金融因素的影响，而是将金融因素纳入到生产过剩和利润率下降的具体分析中，用以梳理马克思主义学者关于金融因素在经济波动中作用的论述。

一 生产过剩

马克思主义认为，在货币产生前的以物易物的时代不会出现金融危机，即使货币产生后，在单纯为消费而生产的自然经济或者简单的商品经济形态中，也都不会出现金融危机。金融危机的出现，是商品买卖分离和货币支付错位所导致的。在马克思的分析中，资本家要想通过商品生产实现一次简单的货币增值，必须经过三个阶段：第一阶段，流通阶段，资本家需用手中的货币到市场上购买劳动力和原材料等生产资料，使货币资本转化为生产资本；第二阶段，生产阶段，资本家通过雇佣工人的劳动，将生产资本转化为包含剩余价值的商品资本；第三阶段，流通阶段，生产出的包含剩余价值的商品会被资本家拿到市场上销售出去，被大众的消费能力购买，使商品资本转化为增值的货币资本。资本主义的经济运动就由这样一个个以货币增值为中心的周而复始的资本循环构成。在这个循环中，商品买卖在时间和空间上是相互分离的，与之相应，货币支付也是错位的。卖出商品取得了货币的人不一定立刻购买，这意味着货币退出了流通，而商品却在市场上等待。这种买和卖的分离就使商品生产和价值实现过程包含着中断的可能，中断一旦发生便造成危机。

在商品买卖分离的基础上，资本家之间的竞争及最大限度追求利润的本性造成了生产无限扩大的趋势与劳动人民有支付能力的需求相对缩小的矛盾，导致过剩产品不能通过增加劳动者的消费以吸收，以至引发了危机。为了在激烈的竞争中保证自己的市场份额，资本家都有扩大生产的冲动；为最大限度地追求利润，资本家又往往会通过削减工资、减少正式职工比重、增加短期和临时低工资劳动力等手段压缩劳动成本。生产的扩大要维持下去，需要具有支付能力的劳动者的消费能力同步扩张，而资本家对劳动成本的压缩却造成了劳动者的普遍贫困与消费需求的日益缩小，这就导致了商品生产与消费间的矛盾，造成了上述第三阶段商品价值实现过程的中断。具有支付能力的需求的相对萎缩会造成消费资料生产部门（第二部类）的生产能力过剩，第二部类的生产过剩会造成对生产资料生产部门（第一部类）的需求缩减，而由于第一部类在之前扩张时期的生产能力和生产量增长幅度都要远大于第二部类，此时第二部类需求的缩减就造成了第一部类显著的生产能力过剩，供给和需求间的相对矛盾也就造成了上述第一阶段生产资料流通过程的中断。至此，整个社会出现全面的生产能力过剩，此时出于利润最大化考虑的资本家，往往还会解雇工人、降低工资，进一步缩小社会消费能力，导致危机的进一步恶化，失业、存货的增加，以及工资、产出的下降。而在危机爆发后，随着库存的清理，景气的回升，经济又逐渐开始复苏，复苏带来的预期利润上涨又会导致雇佣的增加，生产的扩张，最终再次进入繁荣之后的生产过剩中，完成资本主义社会的经济周期循环。

需要说明的是，马克思主义经济学中所论述的生产过剩是相对过剩，指相对于劳动人民有支付能力的需求来说社会生产的商品显得过剩，而不是与劳动人民的实际需求相比的绝对过剩。同时，虽然"消费不足"和"生产过剩"之间存在密切的联系，但严格来讲，二者是有差别的。生产过剩理论除了论述劳动者有支付能力需求的制约外，还联系了第一、第二部类之间生产的比例均衡问题，及第二部类需求增加对第一部类需求的加速问题，论述了设备投资在全社会异常集中导致的供求脱节对危机的影响。消费不足论仅用大众的贫困导致的消费不足来说明危机，而消费不足以致与此相伴的商品价值实现困难是资本主义的经常性现象，不能用以解释危机爆发的周期性，且这种理论倾向认为只要提高工资即可消除危机，从而否定了资本主义经济条件下危机产生的必然性（林直道，2005）。

金融在生产过剩过程中主要发挥如下作用：（1）推动了资本家生产的扩大化。马克思主义者认为，贪婪是资本家的本性，这一本性造成了资本家们在追求剩余价值过程中的残酷竞争，每个资本家都尽可能地积累资本，扩大生产，以保证自己能在竞争中立于不败之地。在信用没有出现的时候，资本家只能依靠累积的资本来扩大生产，而信用的出现突破了这一限制，资本家利用商业信用和银行信用，并通过发行各种有价证券集聚资本，大大加速积累的过程，扩大各种商品的生产。（2）提高了劳动者的消费水平。金融的深化使得劳动者的消费水平不再以其工资为限，并大幅提高了劳动者以其收入水平和财产实力能够撬动的资金量，这就使得消费者的支付水平得到了极大扩充，当绝大多数劳动者的支付能力都因为信贷的发展而扩充后，整体经济所呈现出的就是一个"膨胀化"的需求。

信用制度及金融化的发展是把双刃剑，其在为资本家的生产及劳动者的消费带来便利的同时，也延伸和扩展了债务，并造成了以下一系列后果。（1）进一步加剧了商品买卖中商品与货币的时间差异。信用的存在赋予了同一货币多次执行支付手段的职能，而金融的发展则加深、复杂化了不同企业、消费者之间的联系，在此情况下，只要任何一个企业或者消费者出现支付问题，这一问题都可能会波及其他企业或信用机构，引起社会支付链条在许多点上的中断，进而引发金融危机。（2）引发生产过剩表现形式的不同以及危机爆发形式的不同。在金融行业尚不发达的马克思主义危机中，生产过剩的直接表现是库存增加，商品由于没有购买力而大幅度积压，随着金融化程度的日益加深，生产过剩不再以商品销售不出去的形式呈现，而更多表现在借贷消费或者透支消费的出现上，以及在透支消费扩大的过程中具有资质借贷者数量的减少引发的次级贷款的增多上。因此，金融的发展导致生产过剩问题的直接表现从供给方向需求方的转移，以及生产领域根本矛盾在金融领域的具体体现，最终导致危机以金融崩溃这样的方式爆发。（3）暂时掩盖了生产过剩与需求不足间的矛盾，加深了危机的程度。若没有信用的介入，资本家只能依靠其资本积累的程度扩大生产，这就限制了生产扩大的程度，同时，由于消费者不能依靠寅吃卯粮的方式透支消费，一旦生产能力超过了劳动者有支付能力的需求，流通过程就会中断，此时无论是危机的程度还是萧条的持续时间都因为供需矛盾的及时暴露而较小。但是，当经济日益金融化，生产者和消费者的借贷途径、借贷数额都急剧增加后，生产扩大的程度就大幅增加，劳动者则因为透支性的消费而需求"旺盛"，甚至"过度"，这不仅暂时掩盖了生产与消费间的矛盾，还会引发产能的进一步扩张，使得生产过剩的程度更加恶化，这就导致了危机爆发在时间上的延后以及对经济影响恶劣程度的爆发式增长。

罗伯特·布伦纳（Robert Brunner，2006）批判了主流经济学家将 2008 年全球危机简单当作金融业问题来解释、并声称深层次的实体经济还是强固的观点，认为自 1973 年，尤其是 2000 年以来，德、日及亚洲新兴经济体对世界市场的进入，引发了包括美国在内的全球制造业部门生产能力的相对过剩及经济的停滞，迫使发达国家通过国内及国际的金融深化拉动经济增长，延缓危机的发生；但是这种方式并不能从根本上解决长期生产过剩背景下生产与消费的矛盾，以及金融化背景下投机与生产的矛盾，而美国新经济的破产最终引爆并进一步恶化了这些矛盾。

二 利润率下降

马克思认为资本主义条件下的生产会造成一般利润率下降的趋势，并通过以剩余价值衡量的利润和以货币衡量的利润变化分别论证了这一点。（1）剩余价值利润率的下降。剩余价值利润率的下降源于资本有机构成的提高。在资本主义竞争的强制作用下，为追逐更多的剩余价值，资本家都有提高劳动生产率的冲动，会越来越多地采取效率更高的劳动节约型技术，促进资本有机构成的提高。随着劳动节约型技术变革的引入，预付资本中越来越多的部分被投资于生产资料，用来雇佣劳动力的部分将变少。而只有工人的活劳动才能创造价值，且不论生产力发生了什么变化，一单位平均劳动时间提供的价值总量是相同的，因此，新技术的引入导致每一美元预付资本所创造的新价值下降。若剩余价值（利润）在新价值中的份额是固定的，则每一美元预付资本所创造的剩余价值的数量，也即利润率必然下降。(2)货币利润率的下降。货币利润率的下降源于生产技术提高同时企业定价权的丧失。随着劳动生产率的提高，每单位劳动时间将生产出更多的产品和服务，由劳动时间决定的相同数量的价值便被分散到更多的物品上，导致单位产品价值的降低。在竞争性的环境中，为防止竞争对手率先降价侵占市场份额，单位产品价值降低的企业会主动削减价格，逐渐放弃由于自身生产率提高所获得的超额利润，最终仍按照平均利润率来生产和销售，而整个社会的平均利润总额仍等于劳动者所创造的剩余价值总额，这就导致货币利润率也会因为单位货币剩余价值量的降低而降低。

  作为资本主义社会危机根源的利润率下降具有以下几点特征：(1)由剩余价值决定的利润虽然会因为生产力的进步而具有长期下降趋势，但是预付资本的价值在实际经济运行中却呈现周期性走势，危机会带来资本价值的大规模消灭，之后盈利能力的恢复又会造成资本价值的繁荣式增长，这两者共同决定了利润率变动的周期性——繁荣时下降，危机中恢复。利润率的周期性变化决定了产出、就业等的周期变化。(2)为危机创造条件的利润率下降无须持续到危机爆发的时刻，只需要在危机前造成一个极低的平均利润率就可以了。即使危机即将爆发的小段时间里利润率保持不变甚至有所上升，先前下降导致的低水平利润率也会为危机铺平道路。这是因为盈利能力下降与企业破产数量之间的关系是非线性的，盈利能力相同幅度的短期下降，在平均利润率较低时具有比平均利润率较高时更为严重且更为广泛的后果，即随着平均利润率的下降，无法维持生存的企业的比例会以越来越快的速度增加（Farjoun 和 Machover，1983）。因此，平均利润率的下降会导致经济更不稳定、更易发生危机和严重衰退,即使它在危机前已经停止下降,但之前下降所带来的失稳效应也将持续。

利润率下降虽然是危机的根源,却是危机爆发的间接原因,在两者间金融扮演着至关重要的连接作用。在利润率偏低的情况下,企业、劳动者与金融的互动会导致如下引发金融危机的可能。(1)债务危机。债务危机的来源可以是作为劳动者的消费者,也可以是作为生产者的企业。对于消费者而言,低利润率导致企业一方面降低了生产性资本的积累率,另一方面为确保利润会加大对劳动者的剥削程度,这两方面都降低了劳动者的收入,而收入的放缓不仅催生了借贷需求,更加大了消费者难以偿还债务的可能性;对于生产者而言,利润率的下降使得单个资本家在为了生产地使用劳动所必需的资本最低限额增加的同时,能够依靠自身利润量完成资本积累的能力下降,这迫使资本家不得不更加依赖于生息资本。而利润率的持续下降最终使得资本家无力还本付息,造成债务链条的破裂。(2)投机繁荣。在利润率降低的趋势作用下,随着金融创新的深化,资本的国内、国际流动会造成全面性的投机狂热。对于劳动者,在利润率降低情况下,收入下降引发的债务的增加促使其通过买卖金融产品以将个人未来收入资本化;对于生产者,在低利润条件下,达不到预付资本最低限额的大量分散的中小资本会将资金从生产领域转入金融投机,而需要负债加速资金积累的企业家为了摆脱实体经济利润率下降的桎梏,又会将负债资本用于运作各种金融资产,以获得虚拟的利润。对资本市场普遍的资金投入催生了泡沫,更鼓励了这些市场的投机行为,资本的国际流动亦造成了投机狂热的全球化,这为危机的发生埋下了隐患。(3)经济的虚拟化与增长停滞。金融本身并不产生新价值,其通过提供信用给产业资本以参与剩余价值的分配。然而,在实体经济利润率下降,债务增加,投机狂热的背景下,金融行业逐渐从一个适应产业资本积累的辅助系统,演变为使所有其他经济活动从属于自身的特权系统,并通过对整个社会关系领域的渗透不断再生出新的金融积累能力。但金融资本其利润的最终来源还在于产业资本的积累,因此当产业资本越来越多地参与金融投机时,新价值的创造将被削弱,进而整个金融化过程将逐渐陷入停滞(谢富胜、李安等,2010)。

克莱曼在《大失败:资本主义生产大衰退的根本原因》中分析到,

20世纪30年代大萧条期间因为资本大量消灭，利润率出现了大幅飙升，带来第二次世界大战后长时期的经济繁荣。但是，自20世纪50年代后半期开始，美国公司的利润率水平开始逐渐下降，20世纪70年代已经到了一个较低的水平，当时美国经济增长已经开始放缓，金融体系越来越不稳定，国债和家庭债务负担不断增加，而美国政府所采取的干预政策缓解了经济危机的到来，以避免大萧条的重现和资本主义制度的崩溃，这种试图缓解经济危机的政策虽然避免了足够大规模的资本消灭，但也导致美国公司部门利润率难以得到持续性的恢复，最终造成了2007—2008年的金融危机。

生产过剩与利润率降低之间存在一系列联系。生产过剩导致生产领域有利的投资机会越来越少，资本回报率的下滑降低整个实体经济的平均利润率。而利润率的降低一方面削弱了以追逐利润为目的的资本家的投资动机，减少了企业所有者用以积累生产性资本的投资；另一方面又会通过经济的停滞、收入的降低等造成劳动者消费的萎缩，投资和消费的减少会进一步恶化生产过剩。

第四章

理论分析：金融延续增长——危机后经济增速间断式及长期性下滑的原因

以上四大学派的理论都较为完整地分析了金融危机如何导致了经济的萧条，但主要着重的是经济周期型的下滑，没有特别论证经济增速在危机后出现间断式及长期性下滑的情形。这一缺陷与这些理论起源、发展的时代背景是分不开的，因为在经济理论蓬勃发展的20世纪，只有大萧条后经济增速的变化出现了明显的间断式及长期性下滑特征，除此以外，发达国家经济体内的金融危机与大萧条相较而言都只能算是经济的普通波动，直到20世纪末，随着日本经济长期停滞的明朗化，经济学才开始了相关的一些尝试，但这种尝试因为同期美、欧等发达国家经济的繁荣也并未成为主流，以发达国家经济为主要研究对象的理论界对于拉美、亚洲等国的增长失速问题也往往通过中等收入陷阱、裙带资本主义等特定原因进行分析，没有形成针对经济增速间断式及长期性下滑问题的普遍解释。这种状况一直延续到2007—2008年美国次贷危机爆发，这场危机在美国起源后迅速波及全球，不仅造成了美国经济的停滞，还引发了欧元区的债务危机，以及新兴经济体增速的大幅度下滑。此后，经济增速的间断式及长期性下滑才继大萧条时的昙花一现后开始被主流重视。

由于金融危机后经济增速的下滑在幅度与时长上都较传统商业周期更为严重，因此，金融冲击势必在经济的间断式及长期性下滑中发挥着关键作用。基于此，本书将经济增速下滑分析的重点放在金融因素上，试图提出两者间相互影响的一个逻辑链条，论证金融的冲击为何导致了产出的这种典型变动。长期以来，经济的长期增长问题一直属于古典经济学的范畴，凯恩斯主义经济学更多研究的是经济的波动问题，而金融作为需求层面因素，一直被过去几十年占据经济学主流、重视长期、供给及均衡分析的新古典经济学所忽略，这是此次全球金融危机中作为主流经济学集大成者的"新共识"分析框架失灵的原因，也是针对金融与经济增长长期变动研究所必须要跳出的桎梏。因此，下文的研究中，本书试图超越经典的二分法，将作为需求面因素的金融冲击，与在主流经济学中由供给决定的经济长期增长联系起来，论证短期对长期、需求对供给影响的存在性及影响机制。在此基础上，从一个长周期的视角，完整论证金融膨胀到金融萧条的全过程，先分析金融膨胀如何通过需求的变动造成了危机前经济供给能力的提升及增速的居高，之后论证膨胀到不可持续的金融泡沫又是如何通过金融领域的危机造成实体经济增速的显著下滑及长期停滞。

第一节 逆萨伊定律

一 萨伊定律及成立条件

萨依定律（Say's Law）得名于19世纪法国经济学家让·巴蒂斯特·萨依（Jean-Baptiste Say），是古典主义经济学发展的根基所在。对萨伊定律最广泛的了解可以总结为"供给创造需求"，但这句话本身并不是由萨伊本人提出的，而是凯恩斯在对其进行批判过程中总结的。且这句话也非萨伊定律的完整论述，要透彻理解萨伊定律的含义，需从作为萨伊定律完整版的萨依市场定律（Say's Law Of Market）入手。

完整版的萨伊市场定律包含以下主要内容：（1）不同于重商主义对金银积累的强调，萨伊认为货币只是一种中介，更强调国家整体福利的重要性；（2）否认过多的储蓄或贸易盈余会导致家庭部门产品需求的不足；（3）认为阻碍经济繁荣的最大威胁是生产能力和生产意愿的缺乏，而非需求不足；（4）资本的积累（储蓄）会迅速转变为生产投资；（5）投资比浪费性的需求（如奢侈品）对经济增长的作用更重要；（6）技术进步虽然短期减少就业，但长期创造就业，反对恐惧技术发展的论调。

萨伊市场定律的六大结论中包含两个关键点：货币中性以及供给决定论。其中第一条和第四条都是关于货币中性的论述，货币只是一种中介，在储蓄和投资间只起到短暂的过渡作用，不会对经济产生任何实际影响。第二条和第三条否认需求不足的存在，因而也就否认了生产过剩的可能，强调供给面的主要作用。第五条和第六条是对供给面论述的强化，其中第五条针对了法国战后民生凋敝、贵族阶级奢侈浪费的情况，第六条坚持技术进步在长期可以导致就业岗位的增加，短期的失业问题可以通过公共支出、公共建设等方式来解决。在货币中性且在交易中只作为短暂过渡的基础上，不存在为贮藏货币所进行的过度储蓄或贸易盈余，储蓄会立即转化为投资，所有通过出售商品得到货币的持有者会迅速用货币去交换另外的商品，也即生产过程结束后，以货币形式获得报酬的劳动、土地、资本所有者会立刻进行消费，因此，生产多少就一定会带来多少需求，也就不存在需求不足的问题。而当需求不是问题时，决定经济活动的就只能是供给了。在此基础上，生产出来的所有商品都可以被消费者购买，市场将自动出清。所以一般认为的"供给创造需求"是建立在货币中性、不作储存基础上，从经济总体角度而言的。且由于萨伊承认技术进步下短期失业的存在性，因此他认为的"供给创造需求"所实现的市场自动出清是经济长期的均衡结果。

萨伊定律的产生有其历史条件：（1）古典主义之前流行的是重商主义，认为"金银即财富"，并在此观点的指导下鼓励出口严控进口，之后以亚当·斯密（Adam Smith）为代表的古典经济学家对此进行了激烈反驳，甚至于矫枉过正，认为货币只有中间转手的作用，本身没有储存的价值。在这种观点的影响下，萨伊认为"钱的全部效用，在于把你的顾客想买你的货物而卖出的货物的价值转移到你手中"。（2）在当时的背景下，经济社会中不存在大规模的生产过剩，经济学家讨论的主要问题是以"马尔萨斯人口陷阱"为代表的供给不足问题，担忧的是生产资料等的增长难以满足日益快速增长的人口需求，因此，需求不可能存在过剩，只有供给才是限制。（3）19世纪初在拿破仑统治下的法国，与欧洲多国连年混战，恶劣的国际、国内环境导致了严重的经济危机，恶性通货膨胀和生产萧条是当时的常态，货币急剧贬值，市场上产品严重供不应求。这样的经济现实无疑是货币中性及供给决定论的最好证明，因此萨伊写道，"值得一提的是，一种产品从被生产出来的那一刻起，就在自身价值的限度上为其他产品提供了市场。当产品生产出来后，生产者急于出售，以避免出现贬值。而且他也急于出清他出售产品所得到的货币，因为货币的价值也是有保质期的。但是，出清货币的唯一办法是购买这种或那种产品。因此，仅仅生产一种产品就可以立即刺激其他产品的生产。"

二 逆萨伊定律的存在性

萨伊定律产生后受到了来自马克思和凯恩斯学派的批判。马克思认为，萨依定律把简单商品流通（商品—货币—商品）和物物交换（商品—商品）混为一谈，将货币经济当作了原始时代的简单经济，抹杀了资本家以利润形式对货币资本的抽取，以及流通过程可能存在中断的可能，得出一切商品不能同时发生过剩的结论。但马克思的批判因为其阶级论而未受到广泛的关注。直到20世纪发生的大萧条对萨伊定律造成重大挑战后，以凯恩斯为代表的致力于大萧条需求面解释的经济学家才开始对萨伊定律进行有力批判。凯恩斯认为：(1)"供给自动创造需求"更适用的是实物经济（物物交换）的经济体系，而不是对货币经济的一种恰当描述。(2)萨伊定律所描述的市场本身就能借助供求力量达到充分就业均衡、不会出现生产过剩、失业等经济危机的状态只适合于长期中的特殊情况，而短期内的波动、失业则是经济运行的更为普遍的现象，这些特征不能完全由传统的长期理论进行解释。在此基础上，凯恩斯用边际消费倾向递减规律解释了消费需求的不足，用资本边际效率递减和流动偏好解释了投资需求的不足，论证了生产过剩、失业及市场失灵的存在性。然而，20世纪70年代滞胀后，凯恩斯主义影响力减弱，信奉萨伊定律的古典经济学再次成为主流，并推动了自由放任经济体制的复兴。而2008年爆发的国际金融危机却再次证明了需求不足、生产过剩、大面积失业存在的可能，危机后西方主流经济学家开始重视以金融为代表的需求面的重要性，一些西方学者重新提及了对萨伊定律的质疑，如萨默斯（Summers，2015）就曾在关于长期停滞的分析文章中提及逆萨伊定律

(Inverse Say's Law）一词。

直观意义上的逆萨伊定律是指需求面的变化会随后对经济供给面的长期变化产生实质影响，这与经济学中所讲的滞后效应（hysteresis effects）有一定相通之处。逆萨伊定律所描述的需求对供给的影响是双向的，长期的需求不足会导致经济长期供给能力的随之下降，而需求的持续膨胀也能带来产出供给的上升。同时，需求影响的是经济的长期供给能力，因此一般指的是经济的潜在产出，在具体操作中，学者们通常用潜在产出增速的变化来证明供给面因素的实质影响（Reifschneider等，2013）。而新古典潜在产出测算通常用经济供给面三大因素——劳动、资本和技术的变化来测量潜在产出的变化，参照这一思路，本书以2008年金融危机为例，探讨金融冲击如何通过三大生产要素作用于经济的长期供给能力。

首先，对于劳动，恶性的金融冲击会通过以下方式提高经济的长期失业率对劳动力市场造成潜在损害：（1）劳动力市场总体供需匹配效率的恶化。需求在危机期间的大幅度下滑导致了失业的大规模增加，而危机后需求的长期低迷导致就业市场需求的长期不振，危机初期的大规模失业无法快速、有效地被市场重新吸纳，并逐渐演变为长期失业；（2）劳动力在不同部门间重新分配困难。这种困难与危机引发的需求冲击的分布密切相关，如2008年危机中房地产价格的破灭导致住宅建设活动的迅速下降，这使得建筑业就业在2007—2008年相对于其他行业出现了剧烈下滑，同样，其他与住房相关行业（如抵押贷款融资、房地产及建筑相关的制造业）的就业也出现了急剧下滑，当这些行业的劳动者由于技能、经验的不符不能迅速被配置到其他行业时，相关失业者很可能在持续寻找工作的过程中演变成长期失业；（3）长期失业者数量增加及相关工人就业意愿下降。此次危机对西方国家的一个显著影响是长期失业率的迅速上升，即使在危机后的经济复苏中，很多国家也均呈现出一种无就业增长的复苏态势，这种状况的糟糕之处在于，失业较长时期劳动力的技能、经验、社交都会在寻找工作的过程中持续恶化，从而导致更加持久的结构性失业或更高水平的劳动力参与率下降。

其次，技术方面，全要素生产率的变化主要源于金融冲击对商业活动形成及研发的影响。在经济周期的下行时期，新的商业活动的形成都会不同程度地受到影响，资产价格的下跌及信贷的收缩都大大限制了一些新成立的中小型企业的融资能力，考虑到新创企业往往会吸纳最新的技术，因此它们在促进整个经济的技术创新上发挥着重要作用，从这个角度来讲，阻碍新型企业创立及发展的金融冲击也就损害了全要素生产率的增长；此外，经济的周期性变化还会通过影响企业的研发投入对全要素生产率造成长期影响，很多研究（如 Diego 和 Gertler，2006；Barlevy，2007）表明研发投入呈现出顺周期的变化规则，实证的数据也支持了这一观点。根据 Reifschneider 等（2013）的研究，2007—2013 年，美国的实际 R&D 投入的年增长率仅为 1.6%，这对比 1990—2007 年平均 3.6% 的增长无疑是大大下降了。鉴于此，并考虑到研发投入对于全要素生产率的重要促进作用，本次金融危机无疑将对未来一定时期的全要素生产率造成负面影响。

再次，资本方面，金融冲击会通过经济的资本深化影响潜在产出的增长。面对金融危机后总需求的不确定性，大多数厂家往往倾向于调低对销售增长的预估，这在带来产量减少的同时也会导致厂家相应减少生产业务的设备性支出；另外，信贷的紧缩也是造成资本投入减少的一大原因，那些在危机期间有资本深化欲望的企业，也可能由于现金流的紧缺而难以开展。由于资本存量是一个逐渐积累的过程，即使危机过后投资的增长率恢复到危机前的水平，危机中资本深化的减少也会导致新的均衡资本量低于危机前的水平，从而影响到经济的潜在产出。

以上分析表明，边界早已扩展出货币范畴之外的金融因素即使在长期中也不是中性的，在负向金融冲击影响下，潜在产出会因为就业量的减少、全要素生产率及资本积累增长速度的减缓而降低，同理，一个正向的金融冲击会通过长期失业率的降低、技术的进步、均衡资本量的增加引发潜在产出的上升。这就削弱了萨伊定律的适用性，证明了需求对供给的中长期影响。

逆萨伊定律的存在是本书分析的基础，在逆萨伊定律基础之上，下文将以本次全球金融危机为例，按照金融膨胀—经济繁荣—泡沫破灭—经济停滞的顺序，将分析延展到金融危机前的隐患积累时期，从长周期角度，分析金融深化如何一步步以危机为界，造成了经济增长速度的间断式及长期性下滑。

第二节 机制分析

2008年金融危机后，美国、欧洲及新兴经济体增速的间断式下滑以及危机后的长期停滞，虽然在表现上始于金融危机，但原因却要追溯到危机前的很长时期，为尽可能追溯到这些因素逐渐积累的起始点，本节将从长周期角度展开分析，先界定这一个长周期开始的初始条件，在此基础上分析金融因素如何在危机前的平稳时期掩盖并累积了实体经济的失衡，在危机爆发中如何导致了经济增速的间断式下滑，引发了增长的长期停滞。具体分析中，本书将从供需两方面展开研究，在注重供需间交互影响的基础上，突出逆萨伊定律在造成经济长期停滞中的作用。图4—1给出了本节的分析逻辑。

一 需求不足与资本过剩

在自然科学中，初始条件是影响实验结果的重要因素，而经济作为一门社会科学，虽然不具重复实验的条件，但百年经济理论的发展也表明，不同历史条件，不同国情背景下，即使同样的理论和政策操作也会得出不同的结果。在经济周期波动及危机理论的发展中更是如此，无论是经济的现实发展还是模型脉冲效应模拟中，初始条件不同的经济体在同样力度与类型的冲击面前，最终的经济波动时间与状态改变是有重大差异的。因此，在具体讨论金融长周期中经济供给面的变动前，本书要先分析、界定此次国际金融危机前以美国为代表的发达国家经济运行的初始状态，也即，这种长周期分析，以及危机后导致经济增速间断式及长期性下滑的初始条件是怎样的。

本书认为，此轮危机初始条件中有两大因素不可忽略：总需求的不足与资本的过剩。

需求不足主要表现在消费和生产性投资的下降上。

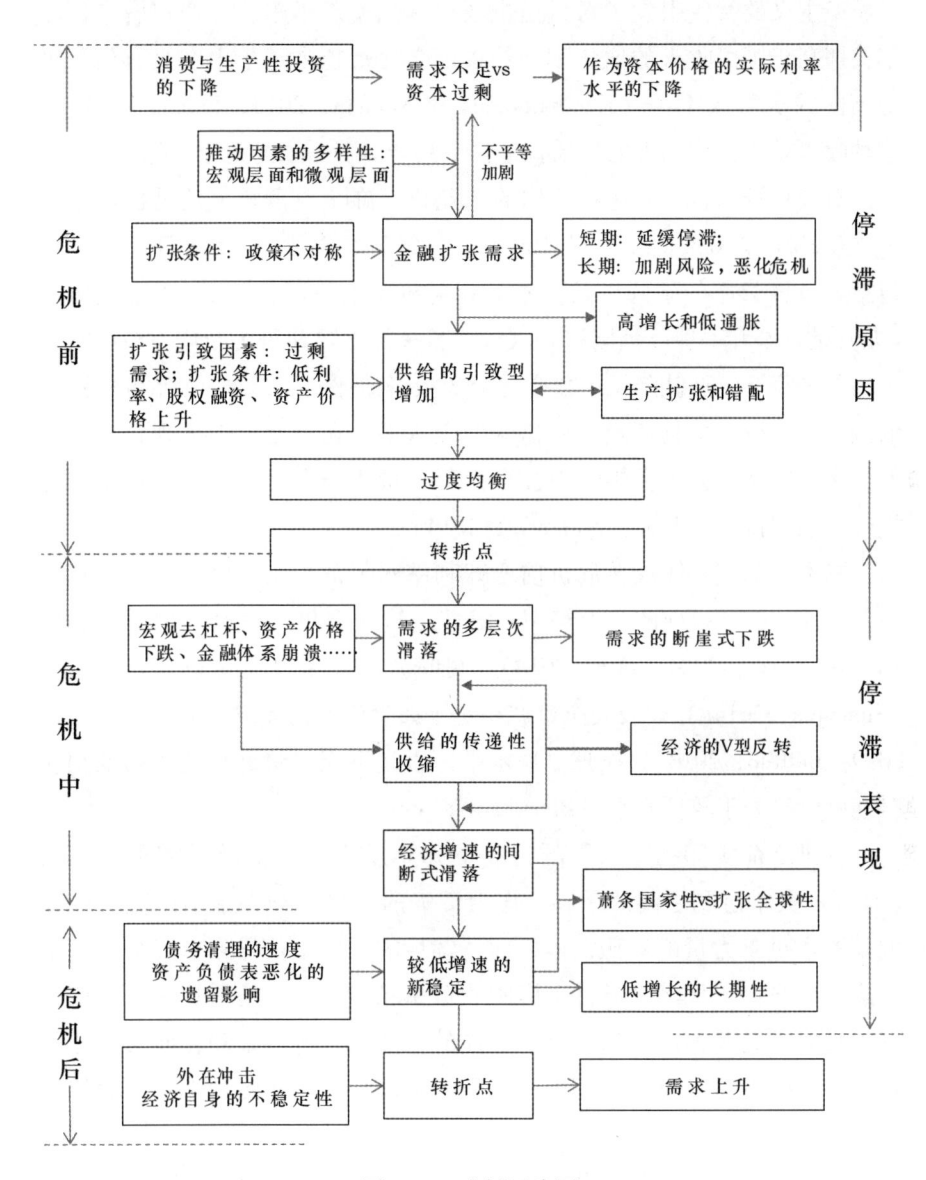

第四章 理论分析:金融延续增长——危机……下滑的原因

图4—1 分析思路图

图中结构(按危机前、危机中、危机后三阶段,对应停滞原因与停滞表现):

危机前 / 停滞原因:
- 消费与生产性投资的下降 → 需求不足vs资本过剩 → 作为资本价格的实际利率水平的下降
- 推动因素的多样性:宏观层面和微观层面
- 不平等加剧
- 扩张条件:政策不对称 → 金融扩张需求 → 短期:延缓停滞;长期:加剧风险,恶化危机
- 扩张引致因素:过剩需求;扩张条件:低利率、股权融资、资产价格上升 → 供给的引致型增加 → 高增长和低通胀 / 生产扩张和错配
- 过度均衡
- 转折点

危机中 / 停滞表现:
- 宏观去杠杆、资产价格下跌、金融体系崩溃…… → 需求的多层次滑落 → 需求的断崖式下跌
- 供给的传递性收缩 → 经济的V型反转
- 经济增速的间断式滑落 → 萧条国家性vs扩张全球性

危机后:
- 债务清理的速度 资产负债表恶化的遗留影响 → 较低增速的新稳定 → 低增长的长期性
- 外在冲击 经济自身的不稳定性 → 转折点 → 需求上升

导致消费水平下降的因素主要包括人口特征变化和财富分配不平等的加剧:(1)随着战后婴儿潮期间出生的人群逐渐进入中年,以美国为代表的发达国家迎来了中年比例人口的大幅上升,中年人群较低的消费倾向造成了整个社会总体消费水平的下降;(2)滞胀后新古典经济学对

凯恩斯主义的替代引发了对自由市场机制的重新推崇，这使得资本回报率长期高于国民收入的增长率，导致社会财富越来越集中在具有较低消费倾向的少数人手中（Karabarbounis 和 Neiman，2013；Piketty，2014），这种收入差距长期加大的后果就是整个社会消费需求的逐渐下降。

对于投资而言，发达经济体的企业投资在金融危机之前就已经下降了（Gruber 和 Kamin，2015；Thwaites，2015），造成投资水平下降的原因包括人口增长率的下降以及资本品相对价格的下降：（1）工业化国家（尤其是日本和一些欧洲国家）人口增长率的下降使得为新增人口配备资本的需求降低，这就降低了整个社会的投资水平；（2）资本品价格的降低减少了进行等量物质投资所需的资金水平，在总量上即表现在投资率的下降，这在过去十多年间占社会投资总量相当大部分的信息技术产业投资上表现得尤为明显（Summers，2014a）。

资本过剩主要体现在危机前全球利率水平的持续下降上。第一章第三节所述，在危机前的几十年中，随着可贷资金供给（全球储蓄）的增加（Bernanke，2004；IMF，2014）、可贷资金需求（全球投资）的减少（Summers，2014a）以及安全资产相对于风险资产的需求上升（Warnock，2009；Beltran，2013），全球利率水平一直呈下降趋势并在危机前的很长时期就已经处于较低水平（Blanchard 和 Furceri，2014）。

危机之前实际利率水平的持续下降本质上反映的就是需求不足与（储蓄）资本过剩之间的矛盾。作为资本的价格，利率水平的变化代表的是资本供求力量的对比，危机前持续性的需求不足导致对资金的需求下降，而自由市场经济条件下资本收益率相对国民经济增长率的长期居高、具有较高储蓄倾向的新兴经济体的快速增长等因素却在同时增加了资本的供给总量，过剩供给追逐有限需求就导致了实际利率水平的持续下降。

有效需求不足与资本供给过剩的同时存在具有重要意义：（1）这一现象为之后以金融深化为主导的需求扩张提供了基础，需求的持续不足所可能导致的经济衰退为需求的扩张提供了必要性，而资本的过剩为金融深化提供了可行性，使得整个经济可以凭借超低的利率与借贷成本提高杠杆率，最终以债务率的提升和资产价格的上升带来需求的增长；（2）需求不足与资本过剩的并存能够很好地解释大稳健期间经济在高增长的同时如何还能保持较低的通胀水平，因为此时的高增长是由金融因素推动的，而实体经济层面，由于有效需求的不足，作为代表实际供求能力变动的通胀水平就不会有很大上涨；（3）将第二点进行引申，需求不足与资本过剩的并存还能解释危机预测的失灵以及危机之后通胀和产出缺口间对应关系的趋弱，由于危机前的高增长立足于金融扩张，危机后的衰退也首先源自于以流动性紧缩、资产负债表恶化等为代表的金融萧条，因此金融领域的资产价格在危机之前有着持续上升，在危机后就面临快速下跌，并与代表实际供求变动的通胀水平出现持久背离，但传统基于通胀目标制的宏观预测框架主要是通过通胀水平这一产出缺口的间接标示指标来进行危机预测与形势判断，因此基于变化相对平稳的通胀指标就难以在危机前预测出经济的高涨，也难以在危机后解释负向产出缺口的快速扩大。

二 总需求的金融化扩张

金融深化扩张需求的直接表现是整个经济债务率及杠杆率的加大、资产价格的提升以及储蓄率的下降，这一扩张机制始于一系列推动因素的出现，并经特定条件得以实现，虽然在短期延缓了危机的爆发，却在长期大大增加了经济运行的风险。

推动金融扩张需求的因素是多样的：（1）经济学的发展为金融化提供了理论支撑；危机之前，新古典主义将有效市场的假定从产品市场进一步扩展到金融市场，认为金融资产的价格取决于经济基本面，不会反映任何过度的悲观情绪或"非理性繁荣"（Cassidy，2009），这导致了政策领域大幅度的金融去管制。（2）实践领域的一系列因素也推动了金融化的发展；宏观层面，不满于持续低利率条件下较低收益率的过剩资本会通过对高收益机会的追逐引发经济金融化程度的加深，出于政绩等考虑而需保证经济增长速度的政府也会通过利好于金融化的宽松政策刺激社会总需求的提升（Rajan，2010）；微观层面，金融自由化所导致的竞争加剧使得金融机构纷纷加大了金融创新的力度，长时期无危机的经济增长所引发的微观个体预期优化引发了借贷水平的提升。实践中，这些因素在时间上具有非常大的错杂性，对不同经济体而言在重要性上也各有侧重。

推动因素出现后，保证金融深化扩张需求这一机制持续运行还须一定条件，如过剩资本所导致的低利率环境不被外力所破坏、借贷条件需足够便利以保证债务需求的上涨、没有能够导致生产性投资收益率大幅上涨到平均高于金融收益的科技创新的出现等，在所有这些条件中，本书要特别提及政府政策的不对称性。在危机之前，即使特定金融领域存在着过度膨胀，以利率为主要政策工具的央行也不会主动干预，这不仅因为泡沫的难以识别性，更因为金融冲击下的资产价格变动通常只是局部性的，而利率是一种全面性的调整工具，利率一旦为抑制资产价格泡沫而大幅提高，就必然导致全社会融资成本的提高，扭曲合理的生产活动，波及整体经济活动（Mishkin，2011）；但如果预见到经济可能出现的下滑趋势，即使这种迹象并不明显，政策当局也一定早早采取逆周期的应对政策。政策的不对称性通过道德风险的加大变相鼓励了金融创新的层出不穷，使得这种创新不会因为短暂而轻度的危机面临清算或终止，更在每一次可能造成经济流动性紧缩的危急时刻保证了杠杆的持续性，从而助长了信贷的膨胀与资产价格的高企。

金融深化扩张需求的主要机制是通过债务率和资产价格的上升促进消费和需求的增加。对于家庭部门来说，信贷的扩张使其能够大幅突破当前的收入预算限制，而信贷获得的便利性会逐渐降低储蓄的必要，从而导致对住房和耐用消费品购买的增加；资产价格的上升除了通过财富效应的增加进一步提高家庭部门的消费，还会增加其针对这些资产的投资与投机性支出。对于企业部门而言，宽松信贷环境下低廉的借贷成本使得企业针对较低投资收益率的项目也依然具有利润，资产价格的上升则会通过提高股价促进企业对资本的购买，这两方面共同导致了企业生产性投资的增加。需要注意的是，该机制内部具有自我强化的循环：当一个经济体以借贷支持需求时，其创造的收入和利润将随之增加，因此整个经济就更有理由增加借贷和消费，在此过程中资产价格会进一步提升，而资产价格的上身又会导致借贷和需求的上涨，借贷、利润和资产价格的这种自我强化的循环会导致需求的层层扩张（Cooper，2010），图4—2到图4—4中的变化反映了这一点。

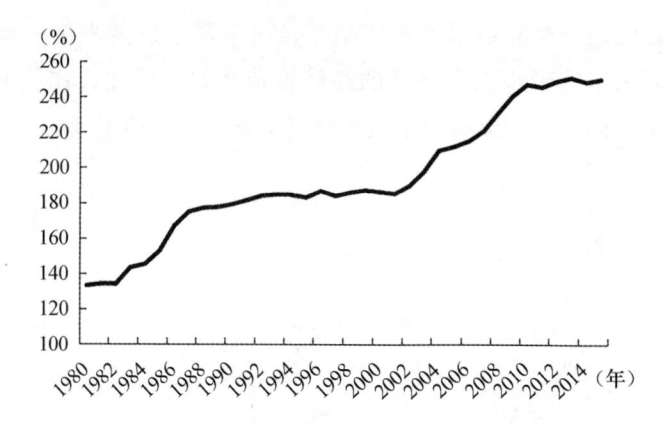

图 4—2　美国非金融部门信贷占 GDP 百分比

资料来源：BIS 数据库。

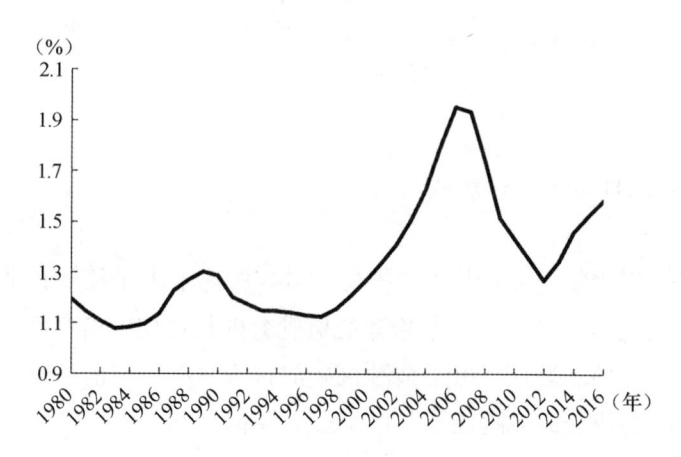

图 4—3　美国实际住房价格指数

资料来源：ROBERT SHILLER 的个人网站 http：//www.econ.yale.edu/~shiller/data.htm。

以金融手段扩张需求在长短期具有不同的影响：在短期，这种机制延缓了危机的爆发，如美国曾通过互联网金融泡沫带动了20世纪90年代后期的繁荣，并在21世纪初互联网金融泡沫破灭之时通过超低利率刺激住房市场的发展以避免经济衰退，欧洲也同样通过不可持续的金融膨胀保证了危机前较为满意的经济增长（Krugman，2013；Summers，2014c，2015）。然而，超级宽松的信贷环境和高涨的资产价格在危机前也仅仅维持了比较温和的经济增速（Summers，2013），这间接证明危机前的金融扩张所立足的是一个总需求不足的基础，因为基于供需平衡基础上所进行的金融刺激本应带来更为显著的经济增速才对，因此，在长期，这样立足于失衡基础之上的金融膨胀也就注定是难以持续的了。

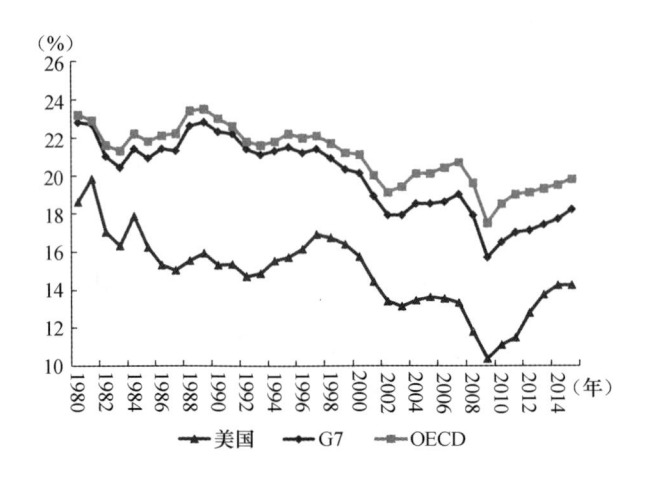

图4—4　发达国家储蓄率变化

资料来源：EIU 国家宏观数据库。

此外，以避免经济衰退为目的的金融扩张还加大了经济长期运行的风险：（1）持续的金融创新和松弛的监管会助长机构的信息隐藏、道德风险以及个体的非理性。由于金融机构的行为具有很强的外部性，收益可以独享，但投资的风险成本却由全社会共担（Stiglitz，2010），因此一旦监管松懈，追逐高收益的金融机构会在证券化过程中给整体经济造成越来越大的风险。同时，在"理性羊群效应"的指引下，微观个体的最优化决策基础已由成本收益核算变为像他人一致性行为的靠拢（Chevalier 和 Ellison，1999；Brunnermeier，2004），这种个体理性最终集结为集体的非理性，如危机前虽然房地产的价格已经泡沫化，抵押债券的次级化风险也越来越高，但微观投资者向市场一致行为靠拢的非理性举措仍然持续扩大了金融与经济基本面间的差距。（2）快速而深入的金融化凭借持续低位的利息率和极为便利的借贷条件降低了人们的储蓄。而储蓄本是经济危机时期应对恶性循环的刹车装置，储蓄率越高，借贷困难和财富损失所引发的需求急剧下降的可能性也就越小。因此，以金融膨胀延续经济增长的时期越长，程度越深，危机时期的支出就会因更低的储蓄率而缩减得更多，从而大幅恶化危机时期的经济运行（Posner，2009）。（3）代替工资收入支撑总需求的金融扩张将严重损害危机时期宏观政策的有效性。金融扩张的时期越长，需求不足积累的程度就越深，经济实际对应的均衡利率就越低，危机时期所需要的宏观刺激的程度就越大。然而名义利率在持续的金融膨胀中已经长久地徘徊在低位，一旦金融膨胀终止，在泡沫破灭所导致的深度危机面前，名义利率将很容易触及零下限的制约而难以发挥更大作用；同时，金融膨胀下的信贷扩张也通过借贷需求的增加暂时掩盖了实际均衡利率可能更低的现实（Krugman，2013），因此危机一旦爆发，失去了贷款需求支撑的均衡利率会突然间降到更低甚至为负的水平，从而大大制约政策调控的效果。（4）在基准利率一定的情况下，金融创新具有提高资本收益率的作用，这恶化了市场经济条件下资本收益率大于经济增长率的局面，加重了财富分配的不均，反过来又导致了社会实际总需求的下滑，从而引发又一轮的金融化需求扩张。

三 总供给的引致性增加

需求的扩张若不伴以供给的增加将引发滞胀，但危机前高增长低通胀的局面说明在需求金融化扩张的过程中，供给也随之增加。由于社会总供给的这种增加不是由成本或技术等的冲击导致，而是由金融扩张后的需求引发，因此本书将其定义为引致性的供给增加。

供给增加的引致因素是经金融化扩张的总需求，在一个宽松的国际信贷环境下，对可贸易品需求的增长可以通过进口的增加、经常项目赤字的扩大化实现，对非贸易品需求的增长可以通过国内资源由可贸易部门向非贸易部门的重新配置来满足，如果非贸易部门的生产率高于进口替代部门，那么在信贷驱动下的资源转移将提高总的劳动生产率，进而提高经济的总体供给能力。①

供给增加的重要引致条件是金融膨胀所带来的低借贷成本和高资产

---

① 关于需求影响潜在产出的具体论证可以参看 Cornwall（1970），Ball（1999），Arestis & Mariscal（2000），Sawyer（2002），Palacio-Vera（2005）等。

价格，因为企业的投资资金来源主要包括经营本业所积累的利润、从银行获得的贷款、股权筹资以及企业拥有的资产（包括土地、股票、房产等）价格升高产生的隐含收益（林直道，2005），金融膨胀除了通过总需求影响企业利润外，还提高了其余三项投资来源资金的获得，为企业增加投资、扩张生产提供了条件。

逆萨伊定律存在的情况下，需求对于供给的影响有两个特点需要注意：一是总量上的扩充性，经济表现为总产出增加以及增长速度的提高，支撑这种扩张的既有生产要素的增加，如就业人口的增长，设备利用率的提高等；也有生产要素的转移，如对可贸易品的需求增长可以通过进口的增加来满足，对非贸易品的需求增长可以通过生产要素从可贸易部门向非贸易部门的转移来完成，当非贸易部门的生产率高于可贸易部门时，整体产出和经济增长速度都将获得优化。二是结构上的转移与重新配置，生产上的要素转移由需求扩张的结构性引发并与其一一对应，如美国在金融危机前的金融膨胀引发了华尔街的快速发展，房地产价格的高涨则引发了建筑业及联动行业的快速发展，同期快速增加的产品进口支撑并延续了生产资料的这种结构性转移，保证了危机前的持续繁荣。

需求的扩张引致了供给的增加，而供给的增加也会引发需求的再次扩张，除了通过劳动者收入及企业利润水平的提高增加需求外，在倡导自由化的经济平稳发展时期，国内及国际企业间的竞争加剧也会加大企业提高市场占有率的冲动，由此引发的竞争性投资会使得供给的增加甚至超过作为引致因素的需求的扩张，这种短暂性失衡又将引发新一轮的金融扩张。

四 过度均衡与转折点

经金融深化扩张而来的需求和其引致的供给扩张共同支撑了一种表面"均衡"的增长，本书将这种均衡定义为"过度均衡"，以区别于没有金融膨胀支撑下的经济实际均衡。为何这样一种"过度均衡"能够长达几十年地持续？主要有三个原因：（1）扩张初期与需求不足并存的资本过剩。金融深化是通过全社会杠杆水平的提升及资产价格的高企促进需求的扩张，在此过程中，只要杠杆水平还存在提升空间，资产泡沫就不会破灭，因为此时无须担心借贷人偿还债务的能力（Krugman，2012），而过剩资本的存在为杠杆化提供了极大空间，拉长了资产泡沫化的时长。（2）金融国际化的发展。金融的日益国际化使得以金融膨胀刺激需求的发达国家能够从储蓄率较高的新兴经济体吸引足够的资本，这不仅弥补了过度消费国家的经常项目赤字，也为其杠杆提升增加了空间。（3）逐日盯市的会计准则。金融膨胀阶段，资产的价格一直处于稳定的上升趋势，按照盯市会计准则以市价为信贷进行评级的分析师们自然也就认为银行贷款与所购资产的价值是匹配的，信贷申请就总能获准，也即在资产泡沫膨胀的同时，随着资产价值上涨而成比例增加的债务看上去似乎并不过量，这种信贷和资产价格之间的正反馈流程导致了债务的不断膨胀（Cooper，2010）。

总需求不足与资本过剩之间的矛盾导致经济增长越来越依赖金融膨胀，一旦维持金融膨胀的信用遭遇紧缩，加杠杆、债务积累与资产价格上升的趋势将开始逆转，一系列曾刺激需求和供给扩张的因素将反作用地引发经济的间断式回落。对于具体转折点的时间及引爆因素，针对金融危机的一系列研究已经论述得十分详细，本书不再赘述，而是将重点集中于危机后经济增速间断式下滑与长期性下滑的阶段划分及具体描述上。

现有研究普遍将危机后经济运行在较长时期内难以重回危机前增长趋势的现象统称为经济停滞，对于这一长期缓慢增长中的不同情形鲜有特定分析。本书认为，在危机后长期停滞的不同阶段，即便实际增速大体相同，经济运行的本质也有着重大差异。按照供需匹配程度的不同，本书将危机后的长期停滞分为两大阶段：处于调整阶段的经济停滞以及迈入较低增长阶段的经济停滞。经济增速的间断式下滑主要表现在前一阶段，此时的经济下行由周期性和结构性因素共同导致，负向产出缺口的延续联合潜在产出的下降共同引发了实际产出增速的下降。在此阶段中，需求与供给仍然处于剧烈调整中，由于需求的调整速度快于供给，因此这一阶段存在着普遍的价格下跌。经济增速的长期性下滑主要表现在后一阶段，此时的宏观经济增长不再剧烈波动，价格水平趋于稳定，危机中受损的金融体系也已完全修复，但由于危机彻底改变了经济运行的一些基本参数，因而此阶段对应的产出增长处在一个显著低于危机前的趋势上。

五 经济增速的间断式下滑

处于调整阶段的增长停滞有一系列经济非均衡运行的特征，如金融摩擦的增大、财富的大规模缩水、民间的去杠杆与政府债务的积累、一般物价水平的下跌、库存的积压、产能的过剩等。本书对于这些基本特征不做过多论述，将重点放在该阶段经济运行的两大典型事实上：经济增速在金融冲击后的间断式下滑以及危机初期实际产出增速不止一轮的V型反转。

上文所述，金融危机前表现出"过度均衡"的经济扩张是由需求和供给两方面的力量决定的，因此针对危机后经济增速的间断式下滑，此处也将从需求和供给两方面展开原因分析。

对于需求，在实际产出面临间断式下降之前，总需求增长就已经出现了阶梯式滑落。[①] 通过信贷扩张和资产价格泡沫化催生出来的需求并不是整个社会的实际有效需求，金融繁荣的景象一经破灭，失去杠杆支撑的社会总需求不仅会回落到真实水平，还会由于危机中风险的连锁释放而进一步下滑：（1）金融泡沫的破灭首先影响的是最差的抵押贷款，导致原本不具需求能力（如购房能力）的消费者出局，这在宏观上表现为社会总需求的初级滑落；（2）在社会总需求向其危机前的实际值回落的过程中，预期恶化与宏观去杠杆进一步压制了经济的真实有效需求（Krugman，2011），资产价格的下跌造成的财富缩水、信贷紧缩导致的债务通缩（Aghion和Bacchetta等，2004）、金融减速效应（Goodfriend，2007）等恶化了原本具有需求能力的微观个体的资产负债表，导致这些在危机之前的金融膨胀中并未积累下足够储蓄的个体急剧削减支出；（3）金融体系的崩溃也引发了实际有效需求的进一步滑落（Bernanke，2012），资产价格的下降、借贷者违约率的提升导致了银行杠杆率的迅速上升以及资产价值的急速恶化，而金融产品的复杂性与金融体系内信息的不对称性造成金融中介在危机中进行风险估算的极度不确定，这种不

[①] 此处重要的不是需求的实际水平变动，而是其增长速度的变化，即使危机后总需求变动的方向不变，但只要需求的增长出现了放缓，根据克拉克等的需求加速理论就会出现生产的过剩。

确定性增加了机构间拆借的成本,引发了全球信用市场的崩溃式消融,金融机构管理风险、配置资产、转移储蓄、降低交易成本的核心功能大幅受损(Stiglitz, 2010),这对已经很大程度上依赖于金融运转的社会真实有效需求造成致命打击。

对于供给,除了紧缩的流动性和下跌的资产价格会通过与本节第三部分相反的机制引发企业投资的下降外,总需求的下降还会通过逆萨伊定律分别作用于总供给的基本组成要素(Bouis 和 Cournède, 2012; Reifschneider 和 Wilcox, 2013; Anderton 和 Aranki, 2014): 对于资本,由于资本存量是一个逐渐积累的过程,即使危机过后投资的增长率恢复到危机前水平,危机中资本深化的减少也会导致新的均衡资本量低于危机前趋势;对于就业,在资源从金融支撑的高收益部门向低风险部门、从非贸易部门向可贸易部门的转移过程中,长期失业者数量的增加、相关工人就业意愿的下降等都会对劳动力市场造成长期实质影响;对于生产率,需求衰减引发的利润率降低将显著减少企业的研发投入,金融收缩导致的资金紧缺也会降低资源配置效率,这些因素都会对全要素生产率造成显著的负面冲击。这三大方面共同导致经济的潜在产出增速降低。① 需要注意的是,实际生产会由于订单、生产计划的提前制定、前期投资的预付等原因而慢于需求的调整,调节的不同步会造成一段时期内持续性的库存积压与产能过剩,由此导致的收入、利润减少又会引发又一轮的需求下滑,最终,由出现梯度型下滑的供需共同决定的经济增速就会相较危机前表现出间断式的下滑。这种间断式的下滑是危机前金融膨胀的直接后果,供需的不匹配导致经济越来越依赖金融化以保证增长,而信用制度虽然延缓了危机爆发,但也加大了失衡的程度,大幅积累的不均衡一经危机引爆就将产出下降由普通商业周期时的平滑性变成间断性的了。

危机爆发至今,许多国家的经济都不同程度地经历过类似 V 型、U 型或者 W 型的反转,这种反转也让一些学者对于长期停滞理论提出了质疑。本书认为,这种经济的短时期回暖也是调整阶段的一个重要特点,即使危机前的稳定已经被打破,经济运行的惯性及政府的反危机救助也

---

① 基于不同国别的实证研究均证实了金融危机对潜在产出的负面影响,如 Robert (2014)、ECB (2013)、Fernald (2012)、Furceri (2012)、Benito (2010)、Oulton (2013) 等。

会使得实际产出增长在一定时期内仍围绕原有增速波动，长期增速的间断式下滑不会立即体现出来。因为政府的救助除了通过修复金融体系、托底资产价格、扩张流动性、引导预期等方式减缓总需求的下跌外，还会通过财政和税收等手段直接创造需求，这些措施都能延缓总需求间断式滑落的趋势；而经济运行的惯性使得投资在积累利润的支撑下还可延续，长期失业率在就业市场的粘性作用下也不会快速飙升，原有创新的孵化期与市场化可能还会支撑全要素生产率一定程度的增长，本身具有惯性的供给面调整在政府逆周期刺激政策的促进下就会出现多番的回暖。

六　经济增速的长期性下滑

需求和供给的下滑均停止后，经济将在一个较低水平的增速上达成新的稳定，实际产出增长会长期低于危机前的水平。造成这一状况的原因，本书认为还要追溯到危机前的金融扩张，之前的金融膨胀表面上延缓了经济停滞，实际上通过对需求不足与资本过剩这一矛盾的掩盖，累积起了经济的不均衡，而危机的爆发重新揭露了这一矛盾，危机后的利率下跌实际是在推动需求与资本向均衡靠拢，但这一过程由于名义零下限和低通胀的制约而难以彻底，一旦资本供给与需求间的矛盾难以通过利率这一价格途径调整完成，就只能以产出的下降来解决。

需要说明的是，经济增速下滑的长期性与危机前扩张时期资源的错配和转移有直接关系。金融危机爆发后，需求不仅要经历总量上的下滑，还会充分暴露扩张时期形成的结构性问题，危机前被转移、错配的这些生产要素在危机后会因为结构调整的长期性而引发经济的长期低迷。以美国为例，危机前杠杆的增加导致了金融从业人数的快速增长，而危机后金融部门的大规模失业者由于技能的特定性难以迅速转移到其他部门；危机前资产价格的高涨导致了建筑业及关联行业的快速发展，但危机后住房市场的低迷使得这些行业的生产资本面临大规模的闲置和加速折旧，这种状况不仅影响新增资本的形成，还对现有的资本存量造成强烈的负面影响。正是因为意识到了危机前资源大规模转移、错配所引发的不平衡积累效应，美国政府在危机后提出了"再工业化"战略，试图让危机前从实际生产领域转移到金融领域的资源重新回归工业部门。

在影响停滞时长的具体因素中，有两个需要特别提及：（1）债务清理的速度。危机前的高负债联合危机后资产价格下跌、债务通缩等造成了私人部门的债务增加，而政府持续性的救助措施也导致了公共部门的债务积累，只要这种综合性的债务清偿还在进行，总需求就难以提振，经济停滞也将继续（Stephanie 和 Rogoff，2015）。（2）危机期间资产负债表急剧恶化对微观个体的影响。即便危机后企业和家庭部门的资产负债表已经修复完成，金融部门的放贷意愿也已恢复正常，但只要危机期间信贷紧缩造成的恶性记忆还存在影响，私人部门的主要目标就难以从负债最小化转向利润最大化，这种借贷意愿的下降会导致需求的长期低迷（Koo，2011）。

处于新稳定阶段的经济停滞也不会永久延续，外来冲击和经济内生的不稳定性都具有打破这一稳定的力量。外在冲击包括技术的突破性创新，战争、贸易、成本下降等导致的支出增加，人口增长率的大幅上涨等，汉森（Hasen，1939）最初于大萧条之后提出的长期停滞之所以没有产生重大影响，主要原因就在于与第二次世界大战期间的一系列外在冲击改变了当时经济持续低迷的局面。经济的内生不稳定性主要由价格、信贷和央行造成，以价格来表征价值是供需失衡的根源，信贷与利润间的自我循环是金融不稳定的本质原因，央行政策的非对称性则助推了经济和金融的内生不稳定，在这三大因素的作用下，即使没有外力干预，经济也会自动打破稳定，完成其内在循环。

第三节　模型推导

第二节的分析表明，需求不足与资本过剩的初始条件推动经济迈向了金融延续增长的路径。初始条件的形成导致了利率的持续走低，这决定了当金融危机引发大规模衰退时，名义利率还未下降到刺激经济复苏所需要的水平[①]就已经遭遇零下限（Krugman，2014）；增长路径的选择通过经济的金融化扩张阻碍了利率的进一步下跌，但也扩大了经济失衡的程度，这就提高了危机爆发后要达成对经济的有效刺激利率所需的下降

[①] Summers 等学者认为，能够实现市场出清的均衡利率很可能已经为负，因此只要名义利率还受零下限制约，且通胀目标也难以调高，需求引发的增长停滞就难以有效解决。在此背景下，发达国家央行已经展开了对负利率的研究。

幅度；而在同一时期，由于央行低通胀承诺可信度的增加（Roberts，2006；Mishkin，2007）、全球化快速发展导致的通胀对国内产能敏感度的降低（Borio，2007），以及名义粘性相对通胀率的趋势递减效应（Benigno，2010），全球通胀水平总体呈现出下降趋势；名义利率与通胀水平双低的局面给实际利率的下降造成巨大阻碍。当实际利率下降不到均衡水平，也即储蓄和投资不能通过利率这一价格途径实现均衡时，就只能通过产出和就业的下降来完成出清（Hall，2011；Summers，2014b）。

本书通过一个简化的两阶段 OLG 模型，立足长周期视角，从利率的变动出发，先通过危机前的分析解释利率的走低，以及债务扩张对利率的托底，追溯经济增速间断式下滑及长期停滞的根本原因，再以危机后的去杠杆进程解释为何经济增速突变的出现时节点总是与金融危机紧密相连，并分析经济增速间断式及长期性下滑期间的相关问题，包括物价的稳定性、经济表现中的悖论以及长期停滞的分化。

一 均衡利率的下行

金融危机爆发前，发达经济体内部的需求不足与资本过剩导致了均衡利率的持续下降，在此情况下，为阻碍危机与萧条的发生，西方国家纷纷通过经济的金融化来扩张需求，借由杠杆率的提升托底利率，暂时掩盖了供需失衡的矛盾，延续了经济的增长。

（一）基本的 OLG 模型

假设经济中有两类个体：借款人和贷款人，均生活两期。贷款人在年轻时期获得国民收入的一定比例，用 g 来表示，年老时期无收入。借款人年轻时期无收入，年老时期获得 $(1-g)$ 部分的国民收入。代际无财富转移，年轻时期的借款人向同期贷款人借款以支持消费，年老时候借款人将偿还这笔贷款。[①]

代表性个体的效用函数为

$$U_t = E_t\{\log(c_t^{i,y}) + \beta\log(c_{t+1}^{i,o})\}, i = b, l \tag{4.1}$$

[①] 出于模型的简化，本书没有设定储蓄和资本，每一期的国民收入只用于消费，债券市场出清的情况下，$N_t^l C_t^{l,y} + N_t^b C_t^{b,y} + N_{t-1}^l C_t^{l,o} + N_{t-1}^b C_t^{b,o} = Y_t$。

b 代表借款人，l 代表贷款人，y 表示年轻时期，o 表示年老时期。[①]

借款人的预算约束为

$$c_t^{b,y} = \frac{D_t}{1+r_t}, c_{t+1}^{b,o} = (1-g)Y_{t+1} - D_t \qquad (4.2)$$

借款者通过发行一期无风险债券来获得资金，$\frac{D_t}{1+r_t}$ 是其在年轻时期的借款数额，r_t 为 t 期到 $t+1$ 期的实际利率。$D_t \leq \overline{D} > 0$，$\overline{D}$ 由当时的融资条件、金融创新程度、宏观政策等共同决定。

贷款人的预算约束为

$$c_t^{l,y} = gY_t - B_t, c_{t+1}^{l,o} = B_t(1+r_t) \qquad (4.3)$$

B_t 为贷款人用年轻时期的储蓄购买的债券，相当于其贷款数额。

将式（4.3）代入目标函数，根据效用最大化解得贷款人的欧拉方程

$$\frac{1}{c_t^{l,y}} = \beta E_t(1+r_t)\frac{1}{c_{t+1}^{l,o}} \qquad (4.4)$$

由式（4.3）和式（4.4）得

$$B_t = \frac{\beta}{(1+\beta)}gY_t \qquad (4.5)$$

债券市场的出清条件为

$$N_t^l B_t = N_t^b \frac{D_t}{1+r_t} \qquad (4.6)$$

N_l 为贷款人的数量，N_b 为借款人的数量，联合式（4.5）式（4.6）解得

$$1 + r_t = \frac{1+\beta}{\beta}\frac{N_t^b D_t}{N_t^l gY_t} \qquad (4.7)$$

根据式（4.7），β、g、D_t、$\frac{N_t^b}{N_t^l}$ 这几者的变化会影响实际利率。贷款人贴现率 β 越高，对于消费越有耐心，当前消费越低，市场上的贷款供给越多，利率越低；贷款人的收入占国民收入的比重 g 越高，贷款人与借款人之间的收入分配越不平等，贷款人的消费倾向越低，储蓄倾向越高，利率会因为贷款人储蓄的增长而越低；借款人的债务限额越高 D_t，能借到

[①] 本书通过收入分配的不同来刻画了借款人和贷款人，在收入分配相同的情况下，也可用贴现率的不同来刻画这两类群体，可参见 Eggertsson 和 Krugman（2012）。

的债务越高,当期消费越高,对贷款的需求会提升利率;借款者人数相对于贷款者人数 $\frac{N_t^b}{N_t^l}$ 的上升会拉升对贷款的需求,引发利率的上升。

在基准模型基础上,下文通过对收入不平等状况的加剧、国际资本流动的变化解释危机前利率的下降趋势。①

(二) 收入不平等对实际利率的影响

自 20 世纪 70—80 年代的经济滞胀后,新古典经济学对凯恩斯主义的替代引发了对自由市场机制的重新推崇,这造成资本回报率长期高于国民收入的增长率,导致社会财富越来越集中在具有较低消费倾向的少数人手中(Karabarbounis 和 Neiman,2013;Piketty,2014)。收入差距长期扩大的后果就是整个社会消费需求的逐渐下降与储蓄的增加,作为资本的价格,利率水平的下降是资本供求力量变化的直接反映。

上文基准模型分析中通过收入分配比例 g 的变化介绍了借款人和贷款人这两类群体之间的收入不平等对利率的影响,接下来本书将分析扩展到群体内的收入分配,考虑群体内部的不平等如何拉低了危机前的利率。

假定贷款人群体也分两类,具有较高贴现率 β_1,也即具有较低消费倾向的高收入贷款者,以及具有较低贴现率 β_2 的低收入贷款者,前者的收入是贷款人群体总收入 gY_t 的 δ 部分,后者收入为 $(1-\delta)gY_t$。根据这两者的欧拉方程,可得

$$B_{t,1} = \frac{\beta_1}{(1+\beta_1)} \delta g Y_t,\ B_{t,2} = \frac{\beta_2}{(1+\beta_2)}(1-\delta)g Y_t \qquad (4.8)$$

此时债券市场的出清条件变为

$$N_t^{l,1} B_{t,1} + N_t^{l,2} B_{t,2} = N_t^b \frac{D_t}{1+r_t} \qquad (4.9)$$

$$1 + r_t = \frac{N_t^b D_t}{\frac{\beta_1}{(1+\beta_1)}\delta g Y_t N_t^{l,1} + \frac{\beta_2}{(1+\beta_2)}(1-\delta)g Y_t N_t^{l,2}} \qquad (4.10)$$

根据式(4.10),在 $\beta_1 > \beta_2$ 的情况下,δ 的增加会导致实际利率的下

---

① 除了收入不平等加剧和国际资本流动的影响外,人口结构的变化以及资本品价格的下降也是危机前长期利率下降的重要原因,前者可以参看 Carvalho 等 (2016),后者见 Thwaites (2015)。

降,即收入向具有较低消费倾向高收入者的偏移造成了储蓄的增加,引发了实际利率的下降。

(三) 国际资本流动对实际利率的影响

在国内收入分配不平等加剧的同时,具有较高储蓄倾向的新兴经济体的快速增长大幅增加了国际市场上的资金供给量,而在新增资金供给中占据相当大比例的国家主权基金出于保值考虑大量流入以美国为代表的发达经济体,资金的大量流入加剧了这些经济体内部过剩供给与有限需求间的失衡,进一步导致了实际利率水平的持续下降。

当有国际资本的流入时,国内债务市场的均衡条件由式(4.6)变为

$$N_t^l B_t + K_t = N_t^b \frac{D_t}{1 + r_t} \tag{4.11}$$

K_t 为 t 期的资本流入量。

将式(4.5)代入式(4.11)得

$$1 + r_t = \frac{(1 + \beta) N_t^b D_t}{\beta N_t^l g Y_t + (1 + \beta) K_t} \tag{4.12}$$

其他条件不变时,国际资本流入 K_t 的增加会导致国内均衡利率的降低。这不仅有助于解释危机前发达国家均衡利率水平的下降,更能用于分析危机后经济停滞在国际的传导,以及不同经济体宏观政策的溢出性(Eggertsson 等,2016)。危机后,早期陷入流动性陷阱导致经济停滞国家的资本会出于对高收益的追逐流入到具有较高利率水平的国家,从而拉低流入国的均衡利率,当这种资本流入相对于流入国的资金水平足够大时,就会将流入国也拉入流动性陷阱,形成经济停滞的国际性传导。后期随着救市措施的纷纷出台,一些率先得到复苏的经济体出于通胀等因素的考虑提高基准利率后,会立即吸引来自于其他仍然处于停滞阶段经济体的资金流入,使得利率重新被拉低,因此,在全球经济普遍停滞时期,各国纷纷出台的宽松货币政策是以邻为壑。

二 金融延续增长

β、g、δ、K 等的变化在危机前就引发了均衡利率的持续下降,若没有 $\overline{D}$ 的人为提升,实际利率很可能在危机前的很长时期就已经降低为负值,在此情况下,以 $\overline{D}$ 的上升为标志的加杠杆就成了避免经济陷入流

动性陷阱的主要出路（Krugman，2013；Summers，2014）。$\bar{D}$ 的上升提高了借款者的资金需求 D_t，缓解了均衡利率下行的压力，而借款者增加的资金收入提高了其支出，扩张了社会总需求。① 总需求的扩张又会通过逆萨伊定律作用于潜在产出，带动总供给的增加，供给增加引发的收入上升又将促进需求的上升，这样的循环最终表现为平稳的经济增长。

为得到总需求的表达，我们先在基准模型的基础上引入价格。

设消费的价格指数为 P_t，引入价格后，借款人所发行的债券变为名义值计量，其收益率为由央行确定的名义利率 i_t。

贷款人的预算约束变为

$$P_t c_t^{l,y} = P_t g Y_t - B_t^*, \quad c_{t+1}^{l,o} = B_t^*(1+i_t) \tag{4.13}$$

其中 B_t^* 为贷款人以储蓄购买的名义债券，可以视为货币。

贷款人效用最大化的欧拉方程变为

$$\frac{1}{c_t^{l,y}} = \beta E_t (1+i_t) \frac{1}{c_{t+1}^{l,o}} \frac{P_t}{P_{t+1}} \tag{4.14}$$

令 $\frac{P_{t+1}}{P_t} = \pi_t$，由式（4.4）和式（4.14）得

$$1 + r_t = \frac{1+i_t}{\pi_t} \tag{4.15}$$

给定央行的泰勒规则

$$1 + i_t = max\left\{1, (1+i^*)\left(\frac{\pi_t}{\pi^*}\right)^\tau\right\} \tag{4.16}$$

$\tau > 1$，受零下限制约的名义利率 $i_t \geq 0$。

当名义利率未触及零下限时，

$$1 + i_t = (1+i^*)\left(\frac{\pi_t}{\pi^*}\right)^\tau$$

由式（4.7）、式（4.15）和式（4.16）可得如下的总需求 AD 曲线

$$Y_t = \frac{1+\beta}{\beta} \frac{N_t^b D_t}{N_t^l g} \frac{(\pi^*)^\tau}{(1+i^*)(\pi_t)^{\tau-1}} \tag{4.17}$$

式（4.17）中的收入与通胀成反比，AD 曲线向下倾斜，D_t 与收入正

---

① 在提高 D 的同时，政府和金融机构还通过增加借款者数量（如美国通过次级抵押贷款将本身不具备资质的群体也纳入了住房购买市场）等措施避免经济陷入流动性陷阱。

相关。

出于分析的简化,本书不再推导总供给 AS 曲线,而是以简化的菲利普斯曲线来表示:

$$Y_t = \overline{Y} + k\pi_t$$

$\overline{Y}$ 为充分就业时的产出水平,$k > 0$ 与价格、工资的调整速度有关,价格调整越灵活,k 越小,AS 曲线越陡峭,反之,AS 曲线越平坦。

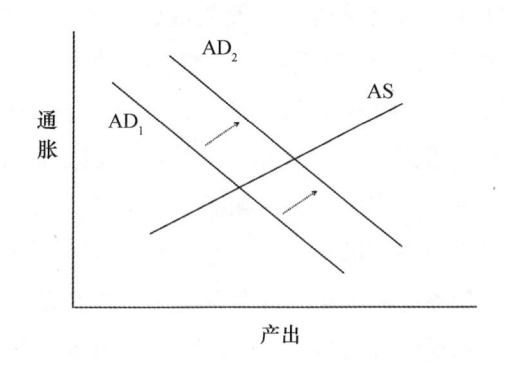

图 4—5 名义利率为正时的总需求与总供给曲线

如图 4—5 所示,当名义利率的下降空间还未受到零下限制约,也即实际均衡利率为正时,$\overline{D}$ 的增加导致 AD 曲线向右移动①,即经济金融化引发的杠杆率上升扩张了社会总需求,使得总产出提高。

三 名义利率零下限与经济的长期停滞

$\overline{D}$ 的上升暂时延缓了实际利率的下降趋势,然而,危机一经爆发,之前的金融膨胀过程就迅速被扭转,资产价格的下跌、金融摩擦的增大、流动性的紧缺、金融机构资产负债表的恶化等不仅阻止了 $\overline{D}$ 的上升,在收紧的金融管制下更会导致 $\overline{D}$ 的下降。根据式(4.17)所描述的总需求曲线,危机爆发时,β、g、N 等因素都不会立刻改变,因此,$\overline{D}$ 的下降会直接导致总需求的下降。而本章第二节的论述表明,金融危机甫一爆发,

---

① 为简化分析,本书假定在 AD 曲线移动的时候,AS 曲线不受影响。下同。

$\overline{D}$ 的下降就会呈现出断崖式的结果，因为危机不仅会清算次级贷款，还会因为次级贷款清算过程中所引发的预期恶化、金融摩擦增大、金融机构倒闭、流动性短缺等波及正常甚至于优质的债务，导致这些债务链条的断裂，而债务的大规模清算又会引发资产价格的断崖式跳水，这又进一步恶化了贷款抵押的价值、贷款者的信用评级与银行的资产状况，从而引发下一轮的债务清算，在这种恶性循环主导下，整个社会的债务水平（尤其是私人债务）会出现间断式的下滑，由此导致了需求的间断式变化，而需求的间断式下滑又突出了产能的过剩，并进而通过逆萨伊定律导致供给的间断式下滑，最终体现在产出增速的间断式下降上。

$\overline{D}$ 的下降在引发需求间断式滑落的同时，对于危机前就已经处于低位的实际均衡利率更是带来了雪上加霜式的影响。根据上文分析，危机前在需求不足的背景下，利率之所以未触及零下限，主要是受到债务上升的拉升，而危机后这一作用的消失不仅会导致利率水平向其实际均衡值的回归，还会因为债务清算所导致需求间断式下滑的影响而进一步下跌，这种去杠杆过程很容易使得均衡利率由正转负（Mian 和 Sufi，2011；Eggertsson 和 Krugman，2012；Benigno 等，2014）。

当实际均衡利率大幅下降时，名义利率也需随之下降，只有当政策利率下降到使得实际利率接近均衡值时，就业市场才能重新出清。然而，实际中名义利率受制于不能越过零下限的制约，难以下降到需要的程度①，当储蓄和投资不能通过利率这一价格途径实现均衡时，就只能通过产出和就业的下降来完成出清（Hall，2011；Summers，2014）。

当名义利率受到零下限制约时，式（4.7）、式（4.15）和式（4.16）决定的 AD 曲线变为

$$Y_t = \frac{1+\beta}{\beta} \frac{N_t^b D_t}{N_t^l g} \pi_t \qquad (4.18)$$

式（4.18）中的国民收入与物价正相关，AD 曲线向上倾斜（图 4—6），即物价的上升有促进产出增加的作用。这是因为当名义利率到达零下限时，通胀的上升可以促进实际利率的下降，通过刺激贷款人消费而

---

① 危机后，学术界和政策界纷纷展开了针对负利率的研究，日本、欧元区、丹麦、瑞典、瑞士央行已经尝试实施负利率。

弥补借款人由于去杠杆而减少的需求。此外，物价水平的上升也减轻了债务的实际值，防止了债务通缩效应对需求的进一步抑制。

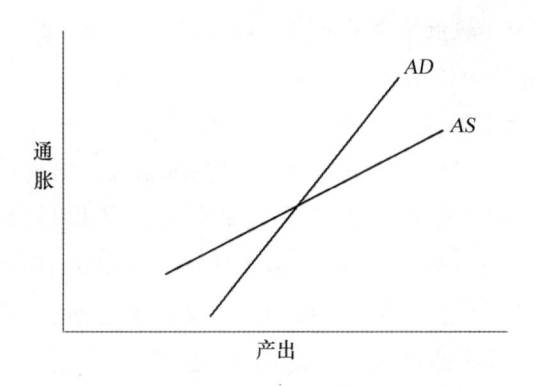

图4—6　名义利率遭遇零下限时的总需求与总供给曲线

四　经济增长停滞时期的相关问题

（一）长期停滞与通胀

金融危机前后，相对于产出和就业的大幅变动，主要经济体的通胀水平并未出现显著波动（Williams，2010；Ball 和 Mazumder，2011 等）。危机前持续的低通胀与稳定的经济增长一起形成了发达经济体的"大稳健"时代，而危机后的低通胀却阻碍了经济的有效复苏。

将式（4.15）变形得

$$\pi_t = \frac{1+i_t}{1+r_t}$$

在名义利率遭遇零下限时，有

$$\pi_t \approx \frac{1}{1+r_t} \quad (4.19)$$

实际均衡利率为负的长期停滞中，由式（4.19）可知物价水平随着利率的下降而上升，即实际均衡利率越低，实现充分就业所需的通胀水平就越高，任何低于这一水平的通胀率都难以实现市场出清。此次国际金融危机后，全球普遍的低通胀显然不符合这样的推导结果，正是由于低物价的持续，实际利率难以下降足够幅度，债务通缩引发的负面影响也难以避免。

鉴于此，Krugman（2014）提出了胆怯型陷阱（Timidity Trap）理论，认为政策执行者不仅需要提高通胀，更需要快速、彻底地将通胀目标提高到理论的合理水平才能刺激经济有效复苏，任何出于稳健性考虑而最终将政策标的定位于较低水平的通胀管理措施都将导致刺激政策的失败。

（二）长期停滞的悖论

名义利率触及零下限，经济陷入长期停滞时，某些经济变量之间的关系会发生变异，扭转许多经济学原则的基本结果，出现经济悖论。下文延续以上的推导，介绍三个代表性的悖论：节俭悖论（paradox of thrift）、辛劳悖论（paradox of toil）、弹性悖论（paradox of flexibility）。

节俭悖论来源于凯恩斯理论，认为在名义利率遭遇零下限的经济停滞时期，储蓄的增加并不能带来利率的下降，也就不能促进投资的增加，反而会因为消费减少而导致总需求的减少、恶化经济的萧条（见图4—7）。

辛劳悖论是指在需求不足时，供给的增加可能带来相反的结果，劳动参与率、劳动时间、工作强度等的提高实际上却可能抑制经济的增长，并造成失业的增加（Eggertsson，2010；Wieland，2013）。如图4—8所示，在名义利率接近零下限时，全社会工作时数增加、生产率提高后向右移动的总供给曲线，和原有的需求曲线在一个更低的产出与通胀水平上达成均衡。因为劳动供给的提高会引发工资的下行，这给通胀带来了向下的压力，在零利率条件下，通胀的下跌扩大了实际利率与市场出清所需的均衡利率间的距离，从而进一步抑制了经济的复苏，就业热情的增加反而削减了就业人数。

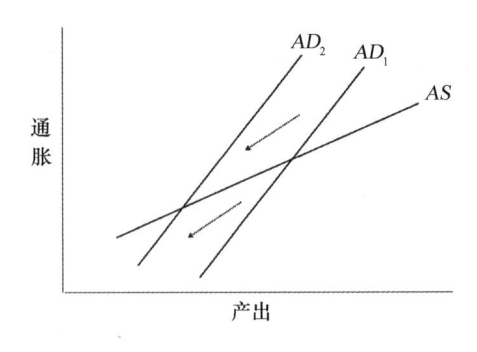

图4—7 节俭悖论

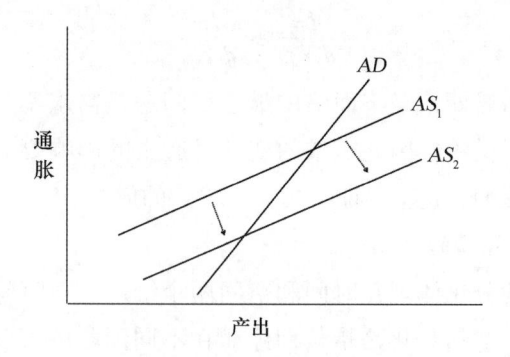

图 4—8　辛劳悖论

弹性悖论是指在经济萧条时，价格弹性的增大，也即物价水平调整灵活度的增加会抑制经济的复苏。价格调整越灵活，供给曲线越陡峭（Eggertsson 和 Krugman，2012），图 4—9 中 AS_2 代表的是物价调整较快的供给曲线，AS_1 代表的是价格粘性较大的供给曲线。当总需求由于去杠杆从 AD_1 收缩到 AD_2 时，AS 曲线越陡峭，AD 曲线向左移动引发的收入减少就更多，对经济的冲击越大。因为当经济停滞时，就业和产品市场都处于过剩状态，价格和工资调整越灵活，整体通胀下降得就越多，经济就更加萧条。

需要说明的是，以上悖论存在的前提是 AD 曲线比 AS 曲线更为陡峭，即

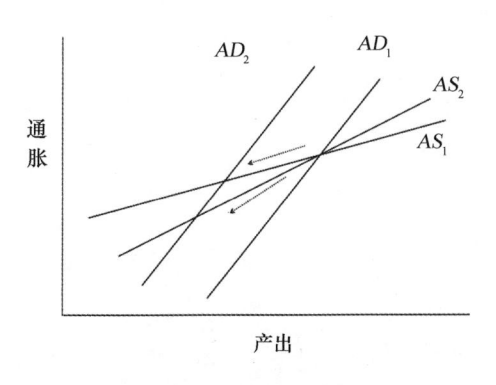

图 4—9　弹性悖论

$$\frac{d\pi}{dY_{AD}} > \frac{d\pi}{dY_{AS}} \tag{4.20}$$

在长期停滞时期，经济面临的最主要问题是需求不足，也即此时需求的重要性大于供给，因此需求的变动对通胀的影响要显著大于供给的变动对通胀的影响，这就保证了式（4.20）的成立。

(三) 长期停滞的分化

长期停滞的分化体现在时间和空间两个维度上。时间分化在本章第二节已分析过。空间分化是指长期停滞在不同国家的表现具有差异。在导致经济长期停滞的金融膨胀阶段，扩张具有全球性，但在经济停滞出现后的低增长时期，萧条的表现却更具国别特征。扩张时期，低储蓄率的发达国家以杠杆化支撑高消费，被人为扩张的需求会通过国际流动外溢到高储蓄率的发展中经济体，外需的增长通过乘数效应也会引致这些国家的产出增加，产出增加带来的利润、收入增长以及预期的优化进而引发了这些国家的资产价格上涨与信贷扩张。但收缩时期，发达国家的需求下滑主要是由资产价格的下跌和债务的通缩引发，而发展中经济体的增速下滑无论在时间表现还是重要性上都与外需的下滑紧密相关，这就导致不同国家在调整阶段所面临的失衡问题具有本质差别，发达国家的调整更趋金融修复，发展中国家的调整则相对偏向寻求替代性需求或者对供给进行结构性调整，萧条的国别特征导致最终的新均衡与不同国家的具体特征紧密相关。关于空间分化，本书将通过第六章的案例研究展开更为详细的论述。

第五章

理论研讨：理论特征分析及与主要经济周期学派观点的比较

虽然经济增速间断式及长期性下滑的出现在时间表现上与金融危机紧密相连，但其根源却要追溯到危机前的更早时期。因此在上文的机制梳理中，本书采用了一个金融长周期的视角，突破古典二分法，论证了金融的长期非中性，以及源于周期因素的经济波动会对长期增长造成实质影响。在此基础上，证明了金融延续增长路径的不可持续性。

本书的理论借鉴了第三章所梳理的现有周期学派的一些观点，但又与之有所区别，下面将在本书理论的特征分析中，将本书的论述与现有经济学主要学派的理论进行简单联系和对比，验证本书结论的科学性，突出本书理论的创新点及特征。

第一节 危机的必然性

一 理论特征

在本书的论述中，只要经济运行中贫富差距扩大与金融快速创新同时进行，且没有足够的抵消力量，则金融危机的爆发以及经济增速的间断式和长期性下滑将必然发生。因为贫富差距的扩大一方面将导致资本的集聚，另一方面因为消费倾向随收入增加而降低导致社会总需求的下滑。而金融创新的快速进行提高了资本的收益率，甚至使得资本收益率高于经济增长率成为常态，这一方面引发了更多追逐收益的资本向金融领域的投入，导致投资的减少以及经济的脱实向虚；另一方面会加大资本所有者与劳动所有者间的贫富差距，进一步恶化社会总需求。在没有足够抵消力量（例如人口的增长、全要素生产率的提高、转移支付力度的加大、战争等外来冲击等）存在的情况下，贫富差距的扩大和金融的持续深化就导致了需求不足和资本过剩的必然性，而在上文所描述的机制中，需求不足和资本过剩的共存是金融化扩张的起点，在保持经济增速的目的下，需求不足为金融延续增长提供了必要性，资本过剩为之提供了可行条件。一旦经济在这样的初始条件下迈进金融延续增长路径，以杠杆增加、资产泡沫推动需求的扩张及供给的引致性增长，且政府没有及时进行干预，那么经济必然会因为需求的人为扩张而过度繁荣，这种过度繁荣一旦逆转，必将导致危机的爆发以及经济增速的间断式和长期性下滑。

二　理论比较

一旦从长周期的角度展开分析，那么危机自然是经济运行中必将到达的一环。对此，凯恩斯学派、货币学派、奥地利学派以及马克思主义都有相关论述。本书与这些论述既有联系亦有区别。

如凯恩斯通过边际消费倾向递减、资本边际效率递减以及灵活性偏好这三大心理规律论证了社会有效需求不足的必然性以及随之引发的萧条的必然性，之后的凯恩斯主义经济学家通过金融的不稳定性，论证了金融周期中融资方式、信贷周期、群体非理性等金融因素的波动对实体经济的放大性，由此以金融的必然不稳定推导出了经济危机的必然性。本书在对需求不足的论述中借鉴了凯恩斯有效需求不足的理论，以此论证了消费不足的必然性，但对于投资的论述是通过资本收益率和经济增长率间的对比得出的，认为只要金融创新导致金融领域的资本收益率高于实体经济领域资本的收益率，由此导致的资本从实体向金融领域的转移必然引发投资的下滑，这样消费和投资的下滑就共同导致了社会总需求的不足。关于投资的论述中之所以没有继续采用凯恩斯关于资本边际效率递减规律，是因为凯恩斯当时的论述还是更偏实体经济领域，对金融的不稳定虽然有所提及，但并没有系统性地结合金融和实体经济的互动，主要以资本的边际效率递减来论述投资的减少。后来的学者如明斯基、金德尔伯格等虽然对金融的不稳定做了极大补充，但是这些学者的论述只是着重在普通的金融危机上，着重金融周期中产出的规律性波动，缺少对大型金融危机后实体经济增速间断式及长期性下滑的分析。而本书认为，在逆萨伊定律存在的背景下，要探讨经济增长的长期性变化，必然离不开实体经济领域的供给需求分析，又因为经济增速的间断式与长期性下滑在出现时点上往往紧随金融危机，因此金融领域的论述也必不可少。鉴于此，本书将金融深化结合进了实体经济的分析中，借鉴了凯恩斯学派对逆萨伊定律的批判，以及对边际消费倾向递减和金融不稳定的论述，但试图联系了实体与金融在长周期中的不同互动，并超越了凯恩斯的短期、周期分析，分析了长期内金融对实体经济的实质影响，以此在给定的初始条件下，推导出了危机的必然性。

货币学派关于债务周期的论述也能推导出危机的必然性，持续数十年的债务增长会导致债务从小额、可控水平一直增长到不可持续的水平，当国家整体债务过重，且债务支撑的资产价格扩张到高得离谱的时候，危机就是必然的结果。债务的增加在本书的论述中也是重要的一环，本质不足的总需求要被扩张，债务和信贷的增加就是必然。但在本书的论述中，债务的增加一定是和需求、供给的变动联合在一起，因为本书所分析的危机不仅包括金融冲击下由于债务不耐导致的银行危机、债务违约等，更包括实体经济中供需的相对变化以及由此决定的经济增速的变动。货币学派中以弗里德曼为代表的货币主义者也分析过危机的必然性，在货币中性论的坚持下，弗里德曼认为货币超发所导致的经济繁荣最终将引向滞胀，所有超发的货币终将表现在价格水平的同步上升中，并在恶性通货膨胀的循环中将经济拖入泥潭，进而以此分析了20世纪70—80年代西方国家普遍性的增长停滞问题。本书的论述认同货币量变动对经济的影响，但不赞同货币长期中性的假定，本书的机理分析中，金融（包括货币）冲击会在长期对经济造成实质影响。且在本书的框架中，需求不足和资本过剩的共存可以导致金融繁荣与通胀稳定间的共存，因此货币的增发不一定就能通过物价的上升完全体现出来。

奥地利经济学家提倡货币的非中性，并认为人为制造的繁荣必然不可持续，光就这两个观点而言，本书与之相同，且本书在论述中借鉴了奥地利学派经济扩张将引发不同生产部门不均等变化的分析。不同的是奥地利学派在这两个分论点的论证下，最终得出了自由市场经济的完美性，认为任何的波动与萧条都来自于政府的干预，市场的自发运行可以避免所有系统性的失误。而本书的论述则建立在市场不完美的基础上，在没有人为干涉的情况下，这种不完美一方面会导致贫富差距的扩大，另一方面会导致越来越多增大道德风险以及提高资本收益率的金融创新的出现，因此必将带来需求不足与资本过剩的共存。在这一点上，本书的结论与奥地利学派相异，正是不加干预的自由市场运行才是危机的根源，政府干预根据不同的性质，有时会进一步恶化这一路径，但若措施得当也能起到优化市场、减弱危机影响的作用。

马克思主义学者将金融危机的根源归结到生产领域，并用生产过剩、利润率不足等理论来解释危机的必然性，在生产过剩学说中，马克思主义经济学家用劳动者具有支付能力的相对需求的减少来论证危机的产生，本书论述也是从需求不足开始，但是是联合资本过剩共同进行分析的。利润率下降学说中，马克思主义经济学家用资本有机构成的提高来论证利润率的下降，并提及了全社会平均利润的形成，而在本书论述中，由于需求的不足，实体经济生产中的利润确实会下降，并在金融的不断创新中导致资本从实体向虚拟的转移，且在此过程中，资本收益率在实体和金融领域存在差异，并不一定会如马克思主义所说形成整个社会的平均利润。在关于危机爆发的论述中，马克思主义经济学家认为危机会通过消除过剩的生产能力以及资本积累，从而缓解生产过剩或利润率下降的局面，本书认为危机是需求不足和资本过剩矛盾的集中爆发，并会在危机过程中缓解这一矛盾，在此方面有一定的类似性。需要说明的是，在马克思主义的论述中，经济的问题根源在生产领域，金融只是附属，所起到的作用也是加大生产领域的矛盾，而本书论述中，金融和实体是不断互相影响关联的，从长周期分析的起点时期就是如此。同时关于危机本质的探讨上，马克思主义认为危机的必然性是由资本主义的阶级制度决定的，本书没有具体探讨社会体制的问题，只是认为能导致贫富差距扩大与金融深化同时进行的制度，如自由主义市场经济，就会导致危机的必然性。

第二节　金融延续增长

在本书的论述中，需求不足与资本过剩共存的初始条件导致了金融延续增长这一选择的必然性及可行性。在金融延续增长的过程中，有两个重要特征，一是利率的下降，或者低利率环境的持续，这不仅是初始条件的结果，也是金融延续增长这一路径能够持续进行的保障条件；二是金融对需求和供给的影响，只有切实影响到供需，金融才能保证经济增速的延续，否则必然引发危机的提前爆发。

一　利率的下降

低利率是需求不足与资本过剩的结果，是金融延续增长路径的开始及保障条件。低利率不仅代表着资金的低成本，也标志着资金供给的充足性，这就为杠杆的提升、资产价格的高涨等提供了条件。而在此过程中，只要低利率的环境一直维持着，如政府给予宽松的政策环境，国际资本的流入，那么加杠杆进程就可以继续，资产价格泡沫就不会破裂，金融就会通过对需求和供给的扩张实现繁荣，延续增长。利率下降的程度越深，低利率环境维持的时间越长，金融对增长的延续时间就越久，矛盾的累积程度就越高。最终，政府出于通胀、币值等目的缩紧政策，信心、预期的改变导致资产价格的走向发生逆转等所有可能改变资本充裕状况、破坏低利率环境的举动就会中断金融延续增长的路径，引发累积矛盾的爆发。

利率的下降不仅适用于2007—2008年美国次贷危机，在下一章世界不同金融危机的案例论证中也有体现，且在其他学派的有关论述中亦可以找到相似之处。

凯恩斯的分析中，在投资边际效率递减规律的存在下，要保证投资不因投资量的增多而下降，作为资本成本的利率就要随之下降；而在流动性偏好规律下，随着资产价格的走高，出于预防价格下跌的动机，货币的流动性偏好增大，这会引发货币的增发和利率的下降；当利率的下降到达一定程度，经济可能就会陷入流动性陷阱。同时，在凯恩斯主义经济学家关于金融不稳定的论述中，在融资周期、信贷周期、金融加速器、动物精神等相关论述中的经济繁荣阶段，融资风险的提高，信贷的扩充、企业外部融资成本的降低、收入预期的提高等都有赖于低利率的环境，一旦利率升高，资金收紧，资产价格下跌，融资方式转变的高风险性、信贷的不稳定性、企业外部融资成本的上升、预期的转换等才会造成危机的爆发。

货币学派的论述中，关于债务周期方面，也可以联系到低利率环境，因为债务要能持续增长，除了经济的预期高增长外，更多依托于债务成本的低廉，而宏观利率是债务成本的基准指标，在利率基础上，不同债务继续加以风险成本形成负债成本。债务危机的爆发原因中除了增长预期的转变带来的债务不可持续外，资金成本上升带来的违约也是重要方面，一旦低利率的环境结束，债务违约以及由此带来的银行危机、主权危机等就会大规模出现，且危机中的物价下跌有可能将经济推入债务—通缩的恶性循环中。在弗里德曼货币主义的论述中，由于坚持通货膨胀目标制以及货币供给单一规则，因此在正常时期是反对货币增发导致的利率下降的。其对于滞胀的原因分析中，认为滞胀源于货币的超发，而滞胀之所以最开始没能被有效解决，是因为利率没有上升到足够高的程度，这一定程度上也可以看作是低利率环境的持续所导致的经济停滞，之后，以美国为首的西方国家正是通过提高利率最终结束了高通胀危机。

奥地利学派的论述中，认为人造繁荣的重要特征就是在繁荣时期开始时，货币增加以及利率调低，也即利率相比较信贷扩张没有发生时应该出现的情况而言确实相对较低。在1929年大萧条之前，美联储在增加通货的同时，就曾违反中央银行的常规制度，将再贴现率调至市场利率之下，并将承兑汇票利率保持在很低的水平（罗斯巴德，2009）。

马克思主义关于危机和萧条的论述中提及，危机前的利润率持续下降是危机与萧条的根源，由于在马克思主义论述中，利息作为商业资本的利润，会在全社会利润平均化的过程中获得与生产领域同样的来源于剩余价值的利润，那么在平均利润下降的背景下，以平均利润获利的商业资本也同样面临利润的下降，这种下降就表现为利息的下降上，利息和平均利润率的下降到达一定程度就需要通过危机和萧条来清理过剩资本，中断利润率的下滑路径。

二　金融非中性

金融延续增长这条路径成立的必要条件是金融非中性，这是上文论述中一再提及的。在本书的分析中，金融非中性包括的内容不仅仅限于货币，金融深化过程中流动性的创造，信贷、债务的增加，资产价格的上升等都会对以潜在产出代表的供给面发生影响，这些金融膨胀的不同形式，都能造成资本脱离商品流通过程的贮藏，离开简单的商品买卖过程以寻求资本收益，违反了萨伊定律中货币只是起到短暂中介作用的设定，因此破坏了供给需求的时时对应性，并且引发了逆萨伊定律的产生。且逆萨伊定律对经济供给能力的影响有直接，有间接。直接影响是指能直接促成生产部门产能的增加，如第四章第二节所提及的金融膨胀直接能促进资本积累、生产扩张；间接影响是指通过需求的扩张来引发供给的增加，如需求扩张后企业利润提高，利润的提高又会引发生产的扩张。在上文的长周期分析中，金融非中性的体现包括两大方面：一是在危机前金融膨胀对经济的繁荣性扩张，二是危机后金融摩擦的增大对供给的收缩性影响。两方面的金融变化都会对经济产生长期的实质影响，这既能解释危机前西方国家的持续繁荣，也能解释危机后经济增速的突变式下滑和持续萧条，以及在金融体系修复逐渐完成后，美国经济的逐渐恢复。需要说明的是，这种金融修复带来的经济起色主要是指在金融波动前首当其冲的如美国这样的发达国家，发展中国家在全球金融危机后的经济恢复与之还有差异，这一点下文将具体论述。

对于金融非中性，现有的各大学派都有不同程度的提及，如凯恩斯在大萧条时就曾以货币的非中性反驳了萨伊"供给创造需求"的理论，而之后的凯恩斯主义经济学家，更是将金融危机、经济周期、投资波动等进行了联合分析；货币主义学派虽然在长期坚持货币的中性，但是在短期也承认经济的非均衡，如费雪的债务—通缩理论，弗里德曼针对大萧条提出的货币紧缩论等都说明短期的货币供给不足会造成经济的衰退；奥地利学派认为货币的变动会造成投资在不同生产领域间的转移，并由此论述了人造繁荣的可能，以及这种繁荣的不可持续性；马克思主义虽然着重讨论的是生产领域的变动对危机的影响，但也承认金融的介入会加大生产领域产能过剩、利润率下滑的矛盾，加剧危机的程度和萧条的深度。

在本书的论述中，由于金融的长期非中性，即使在长达10年以上的时间中，经济表面达到的均衡也不一定代表的就是古典主义所界定的真实出清的均衡。若金融只起到提高资源配置效率的作用，那么此时的经济供需本质就没有被改变，经济可以达到真正的充分就业均衡。但若金融的膨胀超过这一限度，扩张了需求并引致了供给能力的增加，由此达成的均衡就很可能是过度的，获得的金融延续性的增长也是不真实的增长。若金融膨胀以及延续增长的保证条件（如低利率环境，金融监管的宽松，生产资料的供给充足）可以长时期地维持，那么被人为延续的增长也就可以长期保持下去，由此实现长期的过度均衡。一旦金融冲击对经济的影响摆脱了古典二分法，在长期对供给能力产生实质影响，那么最终造成的均衡也就不是古典意义上市场出清的均衡。

第三节 政府的作用

现有主要经济学流派对于政府的定位及政策取向都是在其关于周期原因的讨论中总结出来的。如凯恩斯学派认为萧条的原因在于需求不足，则政府就要人为创造需求、拉动经济增长，之后的学者关于金融不稳定的论述中，也曾提出政府在作为最后贷款人、稳定信心、进行金融改革等方面的作用。因此，对于凯恩斯学派而言，由于资本主义市场本身的缺陷，大政府能更为有力地弥补市场失灵。这样的分析为政府应对危机提供了扎实的理论基础，也是历来各国政府在萧条时期最偏好的理论。货币主义学派相对而言更偏向小政府，认为经济体系本质上是稳定的，只要让市场机制充分发挥经济调节的作用，那么经济就可以在长期保持充分就业、稳定发展，政府要做的就是为市场机制发挥作用提供保障。在这样的理论推演下，货币主义主张政府施行"单一规则"的货币政策，把政策工具收缩到货币存量这一唯一的工具上来，并且承诺在长期以固定不变的增长率提供货币。奥地利学派则完全反对政府的任何干预，认为不应该人为制造繁荣，扰乱经济正常时期的运行，也不应该对萧条进行对冲，影响市场经济"自我出清"的进程。马克思主义学派认为在不改变资本主义体制的前提下，任何形式的干预都不能解决经济的本质问题，危机是资本主义体制的必然结果。

本书认为，由于经济增速间断式及长期性下滑的原因根植于危机前的繁荣时期，且金融的非中性在繁荣和萧条时期都有重要体现，所以政府的政策不应只局限于危机后的逆周期调控，而应贯穿于本书所讨论的整个长周期范围内。

一 金融危机发生前

在危机前的经济正常运行以及经济繁荣时期，本书认为，政府的主要作用在于避免长周期内经济失衡的累积，不要用凯恩斯主义的短期周期调控政策去维持长期的经济增长，也不要放任金融的膨胀，而要尝试从源头上杜绝金融延续增长这一路径初始条件的达成。主要措施包括以下几点：（1）减少微调。短期内避免经济暂时衰退的宏观管理措施会在长期积累起更大的经济失衡，加大危机后经济间断式下滑的程度，如一些学者认为美国次贷危机后大幅的经济衰退与 21 世纪初互联网泡沫破灭时的迅速救市有关（林毅夫，2008）；而且，如果每一次衰退都被政府成功地扼杀于初期，那么市场主体将没有机会认识到其风险与借贷是过度的，会认为其风险行为是"有效的"，这就加大整个经济的风险偏好与债务积累，不仅为此后更加频繁与剧烈的后续危机埋下伏笔，更逐渐加大了政府靠刺激政策挽回未来经济下滑趋势的难度（Copper，2010）。（2）审慎的风险防控与金融监管。金融部门的快速发展加大了社会整体风险，但由于风险的社会性，几乎不存在什么激励因素促使金融机构在进行风险活动时为可能发生灾难的小概率事件担忧，这种激励约束机制及风险和收益的不对称性使得防止金融萧条必然是政府的责任（Rajan，2006）。此次危机后，理论界对资产泡沫提前预防的提倡以及宏观审慎管理工具的兴起都是这方面的一大进步。（3）积极处理分配问题，控制社会财富分配不平等的力度，尽可能减轻不平等程度的加大所造成的资本集聚，避免需求不足与资本过剩的出现。前文提及，需求不足与资本过剩是金融延续增长这一路径的初始条件，所以政府若能通过转移支付等方式人为干预社会财富分配，尝试杜绝这一初始条件的达成，那么金融对实体经济失衡的加剧也就能一定程度被控制。

二 金融危机爆发后

在金融危机后经济增速出现间断式及长期性下滑的时期，政府应进行主动有为的危机应对，防止金融恐慌造成的系统性风险以及需求的长期不足通过逆萨伊定律对潜在产出造成长期影响。在经济停滞之初，政府应及时关注并迅速应对需求和实际产出的下滑，避免短期政策的无为在长期造成更大的经济损失。

第一，对于货币政策，本次危机之后，在名义利率到达零下限，且负利率的政策效果仍待实践检验的情况下，传统的利率政策失效。然而，不能因此改变货币政策主动有为的应对取向，即使货币政策不能有效促进需求的提升，但只要能阻止需求的进一步滑落，其政策效果就是福利改进的。在名义利率政策效果有限的情况下，货币政策一方面可以通过预期引导、政策承诺、改变资产负债规模等方式提高通胀预期、减轻私人部门去杠杆压力，促进实际利率的进一步下降；另一方面可以通过改良、创新后的非常规政策工具，如量化宽松、前瞻指引、扭曲操作、定期拍卖、短期证券融资、商业票据融资，增加市场的流动性、缓解金融机构的惜贷行为、降低金融市场的融资成本、改善家庭和机构的资产负债表，从而优化预期，对冲去杠杆的影响，刺激需求的增加。

第二，对于财政政策，在经济陷入长期停滞、私人消费和投资难以提升的情况下，财政政策的扩张可以有效减缓节俭悖论的影响，并弥补传统货币政策失效的影响。危机后，债务水平的降低减少了借款人的消费，而贷款人又因为实际利率没有下行而缺乏增加消费的动力，此时财政政策无论是给予借款人救助，还是直接增加政府购买，都能弥补需求的降低，刺激物价的上涨，防止债务通缩，并提高货币政策效力。财政政策的施行要受政府预算和债务的限制，不能在私人部门杠杆向公共部门杠杆的转化过程中一味提高债务率，低经济增长率情况下的高债务有可能造成国家层面过重的负担，甚至于主权违约，进而导致宏观风险的上升，反而对经济的长期增长造成负面影响。但也有一部分学者对此提出反对意见，认为经济长期萧条时期的政府债务增加影响可控。如 Delong 和 Summers（2012）、Blanchard（2014）、Gordon（2014）、Ball（2014）等认为，短期内致力于稳定或削减债务水平的措施（如提高税收、减少支出、削减福利保障等）会导致个人可支配收入增长较 GDP 增长的下降，恶化社会总需求，且在利率长期处于低位的流动性陷阱中，财政扩张引发的债务变化不足为惧，因为只要利率一直维持在零下限附近，且潜在产出能够因财政扩张而上升，那么债务的增加就不会超过收入的上升。

第三，对于金融政策，由于金融的非中性对经济增长存在正、负两方面的影响,因此,金融政策在危机前的经济稳定及繁荣时期要致力于控制金融的膨胀以及资产价格的泡沫化。但是在危机开始后,却要防止大范围、系统化的金融萧条对经济增长的长期负面影响。危机后太过严苛的金融管制反而会因为信贷可获得性的降低、去杠杆进程的加快等抑制需求,导致均衡利率的进一步下跌,阻碍经济复苏。一些学者的观点与此类似,如 Summers(2013,2014)、Krugman(2013)等人提出了泡沫对冲萧条论,认为在长期停滞的背景下,合意的增长与稳定的金融不可能同时实现,长时期的扩张性政策必然会引发金融的不稳定,但过早的政策抑制又会挤压需求,在两个目标难以兼容的前提下,可以通过一定程度的金融膨胀来吸纳过剩储蓄,提升需求,促进经济的增长。

第四,对于结构政策,结构政策致力于两方面:短期化解过剩产能,长期促进潜在产出提高。前文提及,在名义利率到达零下限的长期停滞时期,需求不足与产能过剩同时存在,宏观经济面临的主要问题在需求方,因而需求较供给而言更能影响通胀,导致向上倾斜的总需求曲线陡峭于总供给曲线,造成了节俭悖论、辛劳悖论、弹性悖论等一系列悖论的存在,只要这些悖论仍然存在,很多致力于改善经济状况的传统手段就不仅难以取得效果,更会抑制经济的复苏。因此,结构政策要首先通过兼并重组、破产清算等一系列方式清理库存、化解过剩产能。促进潜在产出提高的政策包括提高资源配置效率、加强人力资本积累、支持创新、进行税收体制改革等。这些政策的长期成果是显著的福利提升,但是在短期效果很难测度与体现。

第五,对于国际政策,前文提及,低利率以及增长停滞会通过国际资本流动在不同经济体之间传染,从这一角度出发看待各国国际金融危机后的宏观政策,就会发现很多只以国内复苏为导向的国别政策具有非常大的负外部性(Eggertsson,2016)。如纷纷下调利率的宽松政策会更加恶化全球经济的流动性陷阱问题,在通胀目标不变的情况下,一国宽松型的货币政策虽然可以通过实际利率的降低促进需求,却因为资本的流出拉低了其他国家的利率水平,与此同时,宽松货币政策导致的币值下降也减少了对国外商品的需求,恶化了外国经济的萧条。再如,以提高关税、增大贸易摩擦、限制进口等方式代表的新型重商主义虽然能一定程度上将进口需求转移成国内需求,但却是以贸易伙伴国的需求下降为代价。相对于货币和贸易政策，财政政策具有正的外溢性，在促进国内需求提升的同时亦能通过进口等渠道刺激别国的需求，但是这一具有正外部性政策的财政成本却又只能由政策施行国独自承担，因而在债务已然高企的后危机时期各国普遍没有大规模财政干预的动力。以上分析表明，在世界经济普遍萧条且全球经济日益一体化的背景下，没有国家能够独善其身，一国难以仅靠国内形势的好转而实现完全复苏，只有在政策协调的基础上，促进全球经济的整体好转，才能实现国别经济的稳健增长。

总体而言，本书的论述承认市场的不完美性，认为不加干涉的市场会因为不平等的扩大、资本的集聚以及金融的深化自动走上金融延续增长的路径。因此，致力于缓解市场不完美的政府政策是必要的。但是，由于危机的必然性，政府的调控虽可以减轻经济失衡的积累程度，减缓经济波动的幅度，但不能熨平经济周期，这就决定了政府不应试图用周期性的政策去维持经济的长期增长。具体政策施行上，在金融延续增长的长周期路径中，政府要根据金融非中性影响方面的不同而选择设定不同的政策定位。在危机前的时期，政府要通过分配政策化解经济的不平等，同时严控金融膨胀，并禁止通过非对称的政策人为地助推或制造繁荣。在危机后的增长停滞时期，则要致力于政策救市，通过货币、财政、金融、结构以及国际协调政策的全方位施行，削弱长期不振的总需求对经济长期供给能力的负面影响，缩短经济增速长期性下滑的时间和程度。

第六章

案例论证：经济增长减速的典型金融危机剖析

第四章为了论述的精练性，主要是以 2008 年国际金融危机为例进行论证。但由于金融冲击导致经济增速间断式及长期性变化这一现象存在普遍性，可以解释危机后经济增速间断式及长期性下滑的理论也应该具有普遍性。因此，要验证本书理论在适用性上的普遍性，必须证明上文的理论也能用以解释历史上的其他金融危机，理论推导得出的一些关键结论也同样适用于其余金融危机。因此，本章将通过分析第二章提及的 1929—1933 年的大萧条、20 世纪 80 年代拉美债务危机、20 世纪 90 年代日本经济泡沫破灭、1997—1998 年亚洲金融危机以及 2008 年国际金融危机之后欧元区的债务危机来证明本书理论对发达和发展中经济体的通用性，并寻求在金融冲击导致经济增速下滑时发达国家与发展中经济体在机制传导、经济运行等方面的差异。

第一节　大萧条与 2008 年国际金融危机的比较分析

在 2008 年国际金融危机之后，许多学者对于资本主义历史上最为严重的两次大危机进行了一系列的比较，这些比较对于两次危机中政府的作用、金融化的程度、人口的结构、经济社会制度、全球化程度等不同点都做了具体分析（刘鹤，2013）。本书此处的重点在于论证第四章依托于 2008 年国际金融危机提出的理论的合理性和普遍性，因此重点关注两次危机在本书理论框架中的相似性。

(1) 两次危机前均有收入分配不公平程度的加大与财富的集聚,以及由此导致的购买力下降和资本过剩。大萧条之前由于收入分配差距的扩大,美国有60%的家庭年收入为仅够温饱的2000美元水平,还有21%的家庭年收入不足1000美元,最富有的1%家庭收入占国民收入的比重在不到10年间从15%上升到23.9%;2008年金融危机之前,自由主义的盛行使得资本收益相对经济增长率长期居高,富者愈富,贫者愈贫,滞胀后,在经济稳定增长的同时,最富有的1%家庭收入占国民收入的比重从1980年的10%一路上升到2007年的23.5%(Alvaredo和Piketty,2013)。收入分配差距的扩大导致了购买力的下降以及生产的过剩,需求的不足以及生产领域利润的下降,这些辅之以财富集中度的提升最终导致了资本的大规模过剩。

(2) 危机前均有信贷、债务以及货币供应的扩张。危机前的需求不足为信贷和债务的扩张提供了必要性,过剩资本的存在则为金融的扩张提供了可行性,这具体表现在大萧条前耐用品销售中赊欠比例的大规模上升以及海内外债务的快速提升上,也表现在2008年国际金融危机前发达国家信贷规模的大幅度增长、私人部门杠杆率的提升以及次级抵押债券的大幅度增加上;与此同时,政府宽松的货币政策以及对金融的放任监管为金融的扩张提供了保障条件,大萧条之前,美国放弃"紧缩信贷"意见后,在国库通货、准备金标准、准备金总量以及贴现票据、承兑票据等方面的一系列政策保障了货币供应的宽松,而2008年国际金融危机之前,以格林斯潘为代表的美联储政策制定者将基准利率长期维持在泰勒规则测算出的利率水平之下,并在通货膨胀目标制的政策框架下,只关注实体经济活动,较少关注金融领域的资产价值,并出于资产泡沫的难以识别性,不对金融泡沫进行提前防控。

(3) 生产能力的扩张。金融扩张的需求增长在产能不存在限制的情况下,会带来供给的引致性增长,但若供给受生产能力的限制不能同步提升,经济就会陷入通货膨胀与经济停滞的局面,而两次危机前爆发的技术革命分别保障了危机前生产能力的扩张。大萧条之前有开始于1870年以电力技术的应用为驱动力的第二次技术革命,2008年国际金融危机之前有始于1945年以电子计算机、原子能、航天科技等为驱动力的第三次技术革命(刘鹤,2013),技术革命的爆发极大地解放了生产力,突破了经济原有的产能限制。

（4）经济的繁荣与资产价格的泡沫化。金融扩张的需求，联合引致性的供给增加，共同助长了危机前的经济繁荣：大萧条之前的20世纪，整个资本主义社会都处在第一次世界大战后的蓬勃发展时期，而2008年金融危机之前，整个西方国家的经济经历着波动基本已经被消除的"大稳健"时代，且这两次繁荣具有国际传播的效应，不仅带动了以美国为首的西方国家的普遍繁荣，还促进了拉美、亚洲等国的经济增长。与此同时，信贷的增长、债务的增加以及宽松的货币政策导致了资产价格的快速上涨，这不仅体现在两次危机前公众对股市的乐观上，也体现在住房价格、交易量的大幅增长上。

（5）经济繁荣与通货膨胀间的分离。需求不足与资本过剩的共存，导致在经济活动因金融扩张而繁荣的同时，通货膨胀不会出现相应的大幅增长：1923—1929年，与向上陡峭攀升的股票市场价格曲线形成鲜明对比的是商品价格水平曲线的平缓化（欧文·费雪，2014），而2008年危机前发达国家经济经历的"大稳健"，其主要特征就是高增长与低通胀的共存。通胀的相对平稳也间接证明了需求扩张以及供给引致性增加的共存——在需求扩张的同时，供给若不能同时增长，则经济会出现通货膨胀；在技术革命突破产能限制，促进生产能力提升的同时，若需求没有经金融扩张，则经济会出现普遍性的物价下跌。

（6）危机中经济增速的间断式下滑以及危机后经济增长的长期停滞。危机前被金融膨胀掩盖、积累的矛盾一经爆发，就会以非常规的形式呈现出来。虽然这些危机通常都是在金融领域引爆，但金融体系出现问题后，实体经济的增长不仅会回落到真实值，还会因为金融摩擦的增长、财富的缩水等原因进一步下滑，最终表现为经济增速的间断式及长期性下滑。大萧条爆发后，资产价值全面蒸发，工业生产总值急剧下降，整个危机的爆发时期持续了4年，之后的萧条一直延续到第二次世界大战的爆发，最终凭借第二次世界大战中资本存量的大幅度销毁，战争支出对需求的拉动以及危机后人口增长率的上升才逐渐摆脱。2008年国际金融危机爆发后，发达国家、新兴经济体等均经历了大幅度的下降，危机爆发近10年后，全球经济的复苏依旧乏力，增长停滞问题依然令人担忧。

第二节　拉美债务危机与本书理论的比较分析

拉美国家的经验也一定程度符合本书的理论，危机前资本流入所导致的债务驱动增长是金融延续增长的一种形式，危机前的经济繁荣相当于金融扩张后的繁荣。且债务在拉动经济增长的同时，也掩盖了拉美国家产业结构失衡、发展战略失误等本质问题，这些问题在债务驱动的增长中并未得到解决，反而被经济的表面繁荣所掩盖。只要国际市场的利率不升高，国际上资本过剩的局面持续，资本向拉美地区的持续流入就能延续这一繁荣。但当低利率的环境被逆转后，经济本身的问题、债务的不合理性等问题同时爆发，金融、实体领域均被波及，前期低成本下的高增长最终以经济的长期萧条这样的高成本结束。

虽然在理论解释上具有相似性，但拉美作为发展中国家，在金融延续增长中的具体表现还是与以美国为代表的发达国家有所差异，如美国的金融繁荣先有扩充后的需求，再有需求引致供给的增长，而对拉美国家来说，在产业结构仍然低端化的背景下，供给面的限制是相对更为严重的问题，因此债务的增加主要是用于供给面的投资，金融的扩张更偏供给领域。金融扩张重点的不同也就造成了物价水平表现的不同，在大萧条和2008年国际金融危机主要影响的发达国家中，由于需求不足的现实，在经济延续增长、金融繁荣的同时物价水平整体保持稳定。而在拉美国家，外债的增加在促进投资的同时虽然也通过收入的增加起到提升需求的作用，但由于之前并未像发达国家那样存在普遍性的生产过剩，因此在债务驱动增长的同时，经济往往经历着较高的通货膨胀，虽然这种通胀中也有货币超发的原因。

第三节　日本泡沫破灭与本书理论的比较分析

日本在金融泡沫之前的多轮景气与战后日本百废待兴的局面有关，大体都有实体经济支撑，因此这些景气之间虽然也夹杂着偶尔的衰退，但这些衰退影响范围和程度可控，并且也主要表现在工商业领域。然而，到了20世纪70年代后期，尤其是进入20世纪80年代以后，随着工业体系的完善，出口企业的大幅创汇，以及日元的升值，日本的资本开始快速积累。"广场协议"签订之后，日本经济便开始出现了需求不足与资本过剩的局面。需求不足来源于日本与美国等西方国家间贸易摩擦的增大，贸易壁垒及日元的升值导致了日本出口的大规模缩水，当这部分生产对应的外需因为贸易原因减少、消失后，国内具有吸纳能力的需求相比较这原本对外的生产而言自然是不足的，且同一时期西方国家对日本开放国内市场、加大进口的要求也恶化了日本国内需求相对于生产的不足问题；资本过剩在第二章第三节已经做过论述，源于出口企业资本向国内的转入、宽松货币政策下流动性的供给以及竞争导向的金融机构的信贷创造。

按照本书的分析，需求不足与资本过剩在没有外力干涉的情况下，必将导致需求的金融化膨胀以及资产价格的泡沫化。日本经济在20世纪80年代后半期的发展符合这一分析。虽然日本政府扩张货币供给的初衷是扩充内需、进行实体投资，以对冲出口萎缩的影响，但由于内需替代作用的有限，以及日本土地资源的匮乏，过剩的资本最终不仅通过金融机构，亦借由实体企业纷纷投向了股市和房地产市场，催生了泡沫的急速衍生。资产的泡沫化以及由此而来的需求扩张暂时掩盖了经济供需失衡的矛盾，而政府持续性的低利率政策也保证了金融化过程的持续。到了20世纪90年代初，随着政策的逆转，金融延续经济增长的保障条件被打破，这一路径随之走到尽头。当泡沫破灭，实体经济的矛盾就完全爆发出来，这一矛盾不仅未能在金融膨胀时期被解决，反而因为资产的泡沫化进一步恶化。之后，随着企业、居民资产负债表的恶化，日本需求不仅回落到金融危机前的真实值，还因为微观个体目标从利润最大化向负债最小化的转变而继续下滑，并长期不振。进入21世纪，日本经济的本质矛盾依然没有得到解决，在经济持续衰退的20多年中，又因为流动性陷阱的制约以及泡沫破灭时的惨痛记忆，难以再次通过金融扩张需求的路径推动增长，因此经济持续萧条。

第四节 亚洲金融危机与拉美债务危机的比较分析

作为冲击对象同为发展中经济体的东亚金融危机与拉美金融危机有很多相似之处：（1）危机爆发前国际市场上有大量的过剩资本。拉美债务危机前国际上充斥着发达国家超发的流动性，第一次石油危机后快速增长的石油美元等；亚洲金融危机前日本、欧美国家向东亚国家的大量投资。虽然不同时期这些国家面对的流动性过剩来源有所差异，但实际上，自从布雷顿森林体系破灭、美元与黄金脱钩、发达国家采取浮动汇率制后，失去约束的美元等西方国家货币就被大量发行，加之此后发达国家自身社会需求的相对下滑，国际流动性过剩与投机资本体量过大的环境就已经形成。拉美和亚洲的发展中国家所爆发的危机都是处于这样的全球流动性过剩背景下。（2）危机冲击国在危机爆发前均大量借入了过多的债务。拉美在出口竞争力下降后，债务占据GDP的比例明显超过了可承受限度，最终导致主权债务危机；东亚经济体在危机前过早开放了金融体系，吸引了过多的外来资本，而能用以偿还外债的国际储备却不充足，如1995年韩国和泰国外汇储备占外债的比重在50%—65%，印度尼西亚只有不到14%（何秉孟，刘溶沧等，2007），因此当外来资本在东亚国家汇率下跌、资产泡沫破灭后纷纷流出时，因为流出资本数额太过庞大，外汇储备的耗尽都不足以保证币值的稳定。（3）危机前均有股票、房地产价格的上升。外来资本的流入并未按照这些国家的初衷统统进入促进发展的实际生产领域，反而催生了金融市场泡沫，引发了股价、房地产价格的快速上涨，这又进一步吸引了国际游资以及国内资本向金融领域的投入。（4）危机冲击国的金融体制都极其脆弱。这种脆弱既体现在危机前没有对外来资本流入、外债增加提供有效监管，也表现在泡沫上涨时期银行在信贷扩充方面的自由化。这最终导致了泡沫破灭后外资的大规模撤离及银行的大面积破产。（5）施行外向型的发展战略，并且太过追求经济的贸易盈余，这一方面造成了产业结构分布的不合理，另一方面加大了经济对外需的依赖性，以及面对冲击时的脆弱性。

第二节讨论了拉美债务危机中本书理论的适用性，而与拉美危机具有极大相似性的东南亚危机,其发展历程在一定程度上也证明了本书理论的合理性。东南亚金融危机前国际资本的大规模流入造成了这些国家资本丰裕的事实,外资的流入通过经济的金融化导致了资产泡沫的产生。而出口导向战略下出口竞争力的增强带来的外需扩大相当于扩大了对这些国家产品的总体需求,需求的扩大和金融的膨胀导致了国民收入的提高,并拉动了消费和投资的上升,也促进了面向出口的制造业在国民生产中比重的上升。由于这些国家产业结构发展仍处于初级阶段,且劳动力供给丰裕,因此供给的增加并未遭遇产能的限制,外需扩大和金融膨胀就引致了供给的同等增加,最终表现为危机前经济的长期繁荣,以及资本市场的繁荣。但是,随着币值的上升、出口竞争力的下滑,之前为出口而增加的制造业投资就明显过剩起来,为争夺国内需求而加剧的企业间竞争进一步恶化了生产过剩的局面。之后,随着币值的下滑、资本的外流,经济繁荣时期被掩盖起来的金融泡沫、实体经济产业结构的不合理以及金融体系的脆弱性统统爆发了出来。危机过后近10年的时间内,东亚各国都在弥补导致危机的体制缺陷,补救危机造成的破坏。这些国家的银行一直在冲销坏账,重组资本结构;企业修复资产负债表,逐一清理危机前的过度投资,调整不合理的产业结构;同时这些国家的政府在政策导向上也更为审慎,用外汇储备的积累取代对海外资本的严重依赖。然而,这些改革和修复还未完全完成,其经济就在2008年再次遭受了国际金融危机的波及,增长再次被影响,至此,东亚模式下的增长奇迹已经成为过去。

第五节 欧洲主权债务危机与本书理论的比较

欧洲债务危机的爆发,在时间表现上也符合本书的理论推导。危机前,危机爆发国就存在着需求不足的问题。在欧洲,完善的社会福利体制虽然减少了社会矛盾,但也导致了失业与就业间的难以调和性,高福利需要高税收,而高税收影响了就业的积极性;与此同时,高昂的失业补助又保障了失业人员较高的生活水准,这样的福利和税收体制降低了民众的工作热情,导致了失业问题的顽固化。在失业如此普遍的环境下,只靠个人实际收入支撑的消费必然达不到危机前的高水平,也即危机前这些国家的高消费、高需求很大程度是由庞大的政府支出扩充的，或者说维系的。而如此庞大的政府支出又是依靠国家债务的维系，也即债务扩充了需求。在需求不足的同时，这些国家却享受着充裕的资本，因为加入欧元区后，借助欧元较高的国际地位，债务国可以凭借低廉的成本获得持续不断的资金，这样低成本的资金除了维系高福利的公共开支外，虽然也有一部分进行了实体投资，但很大部分投入了支撑经济增长的房地产行业，造成了危机前这些国家房地产价格的迅速泡沫化。而高涨的房价又依靠财富效应刺激消费，并拉动了建筑业等相关行业的发展，延续了较高的经济增长。在这样高需求拉动的增长中，由于欧洲内部便宜的贸易机制，这些本身并不以制造业立身的危机国不会遭遇供给的限制。然而，受到国际金融危机冲击后，这些国家经历了增长下滑、出口萎缩、资产价格缩水、外资撤离等一系列困境，在此情况下，财政赤字、债务不耐等问题逐渐爆发。债务危机爆发后，依靠低成本获取外来资本的局面结束，由充裕资本维系的房价和消费增长也就难以继续，而政府出于削减财政支出目的对高福利体制进行调整后，依靠公共支出支撑的需求也进一步萎缩，危机前需求不足问题彻底暴露，并经金融摩擦的加大进一步放大，拖累了经济的增长。时至今日，国际资本由于危机国家的信誉下降不愿意投资，欧盟及国际救助因为制度限制及成员国的反对难以大量化，危机政府的财政扩张也因为赤字的限制难以施行。因此，没有资本及金融膨胀支撑的需求将长期萎靡，持续不振的需求与危机国本身的经济结构、社会、政治问题一起，持续阻碍经济的复苏与振兴。

第六节　不同金融危机的比较

一　不同金融危机的相似性

以上五次危机在发展过程中具有很多的相似性，这些相似性与本书第四章提出的理论在时点和逻辑上具有高度的一致性。

（1）危机前均有较为充裕的资本。如大萧条前美国的资本建立在战期积累起来的巨额黄金储备上，德国等的资本来源于美国等战胜国的大量借贷；拉美主权债务危机前发达国家在经济滞胀之初扩张的流动性、石油出口国因为油价上升而增加的石油美元等都大量流入经济势头向好的拉美国家；日本在"广场协议"前有大幅度顺差积累的贸易盈余，在"广场协议"后有出口企业资本向国内的转入，以及国内政府为对冲出口下滑增发的货币；亚洲在金融危机前凭借金融体系的过早开放借入了大量外债，并在危机前的资产价格上涨时期吸引了国际投机资本的大规模进入；欧洲债务危机之前，危机发生国为了弥补经常项目赤字、支撑国内产业发展以及维持庞大的福利开支，凭借欧元的高国际地位借入了大量外来债务。

（2）危机前的低利率环境保障了资本充裕的局面。大萧条之前美国的白银政策、再贴现率政策以及票据市场政策等维持了货币供给的宽松环境；拉美债务危机之前，西方国家主要还是采用凯恩斯主义政策框架对抗滞胀，政策的宽松维持了国际市场上美元资金的低利率；日本泡沫破灭前日本政府为防止出口下滑造成萧条降低了利率，银行也加大了放贷；亚洲金融危机前处于贬值阶段的美元一直都是低利率，流入亚洲国家的国际资本也大多处于这样的低利率环境中；欧洲债务危机前，西方国家处在低通胀的"大稳健"时期，利率的走低是发达国家当时的常态。

（3）危机前均有金融泡沫的出现。充裕的资本与低利率的环境最易催生房地产和股市的资产泡沫。大萧条前美国股市暴涨，拉美国家引入的外债也并未都用在产业结构的升级上，日本在20世纪90年代初期以前地产、股票价格也曾疯狂上涨，泰国、韩国、中国香港、马来西亚等亚洲国家或地区在资本大规模流入的同时也经历了股市的上涨，爱尔兰等债务危机爆发国在危机前曾将房地产行业作为支柱性产业进行发展。

（4）危机前都有需求的扩张。充裕的资本、金融的泡沫以及政府的政策都推动了需求的人为扩张，使得社会总需求高于其真实值。大萧条前金融的膨胀掩盖了收入差距扩大背景下需求的不足；拉美依靠借入的外债增加了民众的收入并扩大了社会的财富效应，促进了需求提升；日本依靠升值后日元的高价值，以及股市和房地产市场的泡沫刺激了需求的持续上升；亚洲金融危机发生国除了靠出口的增加扩张总需求外，还在经济形势的良好预期以及资产泡沫的推动下，促进了民众收入及支出的提升；欧洲国家依靠庞大的外债，以及政府的大规模支出，维系了国内高失业状态下的高支出。

（5）危机前被需求引致的产出增加均未受到产能的限制。大萧条之前的第一次技术革命带来了生产力的扩张；拉美在进口替代战略的实施下得到了生产能力的持续扩张；日本在石油危机后大力发展的节能汽车、电子信息及机器人等领域的技术进步带动了整体生产力的提升；亚洲国家在危机前承接了发达国家转移的劳动密集型产业，制造业在国民经济中的比例快速提升，总供给能力因此扩张；欧洲债务危机发生国的生产扩张一是因为和美国以及欧洲其他老牌制造国一样处在第二次技术革命的余波中，二是在小国环境生产结构不完备的情况下可以通过向其他国家极其方便地进口突破本身产能的限制。

（6）危机前经济均呈现出繁荣景象。被扩张的总需求和引致性的供给增长共同推动了较高速度的经济增长。大萧条之前经历了第一次世界大战的国际社会百废待兴，经济处于一片繁荣复兴中；拉美国家在危机前的高增长目标也得到了非常好的实现；日本在危机前依靠持续的高增长一跃成为仅次于美国的第二大经济体；亚洲金融危机之前以东亚模式为代表的高增长模式举世瞩目；欧洲债务危机之前危机发生国在加入欧元区后经济均获得了比较显著的增长。

（7）危机的爆发均和资金的收紧有关。大萧条爆发源于美联储提高贴现率导致的股市下跌；拉美债务危机源于西方国家开始实行货币主义，以高利率对抗通胀，导致拉美债务超过可承受限度；日本泡沫的破灭源于日本政府收紧货币政策后房价的大幅度缩水；亚洲债务危机爆发导火索既有美元进入上升通道后利率的提升，也有被投机基金攻击后资本的大规模出逃；欧洲债务危机爆发时既面临国际金融危机后发达国家普遍性的流动性趋紧，也面临国家和银行信誉被下调后借贷成本的上升。

（8）危机爆发后均有经济的长期萧条。大萧条后发达国家的经济停滞一直持续到第二次世界大战的爆发，最终因为第二次世界大战中军费的巨额开支以及第二次世界大战后婴儿潮的出现才结束；拉美债务危机后拉美国家一直在中等收入陷阱中徘徊；日本房地产泡沫破灭后经济失去的已经远不止 20 年；亚洲金融危机爆发标志着东亚高增长模式的结束；欧洲债务危机发生引发的经济、政治、社会震荡至今仍在持续。

（9）危机后经济停滞在时间上呈现一定的分化。第四章第二节提及，危机爆发之后，经济在最初的间断式下滑阶段会有一定时期非均衡的持续，之后才在一个低水平的状态实现较为稳定的增长。大萧条后 1929—

1933年一直有银行危机的爆发，之后随着凯恩斯主义政策的逐渐采纳、实施经济才逐渐稳定下来；拉美债务危机爆发之初，债务规模先是呈现出滚雪球似的增长，最后才随着债权国和债务国的协商进入较为稳定的偿还通道；日本经济在泡沫破灭后因为政策的失误，在1997年再次进入震荡，之后才慢慢进入持续低增长、低物价的道路；亚洲金融危机爆发后，危机发生国先是经历了汇率、资产价格的跳水，之后随着资本外流的停止经济才慢慢在低水平上继续发展；欧洲债务危机爆发后，因为距今持续时间还比较短，经济、社会总体而言仍属于不稳定期。

二　不同金融危机的差异

以上五次危机，以及第四章分析过的始于美国次贷危机的国际金融危机，这六次危机因为爆发时点的不同，在时间上呈现出一系列的差异性。从20世纪30年代的大萧条到目前仍在持续的欧洲债务危机，因为时间的演绎，经济学的进步以及政府政策的转变等原因，在全球化程度、国际资本流动限制、危机传播、全球格局变动、政府对经济的影响力、政策调控的能力、经济金融化的程度等方面均有非常大的差异，但鉴于此方面已有学者做过具体分析，且不属于本书研究重点，因此本书在此不做展开。

除了时间上的差异性，这些危机由于危机发生国具体国情的不同，还存在一系列的差异，尤其是危机国家经济发展程度的不同，导致不同发展阶段的国家在具有极多相似性的金融危机中也呈现出一些显著性的差异。

（1）对于危机前的资本过剩，发达国家过剩的资本产生于自身经济中，而发展中国家有相当大的比例来源于国际资本，尤其是从发达国家流出的资本，如大萧条和次贷危机前美国的资本过剩来源于国内的贫富分化以及资本的快速集聚，而拉美和亚洲金融危机之前都有发达国家资本的大规模流入。

（2）对于危机前的需求不足，在发达国家主要指的是不靠金融扩张，以及不靠政府债务和财政支出的真实社会需求的不足，如大萧条、次贷危机时的美国不经膨胀的实际需求因为财富的分化在过剩资本的对比下明显不足，而欧洲债务危机之前，爱尔兰、希腊等国剔除掉政府高福利支撑后，仅由民众收入决定的真实社会需求也是有问题的。而发展中国家的需求不足主要指的是与出口导向战略中兴建的高比重制造业相比，国内民众的需求是不足的，一旦出口竞争力下滑，立刻就会出现原先出口导向行业的生产过剩。

（3）需求不足的不同导致了危机前引发经济繁荣的需求扩张方式的不同。发达国家的需求扩张主要靠的是金融膨胀，而在发展中国家，虽然房地产和股票价格的上涨也对需求有拉动作用，但更重要的扩张作用来自外需的增加。

（4）危机前的经济繁荣虽然均有政府的人为干预，但政府干预的方式存在差异。发达国家的政府主要是保证政策的扩张性，如大萧条和次贷危机前保持货币政策的扩张性，欧债危机前除了货币政策外更主要的是保持着能维持高福利制度的财政政策的扩张性；而发展中国家的干预除了宏观政策上的扩张性外，还表现在发展战略的人为导向上，如拉美债务危机前的高投资、高增长战略，亚洲金融危机前的出口导向战略。政策的不同定位导致了需求扩展方式及经济繁荣根基的不同。

（5）危机前的经济繁荣时期，发达国家和发展中国家的表现具有相似性，如均有国民收入的提高，资产价格的泡沫，经济的高增长。但在危机后的经济增速下滑时期，萧条的原因及政府政策的重点却具有差异性。由于发达国家危机前的繁荣来源于金融膨胀，因此危机后的萧条爆发于金融的崩溃，这就导致危机后金融体系的修复在发达国家政策中占据重要地位；发展中国家危机后虽然金融体系也会出现大量问题，但这种问题与发达国家相比，或许称之为金融脆弱而非金融膨胀更适宜些，同时，发展中国家危机后的经济增速下滑中还有个重要原因在于外需的下滑，而发达国家受此方面的困扰要小得多。

第七章

中国经济：国际金融危机与中国经济增长

在第六章的末尾，本书提出发达国家与发展中国家在金融延续增长、金融危机后经济增速的间断式和长期性下滑方面存在差异，下文将通过2008年国际金融危机前后中国经济的探讨，具体分析这种差异，并解释危机后中国经济的增速下滑。

在全球化程度日益加深的背景下，发达国家主导的金融膨胀在危机前的扩张具有全球性，但在危机后的低增长时期，萧条的表现却更具国别特征。扩张时期，低储蓄率的发达国家以杠杆化支撑高消费，被人为扩张的需求会通过国际流动外溢到高储蓄率的发展中经济体，外需的增长通过乘数效应也会引致发展中国家的产出增加，产出增加带来的利润、收入增长以及预期的优化进而引发了这些国家的资产价格上涨与信贷扩张。但收缩时期，发达国家的需求下滑主要是由资产价格的下跌和债务的通缩引发，而发展中经济体的产出下滑无论在时间表现还是重要性上还与外需的下滑紧密相关，这就导致不同国家在调整阶段所面临的失衡问题具有本质差别，发达国家的调整更趋金融修复，发展中国家的调整则相对偏向寻求替代性需求或者对供给进行结构性调整，萧条的国别特征使得最终的新均衡与不同国家的具体特征紧密相关。对于中国而言，加入了WTO后依靠发达国家金融化扩张的需求，以大规模的出口拉动了国民收入的快速上涨，然而，在国际金融危机前为中国经济立下汗马功劳的出口行业，在危机中以及危机后由于外需的下滑遭遇剧烈冲击。

第一节 危机前中国经济增长的动力探析

改革开放后到国际金融危机前，中国经济以 30 年的超高速增长领先全球，创造了人类史上大国持续增长的奇迹。然而，国际金融危机打断了这一高速增长的轨迹，自危机初期宽松政策刺激下的小型反转后，中国经济增速就一直处于持续下行的轨道，从危机前的两位数增长滑落到 2015 年以后的 7% 以下。如此大幅度下滑已经超越了经济周期性波动的范畴，在此背景下，学界和政策界兴起了以增速换挡、新常态、三期叠加等一系列解释目前中国经济运行的理论，中国未来的经济增长潜力和前景问题也成了最为热门、争论最多的话题之一。

在本书的长周期视角中，金融危机后经济体增长速度的间断式和长期性下滑的本质原因来源于危机前的繁荣，所以要讨论国际金融危机后中国经济的增长减速问题，应先回溯危机前的高增长时期，从中探究危机后增长形势出现大幅下滑的根源。

一　经济增长的驱动来源

关于中国过去 30 年的增长奇迹，国内外学术界有一系列解释，这些解释虽然侧重点各有不同，但都绕不开一点——增长得益于政府一系列市场化导向的改革。因为增长分析中的这一共识，本书对危机前中国经济的驱动力探究，也就具体落实到这些改革的分析上，通过改革的导向和结果来梳理不同时期支撑中国经济增长的核心动力。

自 1978 年以来，中国经历了三次大型的改革：一是 20 世纪 80 年代以家庭联产承包责任制为核心的农村土地制度改革，二是 20 世纪 90 年代以建立社会主义市场经济体制为目标的经济体制改革，三是 21 世纪初以加入世贸组织为标志的对全球化浪潮的加入。

第一次改革开始于供给短缺的背景，通过包产到户，解放了农村劳动生产效率，大规模提高了农产品产量，并以农业的发展为根基，极大地促进了工业的发展，解决了供给的短缺，催生了中国经济后来的一系列巨大变化。改革至今中国三次大型的通货膨胀（1985 年 9.3%，1988 年 18.8%，1994 年 24%）均发生在这一时期，这间接证明了中国这一时期供给匮乏的状况。之后，随着制度改革后生产率的增加，供给逐渐赶上并且超越需求，中国的通胀水平也随之一路走低，在经济高速增长的同时再未出现过如此大幅的物价上涨（图7—1）。

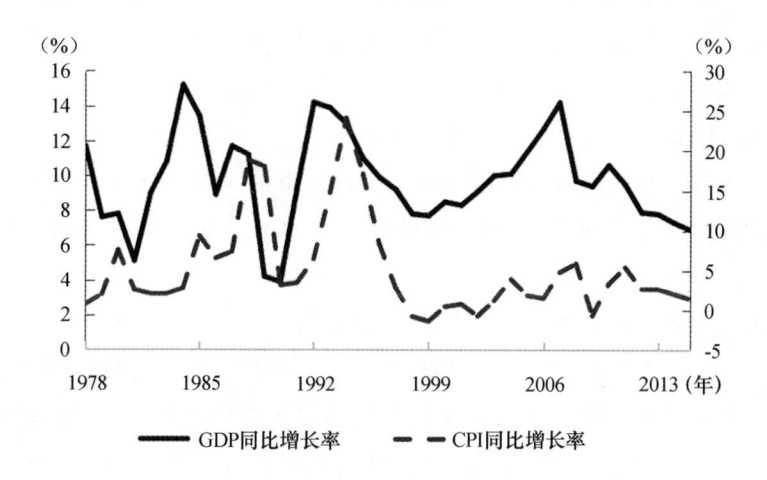

图7—1　中国产出和通胀的变动

资料来源：中经网统计数据库。

改革开放后政策的优化以及农村土地制度改革后经济的增长助推了投资热情的高涨，在经济尚处于短缺时代的改革初期，这样的行为极大丰富了民众的消费。然而，在福利制度尚未完整建立、储蓄率居高不下的国情下，突破短缺的消费增加带来的需求增长是有限的，而投资和生产的扩张在制度优化、技术进步的带动下却并不会随之停止，因此，到了90年代，中国在一些初级制造行业，如家电、纺织、化肥等行业的生产过剩问题凸显。1997年下半年国家贸易部对613种主要商品供求排队表明，供不应求商品只有10种，占1.6%，供求基本平衡的商品占66.6%，供过于求的商品占31.8%，供给过剩的主要是工业品，在447种主要工业品中，没有供不应求的商品，而供过于求的高达150种（戴园晨，1999）。

此时，相较供给，需求成为制约经济增长的主要问题。后两次改革就是在这样的背景下产生的，供需的对比决定了第二次和第三次改革的目标更注重需求的扩张。

为了解决经济的结构性过剩，第二次改革通过一系列市场化的改革促进了消费、投资的增加，这次改革催生了拉动需求的两大驱动力量——住房的市场化以及投资的政府化：1996年7—8月，时任国务院副总理的朱镕基指出"住宅应该成为长期消费热点和新的经济增长点"，随后很多领导均发表讲话，论证"住宅成为新的经济增长点"的必要性，由于房地产行业巨大的带动作用及消费刺激作用，它成为此后多年拉动经济增长的重要动力；同一时期的中央分权化改革通过增加地方政府的自由处置权，并辅之以锦标赛的考核方式，激励地方政府参与经济活动，以一种类似"经济联邦"的形式促进了经济增长（Qian和Roland，1998；杨瑞龙，1998；周黎安，2004等）。

第三次改革以加入世界贸易组织为标志，开启了需求从国内向国外的扩张。加入WTO后，通过对最惠国、发展中国家普惠制等待遇的获得，中国实现了出口产品的全球化与贸易规模的快速增长，之前过剩的纺织品、加工制造、家电等部门的产能过剩问题均得到非常大的缓解。

需要说明的是，后两次改革也促进了中国供给能力的进一步提升。如市场经济体制的建立提高了资源配置的效率，政府投资建设的基础设施减少了交易成本，加入世贸组织在增加出口的同时也加大了外资和技术的引入。只不过在需求相对不足、需求的扩张相对供给的增加更为重要的背景下，这两次改革的目标更注重需求导向而已。

通过对这三次标志性改革的梳理可以发现，中国经济增长的驱动来源取决于不同时段供需的相对稀缺性。危机前的30年中，前1/3时段的经济增长主要靠的是供给的拉动，彼时的中国由于生产力低下，产能的限制导致了产品的持续短缺与物价的多次高企，因此，第一次致力于释放生产力的改革，不仅大幅提高了农业的劳动生产率，释放了劳动力，更为工业的发展积累了大量的生产资料。可以说，这一次改革是后两次改革的基础，没有这次改革对产能限制的大幅突破，以及对劳动红利的大幅释放，之后的需求扩张所要求的供给同步增长就不可能被保证。第二次改革相对而言，更注重需求的扩张，这决定了第二个1/3阶段里中国经济增长的驱动来源——国内需求的扩张，对房地产市场化的提倡以及对政府化投资的推动奠定了拉动中国经济增长的"三驾马车"中的两驾。在社会保障体系还来不及建设的当时，房地产的市场化在高储蓄率的中国实际上起到了消费扩张的作用,当然,这一最开始定位为实体消费的房地产业在日后的金融膨胀中也因为同时肩负投资作用出现泡沫化。而突破守夜人定位的政府,通过对市场活动的直接参与,尤其是在基础设施建设、国有企业投资、吸引外资等方面的主动出击,大幅扩张了中国的投资。消费和投资的上升化解了90年代逐渐严重起来的产能过剩。在此过程中,随着对劳动力流动限制的进一步放开,技术引进、"干中学"效应对生产率的进一步拉动,资本积累在高投资率下的快速提升,中国的供给能力一直处于持续且快速的增长进程中,因此,通过住房市场化以及投资政府化扩充的国内需求在供给的对比下又逐渐呈现不足。这就导致了第三次改革的出现——中国加入世界贸易组织,通过加入世贸,中国相对国内需求而言逐渐过剩的产能找到了外需这一新的释放点,以出口增长为表征的外需增长实现了对中国经济整体需求的扩张,从而保证着中国经济后1/3阶段的继续繁荣。

因此,总体而言,金融危机前驱动中国经济增长的动力来源于需求的不断扩张。厘清驱动来源后,接下来本书将具体分析这一驱动来源如何具体发挥作用,保证了中国经济的超高速增长。

二 经济增长的驱动基础

在第四章的论述中,本书曾提及,需求的扩张一定要伴之以供给的增加,这样才能通过"过度均衡"达成经济的高增长,若供给因为产能限制未能引致性地同步增长,则由需求扩张引发的繁荣只会造成滞胀后果。在针对美国等发达经济体的分析中,本书指出,对可贸易品需求的增加可以通过进口的增加获得,对非贸易品需求的增加可以通过生产资料从可贸易部门向非贸易部门的转移获得。在全球化日益加深的背景下,进口以及相应的资源转移一直确保着这些经济体的产能扩张。

对于中国而言,这样的分析逻辑依旧成立,只不过在经济的具体运行上有所差异。如美国的需求扩张主要依托的是金融膨胀,这种扩张主要是国内民众的需求扩张,且由需求扩张引致的供给扩张中,资源从贸易部门向非贸易部门的转移带来的是资本密集型制造业以及服务业的发展。而中国的需求扩张除了国内消费、投资的增加外,还有很重要的一点是国外需求的延展,且由需求扩张引发的供给增加主要表现在人口密集型制造业的增加上。

在国内加国外需求的大幅度扩张中,相对于中国经济平均两位数的高增长,中国的通货膨胀率从第二次改革开始却一直保持着相对平稳的趋势,这说明,在总需求经国内、国外多股力量急速扩张的同时,中国经济的总体供给能力也随之大幅度地增加。而支撑中国产能在短时间内大规模扩张的基础也就构成了中国经济增长的驱动基础。这些驱动基础主要包括以下内容:

(1) 人口红利。中国的人口红利表现在总量和结构两个方面。总量红利由传统农业大国的国情决定,改革开放前,农业在三大产业中所占比重极高,吸纳了大部分的劳动力,而同一时期户籍、人口流动等方面的规定也限制了农业劳动力的转移。但如此大量的农业人口与较为稀缺的土地资源之间形成了剧烈矛盾,导致农业人口的报酬率一直较低。改革开放后,随着家庭联产承包责任制、人口流动等各方面市场化改革的进行,农业在生产率提高的同时,更向城市化、工业化和市场化转移了大量的剩余劳动力,且由于农业报酬的低廉,这些从农业部门转移出的劳动力成本也相对较低,保持了较发达国家的成本优势。结构红利是指在总人口中劳动适龄人口所占比重较高,受抚养的幼儿和受赡养的老人所占比重较低,20世纪60年代末与80年代末的出生高峰保证了改革开放后30多年的时间内人口结构红利的持续上升,1978年中国劳动适龄人口(15—64岁)所占比重不到60%,到了2000年上升为70.1%,2010年进一步上升至74.5%,这大大高于中等收入国家61.5%的平均值。人口总量和结构方面的红利保证了低成本劳动力的持续增长,促进了中国沿海地区对国际转移的劳动力密集型加工制造业的承接,并形成了中国出口制造品在国际上的持续竞争优势。也即人口红利保证了供给的扩张,亦保证了需求的扩张不会因产品竞争力的下滑而终止(卫玲,2012)。

(2) 投资红利。中国的投资红利是主要由高储蓄率保障的,改革开放以来,中国居民存款余额的增长速度总体而言高于同期GDP以及城乡居民收入的名义增长速度,这造成了同期中国总储蓄率的快速增长。高储蓄率来源于人口红利背景下的特殊分配体制,在人口红利持续增长的大背景下,低成本的农业人口向城市部门、工业部门、非国有部门的转移拉低了初次分配中工资收入占GDP比重,与工资占GDP比重从1978

年 15.7% 到 2005 年 11.0% 的逐年下降趋势形成鲜明对比的是工业企业利润占工业增加值比重从 1998 年 4.3% 到 2005 年 18.9% 的显著上升（汪同三，蔡跃洲，2007）。分配机制向利润的倾斜造成最终消费占 GDP 比例的一路下滑，最终表现为国民储蓄率的上升。除了分配机制向企业的倾斜外，居民内部收入差距的扩大，以及福利制度不完善和房价高涨带来的预期不确定也是促进储蓄率提高的重要因素。高居不下的储蓄率为中国改革开放以来的高投资提供了充足而低廉的资金，促进了中国资本积累的快速形成。需要提及的是，除了高储蓄率，国有企业、政府部门的预算软约束以及利率管控政策下投资的低成本也是中国投资持续扩张的重要原因。

（3）制度红利、技术红利和资源红利。这几项红利都起到了促进生产力提高的作用。其中制度红利通过推动公有制向多种所有制的转化为生产力的提升提供了新的动力，通过计划经济向市场经济的转化提高了微观主体能动性，强化了资源配置效率，通过内向型发展向外向型发展的转变促进了中国要素禀赋的释放、国际竞争优势的形成。技术红利的获得与制度红利密切相关，在公有制向多种所有制、计划经济向市场经济的转变过程中，经济参与主体的多元、竞争机制的建立以及资源配置效率的提高引发了创新的蓬勃发展，而经济的对外开放也通过对国外现有技术的引进，以及外资投资过程中对先进经营、管理体系的学习迅速弥补了国内外的技术差距。资源红利主要是通过减少发展成本这一作用间接促进了生产效率的提升，在投资、生产快速发展的 30 年中，中国自然资源、环境保护等方面的成本一直维持在较低水平，这在主要以粗放型增长扩充供给能力的时期大大削减了对产能扩张的限制，或者说将交易成本维持在一个低水平上，因此本书将其也归纳进生产力的提高上。

以上红利通过对劳动、资本及生产率这三大生产要素的显著影响，促进了中国改革开放后供给能力的持续提升，保证了需求增加同时产能的同步扩张，驱动了低物价水平下中国经济的高增长。

三　经济增长的驱动条件

经济持续繁荣的条件是需求和供给的扩张都不被外力打断，上文在介绍经济增长驱动基础时已经论述了促进供给增加的生产要素红利的持续性，因此本部分的分析重点集中于保证需求扩张进程不被打断的条件分析上。

首先，针对内需，在国内储蓄率趋高的国情下，房地产行业的发展是扩张内需的重要方式，房价的持续上涨可以说是这一需求扩充路径持续的条件。关于这一点的分析类似于第四章美国金融扩张需求保障条件处的论述。因为中国房价的上涨也与改革开放后储蓄率上升、外汇储备上升、外来资本增加等导致的资本充裕乃至过剩有关，消费的整体不足与资金的过剩在实体经济产业结构日趋完善背景下势必导致金融领域的快速发展，因此在住房市场化改革后，政府以房地产行业带动需求提升，房地产价格的上升就是必然结果。在初期股市等资本市场发展还不完善的情况下，金融膨胀主要表现为房地产价格的上升，之后才统一表现在股市和房市的同时高速增长上。不过与发达国家不同的是，中国的房地产市场受金融危机的影响幅度相较而言要小得多，在金融危机之后也迅速恢复了上涨的势头。

维持房价上涨的关键条件是资金的充裕，如图7—2所示，20世纪90年代末期，尤其是进入21世纪后，中国的贷款发放和房地产价格呈现出关联型的快速上涨。除了贷款的发放外，土地制度也是维持房价持续上涨的另一个重要条件，中国土地供给的垄断性、商品住房用地占比较小的土地供应结构，联合"招拍挂"的土地出让制度造成了房地产市场发展中"土地为王"的现象以及土地出让价格的不断走高，这就导致了商品住房价格的不断上涨。在住房支出在家庭支出中占据较高比重，且人口红利存续期间购房适龄人口不断上涨的背景下，住房价格的持续走高保证了国内需求的持续扩张，带动了房地产制造业及相关行业的快速发展，支撑了国民经济的繁荣。

其次，对于外需，要保证外需的扩张，至少须保证两个条件的持续满足——出口产品竞争优势的持续存在以及国外需求的持续旺盛。竞争优势的持续保证了中国的出口市场不会被来自于其他国家的成本更为低廉的产品所侵占，这一条件在金融危机前由于人口红利的持续而得以满足。国外需求，尤其是作为中国主要出口国的美国等发达国家需求的持续旺盛与其国内金融延续增长的路径有关，只要这一路径不被打破，其对中国的进口需求就会随着金融化扩张的总需求一起增长。上文提及发达国家金融延续增长路径的保障条件时曾指出，这些条件包括过剩资本所导致的低利率环境不被外力破坏、借贷条件需足够便利以保证债务需求的上涨等。因此，对于中国而言，为了防止外需扩张间断，也必须要尽可能保证以上这些条件的成立性。中国在此方面的一个重要措施就是通过购买美国国债等形式向美国大规模输送外汇储备，通过对美国的资本输入保证了美国赤字融资模式的持续以及美国国内低利率环境的维持，从而保证了美国的总需求扩张不因资本的限制而中断。

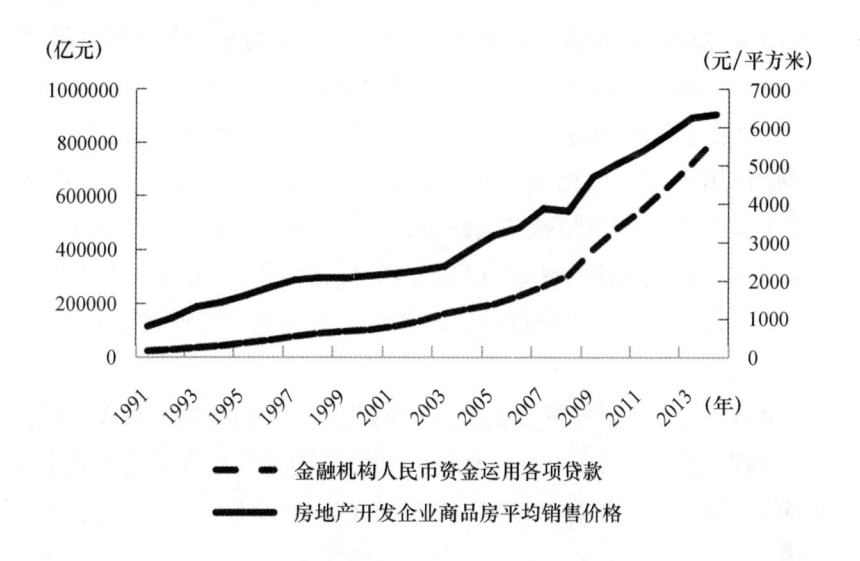

图7—2 中国信贷与商品房价格的变化

资料来源：中经网统计数据库。

第二节 危机中经济增速的下滑

由于中国改革开放以来的高增长主要依托的是内需和外需的扩张，因此国际金融危机爆发后，外需的直接下滑与内需的连带性下跌造成了中国经济增速的快速下滑。

一 需求的降低

危机爆发后，发达国家金融延续增长的进程被打断，对进口产品的需求随着金融崩溃后总需求的间断式下滑而急剧萎缩。受此影响，中国出口增速出现急剧下滑，但由于金融危机爆发—需求下滑—贸易量下降的传递存在时滞，因此这场在2007年就由美国次贷危机引发的金融危机对中国出口的影响到了2008年下半年才完全显现出来。2008年第四季度中国出口同比增速下降到自2002年以来季度增长最低点的4.3%，并在接下来一年时间内都保持着持续下滑的态势，2009年全年出口额同比增速下滑到了-18.29%的谷底（图7—3）。出口的急剧下滑导致货物和服务净出口对GDP增长的拉动率由危机前接近2%的水平下滑到2009年的-3.94%（图7—4），成为拖累中国经济增长的主要因素。

在外需下滑的同时，由于预期的恶化、恐慌的增加，以及国内金融体系的信用紧缩，中国国内的金融市场也出现了大幅震荡，股市在2008年第四季度创下超预期的跌幅，10月28日上证综指跌至1664.93的最低点，较危机前的最高的5522.78点下跌了69.85%，股市的下滑造成了财富的蒸发和交易量的急剧萎缩；而房地产行业在2008年也经历了调整。

出口下滑引发的外贸及相关产业的破产、生产停滞、利润下降，就业人员收入的减少，以及之后银行对其放贷的紧缩导致了民间固定资产投资的下滑，股市的财富蒸发、房地产行业的调整也加剧了这一趋势，只是这种下滑在危机初期被政府的救市政策所抵消，因此在总趋势的转变上要晚于出口的转变。

出口和投资的下滑打破了危机前中国经济出口—投资导向的增长模式，之前由需求的持续扩张维系的经济增长出现断裂，而经危机前的繁荣掩盖的供需矛盾、资源问题、增长模式问题等也都逐渐暴露出来。

二　供给的变动

虽然危机后中国需求的变化主要体现在要求增长速度的减缓上，但由于加速效应的存在，需求增长速度的减缓本身就会对供给的扩张造成毁灭性打击。且由于供给的调整慢于需求，供给引致性扩张的逆转对经济具有更为持久的影响。

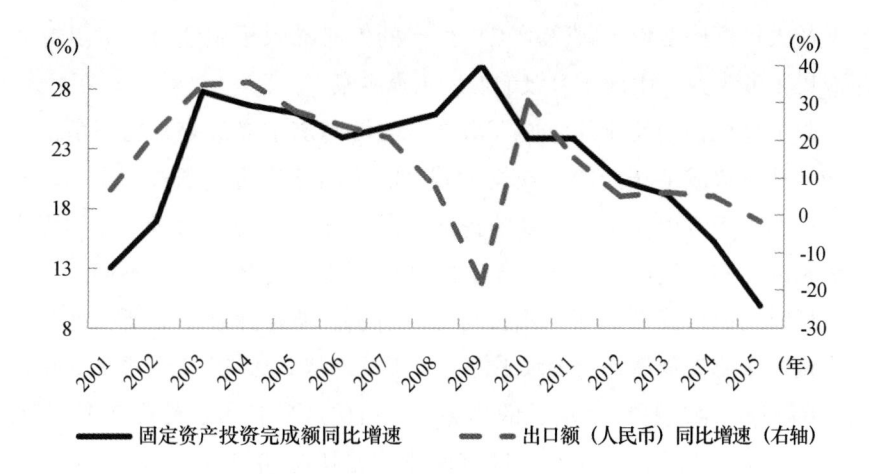

图 7—3　金融危机前后中国投资和出口的增长率变动

资料来源：中经网统计数据库。

图 7—4　金融危机前后投资和出口对中国 GDP 增长的拉动率

资料来源：中经网统计数据库。

危机初期的需求下滑对经济的典型影响是失业率的快速出现。中国城镇登记失业率一反之前不断下滑的态势，2008—2009 年连续两年上升。而失业核算较为困难的农民工群体更是出现了大规模的返乡潮，危机后国外对中国产品进口需求的快速下滑导致占中国制造业较大比重的出口企业的大规模停工以及破产，工厂生产的停滞导致了企业员工尤其是大量农民工的失业，引发千万级的农民工返乡潮。

除了危机初期就业的急剧下滑外，经济总需求尤其是外需下滑的不可逆转性还造成了产能的大规模过剩。需求增速出现间断式下滑后，实际生产会由于订单、生产计划的提前制定、前期投资的预付等原因而慢于需求的调整，生产规模并不能随之及时调整，这样的调节不同步会造成一段时期内持续性的库存积压与产能过剩。调整速度不同所引发的供需失衡的重要表现就是物价水平的持续下跌。从2008年12月开始，中国PPI指数开始呈现持续负增长的趋势，之后的政府救市虽然在2010年暂时打断了这一进程，但到了2011年年末，尤其是2012年之后，随着救市政策效力的退去，以及失去政策刺激后需求的再度萎靡，PPI又进入了下滑的轨道，且在之后四年多的时间里一直保持着负增长的态势（图7—5）。PPI的持续走低不仅证明了中国产能过剩问题的严峻性，更拉低了企业利润，进一步恶化了投资增速的下降，并引发了资金的脱实向虚，推高了资产泡沫，在增速下降的同时加大了经济运行的宏观风险。

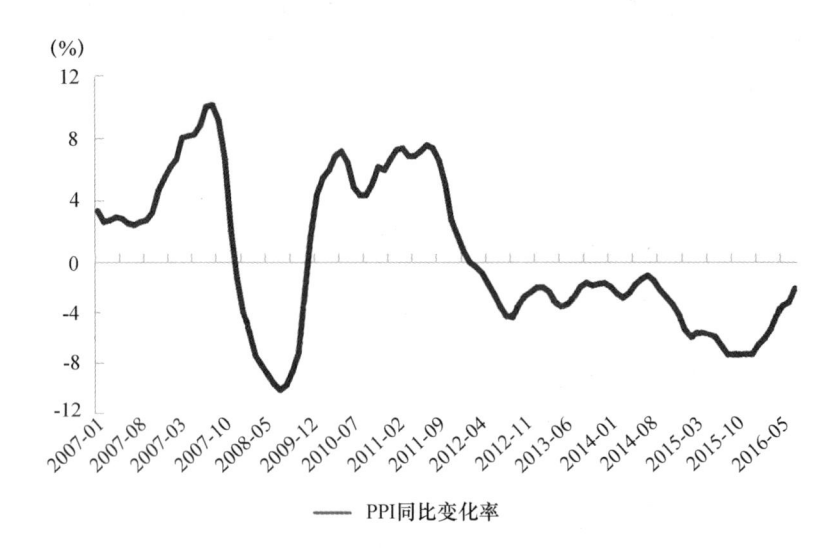

图7—5　金融危机后中国PPI的变动

资料来源：中经网统计数据库。

三 经济增速的下滑

需求的下滑打破了危机前中国经济"出口—投资"导向型的增长模式，并暴露了外延型、政府主导型增长模式下供需之间的失衡问题。需求增速的下滑先是导致了大规模的产能过剩，之后会通过逆萨伊定律作用于经济的长期供给能力，引发潜在产出的下滑，供需两方面的变动最终表现为实际增速的下降。

图7—6 金融危机后中国GDP季度增长率
资料来源：中经网统计数据库。

由于危机初期总需求，尤其是外需的下滑是间断式的，因此危机初期经济增速的下降也呈现出迅速且显著的间断性特征，这表现在GDP增速从2007年的14.2%直接下降到2008年和2009年的9.7%和9.4%，由两位数的增长迅速滑落为个位数的增长。之后，中国经济与其他许多经济体一样，也经历了一个短暂的V型反转。前文提及，经济的这种短期回暖是危机后处于调整阶段增长停滞的重要特点，因为危机虽然打破了之前高增长时期的稳定，但经济运行的惯性及政府的反危机救助却具有延缓长期停滞的作用，对于中国而言也是如此，2010年中国经济增速重回两位数的10.6%的反转与政府危机后救市政策的出台，以及过剩产能的非及时处理有很大关系。

除了 2008—2009 年低增长造成的基础效应以及存货周期的调整外，以"四万亿计划""重点产业调整和振兴规划"等代表的政策性刺激方案是经济短暂回暖的主要推动力。这些政策通过信贷和财政的扩张，在危机后以"信贷—投资驱动模式"代替了危机前的"出口—收入—消费联动机制"，以政策性投资的增加弥补了出口下滑对总需求的拉低，并以大范围的产业调整和振兴、大幅度的基础设施建设等吸纳了危机初期的失业劳动力和过剩工业品，暂时缓解了产能过剩问题，延缓了供给的大幅度下滑。政策支撑下的需求和供给回升在结果上就表现为经济增速的触底反弹。

然而，正如危机前的高速增长时期会掩盖供需矛盾、为危机爆发埋下隐患一样，危机初期由政策拉动的 V 型反转虽然在对冲危机影响、防止经济硬着陆、拉动就业上升等方面起到积极效果，但也为之后的经济运行埋下一系列隐患。这些隐患包括：（1）产能过剩的长期性。信贷的扩张及政策的支撑造成了钢铁、水泥和铝等产品在出口转弱、需求下跌情况下产量的继续增加。（2）金融与实体的背离，萧条与泡沫的并存。政策扩张增发的信贷和流动性在出口、消费低迷，企业利润下降背景下纷纷"脱实向虚"，导致了危机后期实体经济不振的同时，房地产、股市、债市的再次繁荣，虚拟经济的繁荣最终导致了之后流动性收紧情况下债市的一系列违约，以及 2015 年股市的又一次大幅度下跌。（3）政策刺激效用的递减。危机后致力于提振需求的政府主导型投资拉动模式在引发经济泡沫化、过度杠杆化的同时，造成经济对"刺激依赖"与"债务依赖"的加强，以及在结构恶化同时对政策刺激力度需求的增大，使得在四万亿大规模政策投放后出台的一系列"微刺激"政策效力递减。

第三节　危机后的中国经济增长

金融危机后，外需由于发达经济体增长的长期停滞难以恢复到危机前大规模扩张的局面，内需随着刺激政策效力的减退也呈现后继无力的态势。国内外需求的持续不振导致未来很长时期经济都难以再回到危机前的增长态势，这决定了金融危机后中国经济增速下滑的趋势。这一走势在增长数值的变化上体现为经济增速自 2010 年的短暂反转后，从

10.6%的高点一直下降到2015年以后的7%以下,且这种7%以下的增速将成为未来很长一段时期中国经济的常态。

一 经济增速下滑的长期性

前文分析中指出,金融危机后当需求和供给的下滑均停止后,经济将在一个较低水平的增速上达成新的稳定,实际产出增长会长期低于危机前的水平。而影响停滞时长的具体因素对于发达国家和发展中国家是有差异的,发达国家的决定因素更趋于金融调整,如债务清理的速度、资产负债表恶化的修复和记忆延续等。而发展中国家的决定因素更趋于需求的替代性扩张以及供给结构的升级,当危机前针对发达国家的大规模出口难以为继后,发展中国家经济会因为需求的持续萎靡而长期不振,此时若没有替代性需求的出现,且经济的整体供给能力不能快速优化,那么不仅产能过剩会对经济造成长期拖累,产业结构升级延缓还会导致该经济体失去跟进世界需求变化、重新扩张出口的机会。

对于中国而言,危机后发达国家经济的长期停滞,以及贸易保护思潮、地区性互惠贸易的兴起势必造成中国外需增长的长久性下滑,而国内民间投资的低迷、因债务高企和财政限制而难以再大规模推动的地方政府投资也预示着国内投资增长乏力。供给方面,危机后人口红利、工业化红利、技术追赶红利、制度红利等的消退也导致中国经济很难再回归到危机前低成本的高增长轨道。然而,要论证中国经济增速下滑的长期性,除了危机的直接影响外,还要考虑中国在此期间施行的一系列政策措施的影响,若这类措施具有足够强大的反转力量,则也会对经济增速长期性下滑的结论造成挑战。上文在长周期角度论述危机前、后经济增速变化时都是从需求、供给两方面展开,并论证了供需之间的相互影响,因而此处对危机后中国改革措施的分析也采用同样的方法,分别从需求和供给两方面的政策进行论述。

危机后中国政府在提振需求方面的措施除了危机初的扩张性政策外,还包括替代性需求计划的实施。如在国内通过城镇化、京津冀协同发展、长江经济带、雄安新区、共享经济等倡议的提出和实施激发新的消费热点,替代以前依靠全面、粗放型的投资带动的需求增长;在国外通过"一带一路"、亚投行等倡议的实施,开拓新市场、创造新的国际需求代替危机前主要面向发达国家的出口，并在提振总体需求的同时为中国过剩产能提供出口。然而，这些需求替代性计划的实施很难在短期取得明显效果。如"一带一路"倡议主要瞄准的是亚洲、非洲、东欧等新兴市场，这些国家多为转轨或发展中经济体，市场份额增长带来的需求增长难以完全对冲发达国家市场出口下滑的影响，也就不能扭转中国总体出口增长率和对经济拉动率下滑的趋势（于春海，2016）。

供给面的调整主要集中于以下三点：（1）过剩产能的处理，在需求不振的同时，过剩产能的存在不仅会引发一系列的悖论，还会阻碍资源流动、降低效率，所以在短期要致力于快速、有效地去产能、去库存，让劳动、资本等生产要素的增加真正起到提高经济供给能力的作用；（2）企业的降成本及去杠杆问题，通过降成本及去杠杆帮助企业甩开包袱，修复资产负债表，提高企业利润，缓解企业的营运困难，化解资金的脱实向虚问题，降低金融风险，并解决宽松货币政策难以促进实体经济投资的难题，帮助经济摆脱萧条与泡沫共存的困境。（3）以创新驱动、科技创新弥补经济短板，通过生产力提升、资源配置优化弥补传统经济增长中的技术、制度缺陷，调动市场活力、实现经济转型，最终实现增长的质量化和高效化。然而，第一点和第二点主要针对的还是金融危机的遗留问题，对经济整体供给能力的改变仍然属于被动；第三点虽然致力于通过生产效率的提升增加中国产品的科技含量与附加值，但这种变化从创新、孵化、推广到市场化之间存在比较长的时滞，短期效果并不显著。

因此，危机后需求改善和供给调整政策的长期性决定了中国增速下滑的长期性。

二 经济增长的前景探析

上文分析指出，危机后的经济增长停滞在时间上存在分化，在金融危机爆发之初，经济先要经历一段处于调整期的下滑，此时的下滑具有一系列非均衡运行的调整特征，如金融摩擦的增大、财富的大规模缩水、民间的去杠杆与政府债务的积累、一般物价水平的下跌、库存的积压、产能的过剩等，并会因为政府的政策而经历暂时的回暖。之后，在调整阶段经历了间断式下滑的经济会逐渐稳定在一个较为确定的低增长水平，这一阶段虽然还有供求的继续调整，但这种调整主要表现在结构上，周期性力量的影响已经逐渐体现完全，整体物价亦逐渐趋于稳定，危机中受损的金融体系也基本被修复，但由于经济运行基本参数的一些彻底改变，这一低水平的增长趋势具有长期性。对于中国而言，目前的经济运行已经在逐步实现从调整期向稳定期的转变，因此总体判断是经济增速不会再出现如危机初期那般迅速的间断式下滑。具体而言，经济增长的速度在长短期的决定因素各有侧重，不同时期速度预测需要根据这些动力因素的情况具体分析。

在短期，中国经济增速不会再出现突变性下滑，主要源于：（1）危机期间造成经济增速迅速下滑的两大需求方因素——外需和投资下降的主要影响已经基本体现，经济增速出现如金融危机后那般大幅下滑的可能性不大。（2）目前正在进行的去产能、去杠杆等结构调整具有拉动经济进一步下行的可能，在新动能的效用短期难以显著发挥的情况下，这些结构调整所带来的投资减少、失业增加、收入减少会造成需求的愈加疲软。（3）宏观政策仍有作为的空间。对于货币政策，利率政策未到达零下限，非常规货币政策也有创新和实施的余地。对于财政政策，考虑到中国政府持有的大量资产，政府负债率相对而言并不高，且随着国企改革的进一步进行，政府的隐形负债也将进一步降低，这意味着财政政策仍有充足的操作空间。此外，税制调整的积极作用也将逐步体现。宏观政策相对较为广泛的操作空间表明，政府仍然具有维稳、保底经济增长的实力，目前调产能、去杠杆等结构改革所导致的需求降低能够被政府政策的相应调整抵消。

在长期，经济的增长速度取决于动能转换的具体效果。如"一带一路"、亚投行等海外投资计划所能拓展的需求与产能输出空间，创新驱动发展战略所能促进的生产率提高，制度环境改良、企业管理方式改革所能引发的效率改进等。但是，动能转换效果最大化的一个前提条件是稳定的宏观环境，即经济增长的趋势不被金融危机的爆发所打断。因为从历史角度看，历次大型金融危机后，许多高速增长的经济体在最初的稳定之后还会经历又一轮的衰退，如日本在房地产泡沫破灭后因为1997年消费税的提高再度陷入衰退，欧元区国家经历了2008年国际金融危机的冲击后又陆续受到债务危机、社会与政治震荡等一系列影响。因此，即使动能转换顺利过渡、实施，若金融环境不够稳健，汇市、楼市等出现反复震荡，中国经济的长期增长仍将受到严重影响。而且由于风险的社会性，几乎不存在什么激励因素促使金融机构在进行风险活动时为可能发生灾难的小概率事件担忧，这种激励约束机制及风险和收益的不对称性使得防止金融萧条必然是政府的责任。所以，在长期，要保证经济的平稳增长，政府还需进行积极的风险防控与金融监管。

三　经济增长的政策管理

（一）预期管理政策

预期管理相当于为经济增长奠定基调，在危机后经济增速下滑以及经济运行动荡的时期，尤其要注重预期的合理把控，从做多、做空两方面防止对中国经济的冲击。既要避免预期的太过乐观，防止由此造成的通胀压力上升、资产价格泡沫，以及由此在面对政策调控结果时形成落差，导致之后预期的迅速悲观，进一步拖累经济的复苏；又要避免预期的极度悲观化，防止由此导致的资本外逃、币值下滑、流动性陷阱、政策调控失灵，以及短期萧条的持续对经济的长期供给能力造成实质性破坏。

具体到中国的状况而言，在预期把控上要处理好以下几点：（1）明晰经济增速不可能重回危机前增长轨道的事实，接受经济增速下滑的长期性。从国际角度看，中国目前的经济增速阶梯式下滑是处于世界经济长期停滞的大环境中的、世界经济普遍低迷背景下中国经济难能独善其身；从国内角度来看，中国周期性和结构性叠加的状态也造成经济增速不可能随着金融危机影响的修复而迅速回归到之前两位数的增长。（2）虽然经济增速减档难以避免，但中国经济潜力足、韧性强、回旋余地大，经济增长仍有后劲，形势不会过度悲观，也即不会在短期内再次出现初期那样的显著性下滑。（3）认识到动能转换这一过程的长期性和缓慢性，新动能从出现到带动经济增长之间均存在时滞，短期效果难以明显体现，要给予这些大型经济战略充分实施的空间和时间。

（二）收入分配政策

上文在论述发达国家的危机根源时提到，不合理分配机制导致的需求不足和资本过剩决定了金融延续增长路径的必然性。对于中国而言，虽然危机前的需求扩张相对发达国家而言更偏实体经济的外延性扩张而非虚拟领域的金融膨胀，但是，造成这种外延性扩张以及外需、投资拉动的根源却也与分配机制有关。

在危机前经济增长与劳动生产率不断提高的同时，中国的收入分配失衡等结构矛盾也日益突出。一方面，由于人均真实工资落后于劳动生产率的增长，从20世纪90年代后期开始中国劳动收入份额持续下降。另一方面，不同行业、职业及地区间的工资差距也在不断拉大。劳动收入份额的下降和贫富差距的扩大一方面导致了消费的持续不足，使得经济增长越来越依赖于外需和投资拉动，另一方面引发了支出法核算中国民储蓄率的持续上升，而在开放经济中，储蓄恒等于投资加出口，因此高投资和高出口的经济增长模式就成为对高储蓄进行平衡的结果。

因此，危机后要改善中国消费不足、产能过剩问题，减轻经济对于外需和投资的依赖，就要有效改善现有的分配机制。刘盾、施祖麟（2016）等学者的研究也证明劳动收入份额提高对消费增长率的促进作用明显超过它对投资和净出口增长率的抑制作用，因而收入分配改革政策的实施能在危机后外需下滑，投资乏力的背景下，通过消费的提振，总体上促进经济增长，并实现公平与效率之间的目标相容。

（三）增长推动政策

虽然中国当前的经济增速已经滑落到了7%以下，但金融危机后这样的增长速度在世界范围、新兴经济体内部依然属于不错的表现。然而考虑到中国人均GDP等指标与发达国家间的较大差距，未来很长时期中国仍然需要保持较高增速进行追赶。所以，中国的增长推动政策一方面要在数量上尽可能维系、保持目前的中速增长，防止经济增速的进一步下滑；另一方面要着手经济增长从数量向质量的转变，为更长久的经济发展奠定基础。

在数量层面，中国要继续推动需求的替代性扩张与供给的匹配性升级，挖掘新的增长拉动点，保证目前的中速增长。在需求上，坚持推动"一带一路"、亚投行、城镇化、耐用品消费等替代性需求倡议的实施，积极寻找、开拓新的市场，挖掘新市场的增长潜力。在供给上，一方面要加快供给与需求间的匹配，如促进现有低端制造产能从面向发达经济体向面向发展中经济体的转化，完成供给与替代性需求之间的匹配，再如支持新成长产业，如信息服务、物流、研发、金融、医疗、文化、体育等生产性服务业的发展，促进供给随居民消费水平的同步升级；另一方面要促进产业结构的快速转型升级，实现产业发展从后发优势向自主开拓的转变，以供给能力的创新性提升寻求对发达经济体出口从低附加值向高附加值的转变，并以供给带动需求，通过新兴、高技术含量产品的研发生产创造新的需求增长点。

质量层面的措施主要瞄准的是中国经济从减档后的中速增长向未来成熟增长的转变。这方面的措施与数量层面的措施相比不在于对需求和供给的直接干预、拉动，而更偏向发展条件、政策体制、经济环境等方面的改良。具体的措施包括对错配资源的纠正，破除行政垄断、促进资源的市场化流动，提高投资效率；营造创新环境，形成有利于市场创新、吸引人才的体制和政策条件等（刘世锦，2016）。

在保增长的同时，中国也要重视经济的结构调整，积极把握改革的窗口期。前文论述提出，中国在国际金融危机后，为应对经济的快速下滑，曾以"信贷—投资"拉动，暂时替代了危机前的"出口—收入—消费"联动机制，维持了危机后经济的回暖。然后，这种刺激方式相当于用金融扩张代替了传统的外需扩张，依旧是一种人为扩张支撑下的经济繁荣，这种繁荣若任其发展就会形成新的增长依赖路径，阶段性地掩盖经济的矛盾，累积经济本质上的不平衡，最终如国际金融危机一样，在形势逆转后引发经济的间断式及长期性下滑，并大大限制危机时期的政策作用空间。所以，在经济增速已经暂时趋稳的情况下，除了继续维持这一增速外，中国还需抓住改革的窗口期，切断危机后经济增长对信贷扩张的依赖，在矛盾积累还不严重的情况下，切实有效地整治经济的结构问题。

第八章

政策实践：国际金融危机后中美政策比较

国际金融危机中，无论是依靠金融膨胀扩张国内需求进而拉动经济增长的美国，还是凭借需求的外延式扩张带动经济增长的中国，都受到巨大冲击，在产出增长大幅下滑的同时，原有增长模式也都暴露出一系列缺陷。面对危机造成的巨大破坏，两国政府均积极进行政策调整和监管改革，加大风险防范。两国的政策改革虽然在结合微观审慎与宏观审慎、降低杠杆率等方面具有极大相似性，但由于危机前经济增长方式的不同，在具体的改革导向上也呈现出一系列的差异。下文通过梳理两国危机中暴露出的问题与危机后的政策改革，比较不同增长方式下，发展中国家与发达国家在金融危机后的增长停滞时期，改革政策目标、影响等的不同。

第一节 危机后美国的政策调整

一 美国经济扩张模式在危机中暴露出的问题

国际金融危机前，美国金融扩张式的发展道路，在扩充需求、延续经济增长的同时，引发了金融业的过度发展与金融产品的过度创新，这一方面造成了整体经济的金融化与实体经济的空心化，另一方面累积了巨大的金融风险。

（一）经济的金融化

第四章第二节提到，推动金融扩张的因素是多样的，且理论发展与政策实施等多方面的因素保障了金融膨胀需求这一经济增长路径的持续性。而金融的持续扩张造成了经济的金融化，具体表现在制造业比重的下滑、贸易赤字的上升以及整体经济的债务化等方面。

作为世界领先的制造业大国，美国早在20世纪初就实现了工业化，雄厚的制造业实力支撑了此后美国经济、政治、军事实力的不断上升。然而，到了20世纪后期，随着自由化浪潮的发展，美国金融业开始进入高速发展轨道，并对制造业形成"挤出效应"，金融的高收益率造成了经济的"去工业化"与金融化发展。与此同时，劳动力成本的不断上升也加速了美国制造业的外迁。20世纪中后期开始，美国金融、地产与专业服务增加值之和占GDP的比重逐渐超过制造业，制造业进入萎缩轨道。进入21世纪，随着经济全球化的深入，全球制造业分工格局发生深刻变革，发达经济体内的制造业除价值链的市场和研发两端外，其余中间环节加速外迁，同期全球贸易投资的自由化，信息、货物、服务等跨境流动成本的降低也推动了跨境投资、产业转移及制造业外包的发展。这些因素的叠加影响下，美国以金融为代表的第三产业蓬勃发展，第二产业则呈现出不断下滑的单一趋势（图8—1）。

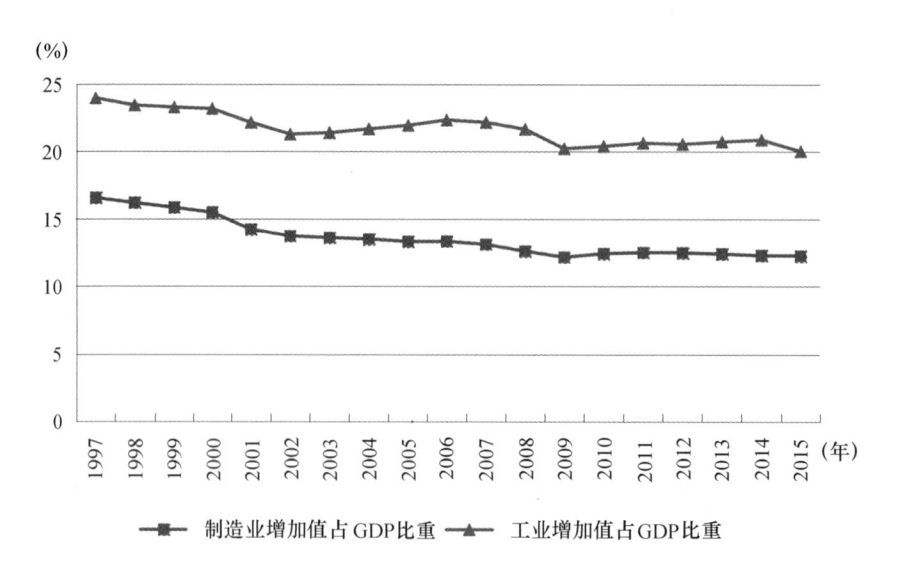

图8—1 美国制造业增加值与工业增加值占GDP比重变动趋势

资料来源：世界银行。

在经济金融化、制造业大规模外迁的背景下，美国借助自由便捷的全球贸易满足国民需求。金融危机前，美国持续的经济增长依赖于需求的不断金融化膨胀，需求的不断增长结合制造业比重的不断降低，决定了进口需求的持续提升与贸易赤字的持续扩大（图8—2）。

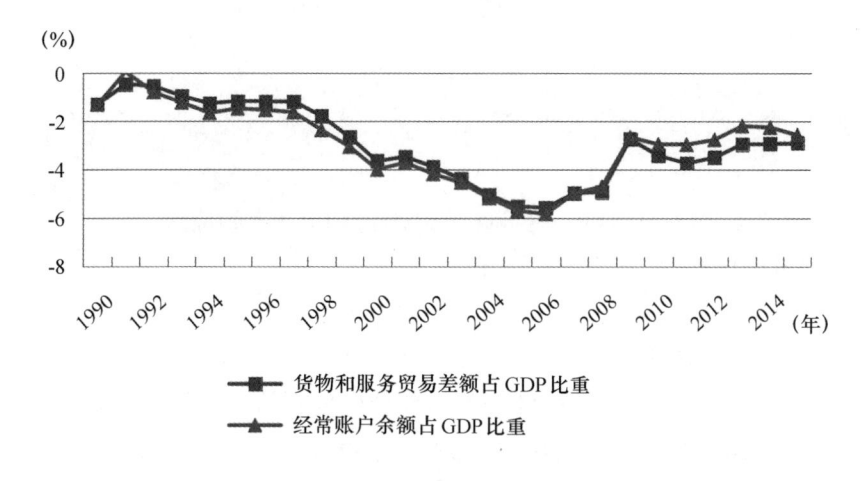

图8—2　美国的贸易逆差变动趋势

资料来源：世界银行。

需求的金融化膨胀与贸易赤字的不断累积造成了整体经济运行的债务化。金融业的不断创新与发展不仅造成越来越多的居民依靠借贷支撑消费，也导致企业参与金融活动的程度加深。一方面，受制造业和出口下滑的影响以及金融相对高收益的吸引，不少实体企业从事单纯制造活动的意愿降低；另一方面，受经济自由化、竞争加剧及资本市场创新的影响，企业投资和再生产越来越依赖于金融负债。对于美国政府而言，金融危机前，与巨额的贸易赤字和持续的资本流入相伴的是美国国债发行量的不断上升。危机后，为救助私人部门，稳定金融体系，美国政府又通过多轮的资产购买计划将私人部门和金融部门的杠杆转移至政府部门，这不仅造成美国政府债务占GDP比重的不断上升（图8—3），也迫使国会一再提高国债上限。

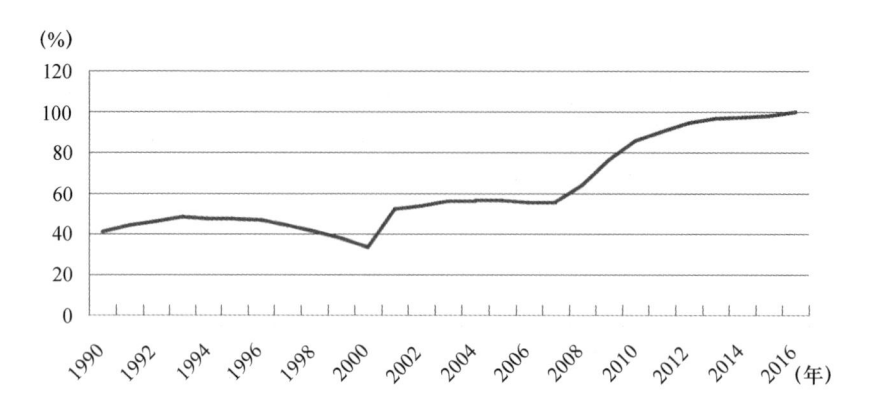

图 8—3　美国中央政府债务总额占 GDP 比重变动趋势

资料来源：世界银行。

(二) 金融的风险化

金融膨胀式的增长要持续必然需要金融创新的不断深化，而金融的不断创新则需要监管机制的放松。20 世纪 80 年代开始，美国政府逐渐放松对金融市场的宏观监管，先后通过的《存款机构放松管制和货币控制法》《金融服务现代化法案》等催生了结构性融资、次级抵押贷款、信用违约掉期等各类金融衍生品的爆发式发展。鉴于 2008 年源于美国的金融危机由资产证券化产品中的次级抵押贷款债券引发，本书以资产证券化产品为例，说明危机前过度金融创新导致的风险。

首先，证券化业务的发展降低了发起人审核资产的激励。在传统融资模式中，金融机构贷款采用"发起贷款并持有到期"模式，商业银行承担了信贷资产的全部风险，在此模式下，为控制经营风险，商业银行有激励去审查贷款质量并监督贷款执行。而证券化业务兴起后，金融机构的经营模式转为"发起—配售"，基础资产基本均能通过"真实出售"转移给特殊目的机构，脱离发起人资产负债表。商业银行成为贷款的中转站，不断将其生产的贷款通过证券化转移至表外。金融危机爆发之前，美国监管当局并未对发起人的风险留存比例做出明确要求，因此理论上，贷款人可以转移证券化产品的全部信用风险。风险过度转移削弱了商业银行严格执行贷款审核标准的激励，导致银行对信贷资产风险的关注度下降，更加注重信贷数量而非质量。重数量轻质量的贷款风格导致商业银行的贷款质量不断下降，为次贷危机埋下了隐患。

其次，重复证券化加剧了金融市场的信息不对称。美国资产证券化普遍存在重复证券化的问题。重复证券化拉长了资金的中介链条，加剧了信息不对称。资产支持证券产品形成后只有一部分被直接出售给最终投资者，其余往往经过又一轮或者更多轮的证券化才会继续出售。一般而言，高质量基础资产的融资步骤往往较为简洁，而低质量资产的证券化步骤普遍烦琐，金融市场通过重复证券化对基础资产的质量进行打磨修复，以创造出满足如货币市场共同基金等机构投资者要求的高等级证券。[①] 重复证券化通过层层包装与信用链条的拉长掩盖了底层资产的真实状况，加大了发起人和投资人之间的信息不对称。信息不对称会对金融市场造成诸多不利影响：（1）信息不对称加剧了金融市场的不稳定性，削弱了金融市场抵御外部冲击的能力。例如，当次级抵押贷款违约率上升时，投资者不知道自己持有的资产有多大比例与次级贷款有关，这就造成市场恐慌。恐慌情绪蔓延下，投资者将纷纷抛售持有的资产支持证券，致使金融市场陷入流动性危机。（2）信息不对称导致投资者过度依赖外部机构评级。但是受证券化产品种类繁多、结构复杂、产品存续时间短、历史数据不全等因素影响，外部评级难以反映这些资产的全部风险，有可能导致资产的价格和风险不匹配，从而进一步加剧了金融市场的不稳定性。

最后，不断的金融创新推高了经济体的杠杆率。一方面，证券化推高了居民部门的杠杆率。资产证券化过程中的风险转移削弱了商业银行等发行机构严格审核资产质量的激励，导致发起人更加注重资产数量而非质量，在不断扩大客户群体的同时对客户风险承受能力的把关不严，使得在原有条件下无法获得贷款的居民也能获得贷款，次级抵押贷款就是一个很好的例子。另一方面，证券化也推高了金融机构的杠杆率：（1）金融机构只要将流动性较差的贷款经过打包、分层与合成，并经过信用增级获得高评级出售后，再在金融市场上买入等额的资产支持证券，就可以显著降低风险加权资产，从而降低法定资本金要求，扩充资产负

---

① SFCDO（以 MBS 和 ABS 等结构性金融产品为基础资产的结构性金融担保债务凭证）、CDO2、CDO3（以已经发行的 CDO 为基础资产的债务抵押证券）就是典型的重复证券化产品。

债表；(2) 重复抵押①提高了担保品抵押品的流通速度，导致特定证券的回购交易量可能超过市场上该种证券的余额，进一步推高了金融机构的杠杆率。高杠杆率通过居民可支配收入的提高、金融机构利润率的增加等方式扩张了国民需求，延续了经济的高水平增长。但这种增长方式所依据的环环嵌套、层层抵押也显著增加了经济体的脆弱性，提高了系统性风险的发生概率，扩大了连锁型风险的发生概率。

综上，过度金融创新通过加杠杆，提高了整个社会的可支付收入、扩大了有支付能力的需求、延续了经济的长时期高水平增长。在此过程中，基础资产审核标准的下降、投融资主体间信息不对称的加剧等逐步加大并累积了金融市场的风险，使得危机一经爆发，就迅速传播、传染到金融体系不同机构以及实体经济不同部门间，最终导致了大范围、超预期的萧条。

二 危机后美国的政策改革

面对国际金融危机中爆发出的两大类问题，美国政府积极进行政策改革，在实体经济领域，通过激励制造业的回归和发展解决经济的空心化与虚拟化问题；在金融领域，通过强化监管防范风险的累积。

(一) 经济上重振制造业

2009 年 4 月，时任美国总统奥巴马于乔治敦大学演讲，明确表示将"重振制造业"作为美国经济长远发展的重要战略。2009 年 12 月，美国总统执行办公室发布《重振美国制造业框架》，将制造业确定为美国核心产业，提出包括加强劳动力素质培训、加大对新技术研发和产业化投入、发展有利于新技术产业化的资本市场、营造有利于制造业发展的政策环境等七项发展制造业的具体措施。此后，美国政府陆续出台一系列政策及措施推动制造业的发展。美国重振制造业有三大着力点，一是吸引国际制造业回流，二是促进先进制造业发展，三是提振贸易竞争力促进

---

① 重复抵押是指资金融出方将资金融入方抵押的证券再次用作抵押品向其他机构进行融资的过程。按照美国证券投资者保护法案（SIPA）的规定，经纪人—交易商可以将客户的抵押品进行重复抵押，但是最多只能融入客户借款余额的 140%。但是，该法案并没有将衍生品、回购和期货交易包括在内，因此在这几类交易中，重复抵押是不受限制的（Singh 和 Aitken，2010）。

出口。

首先，美国政府通过税收优惠等政策措施力促包括中低端制造业在内的传统产业"回巢"，夯实美国实体经济基础。2010年1月，时任美国总统奥巴马国情咨文中提及，将对工作岗位转移到美国以外地区的企业取消税收优惠，并将这些优惠提供给为美国劳动者创造就业岗位的公司。2010年8月，奥巴马政府颁布《美国制造业促进法案》，削减美国本土制造业所需的原材料进口关税，并对投资在本土的美国企业实施税收优惠。2012年1月的国情咨文中，时任总统奥巴马再次强调为保持经济强劲增长，美国企业应扭转就业岗位的外包趋势，美国政府将为此提供税收等政策方面的优惠（张婷玉、崔日明，2013）。特朗普上台后力推的税改法案把企业所得税从35%降低到21%，并提议对美国企业海外利润一次性征税，这无疑也将起到促进海外制造业回流美国的作用。

其次，将美国经济战略中心转移到技术密集型制造业的发展上，以保障美国在全球创新方面的领先优势，占领经济发展的战略高点。2009年9月，美国总统执行办公室、国家经济委员会和科技政策办公室出台《美国创新战略：促进可持续增长和提供优良工作机会》，提出了美国发展创新型经济的完整框架。2011年2月，国家经济委员会、经济顾问理事会和科技政策办公室发布《美国创新新战略：保护我们的经济增长和繁荣》，把发展先进制造业、生物技术、清洁能源等作为美国优先突破的领域。2011年6月，时任总统奥巴马提出《先进制造伙伴计划》，通过官产学联合振兴高端制造业，着重强调了对制造业前沿领域的人才、资源、创新投入。2012年2月，总统执行办公室、国家科技委员会出台《先进制造业国家战略计划》，从投资、劳动力和创新等方面提出了促进美国先进制造业发展的对策措施。2012年3月，美国正式启动国家制造业创新网络计划，出资10亿美元，支持创建15个国家制造业创新中心。2014年10月，美国公布《振兴美国先进制造业》2.0版，通过支持创新、加强人才引进和完善商业环境等方式，确保美国在先进制造业领域的全球主导地位。2014年11月，美国众议院修订通过《振兴美国制造业和创新法案》，授权商务部长在美国国家标准与技术研究所框架下实施制造业创新网络计划；同时明确制造业创新中心将重点关注先进陶瓷、纳米技术、复合材料、光子及光学器件、生物基和先进材料、混动技术、微电子器件工具开发等领域。2015年10月,《美国创新战略》(2015版)围绕投资创新基础要素、激发私营部门创新、营造一个创新者的国家、创造高质量就业岗位和持续经济增长、推动国家优先领域突破、建设创新型政府服务大众六个关键要素,提出具体的行动计划。

最后,推进以振兴制造业为目标的贸易和产业政策,通过"出口倍增计划"提振贸易竞争力。2010年3月,美国总统执行办公室发布《国家出口倡议》,成立由总统直接管理的出口促进内阁,并提出2010—2014年出口倍增计划,以扭转巨额贸易逆差。除了明确的出口促进计划外,美国政府还通过贸易政策的转变改善赤字问题。金融危机后,奥巴马政府重申了美国贸易政策的取向,强调将延续布什政府一贯推行的"自由且公平贸易"的原则,但更加突出了"公平"在贸易政策中的导向作用,旨在通过"公平贸易"实现对美国国内制造商保护的最大化,进而实现美国国家利益的最大化,并通过一系列的政治博弈、贸易保护以及区域和双边贸易协定限制进口、促进出口(张丽娟,2011)。特朗普上台后,美国的贸易保护进一步加剧,甚至退出了奥巴马政府之前大力推动的《跨太平洋伙伴关系协定》(TPP),大力施行"美国优先"的贸易政策,减少贸易赤字,并确保美国公司留在国内,为美国创造就业和税收。

(二) 金融上加强监管

面对国际金融危机中爆发出的金融风险问题,美国政府迅速研究出台改革措施,加强金融监管,防控金融风险。自2008年3月公布《美国金融监管体系现代化蓝图》拉开改革帷幕后,美国政府又分别出台《紧急经济稳定法案》《金融体系全面改革方案》《金融监管改革——新基础:重建金融监管》等一系列法案,至2010年最终通过《多德—弗兰克法案》这一自大萧条以来最为重要的金融监管改革。美国危机后的金融监管改革对监管机构、监管方式、监管细则等多方面做了改进。

在监管机构改革上,美国政府扩大了机构的监管权限,完善了机构间的监管协调,改良了危机前监管模式的问题。危机前,美国的金融监管框架具有以下特点:(1)双头多线,联邦政府和地方政府均对金融机构具有监管权,每一层级又有若干机构共同行使监管职能;(2)分业监管,由各监管机构对证券、期货、保险和银行业分别监管;(3)伞状监管,即银行等特定金融机构由美联储负责综合监管,其他金融机构按业务种类开展具体监管（宋玉华、叶绮娜，2010）。这样的监管设定符合美国分权制衡的精神，也具有历史适宜性，支持了分业经营时期美国金融业的繁荣发展。但 20 世纪中后期开始，美国金融创新速度加快，尤其是《金融服务现代化法案》实施后，美国金融机构正式进入混业经营时代，原有分业监管的管理框架就出现了监管空白、缺位、套利、重叠、低效等问题，导致复杂的金融衍生工具游离监管之外，创造链条较长的次级抵押债券等高风险衍生品规模不断扩大，金融风险不断加大。而原有的监管模式却难以通过迅速的协调和全面的信息有效预警、披露和防范系统性风险。危机后，美国一是在联邦监管机构层面，增设金融稳定监管委员会、消费者金融保护局、联邦保险办公室等机构来强化联邦层级的监管，提高监管水平，控制系统性风险，协调各州监管机构之间的矛盾与冲突，降低金融机构运营成本。二是扩大美联储的监管职能，将美联储的监管对象由之前的银行和银行控股公司进一步扩大到投资银行、保险公司等系统性风险机构，赋予美联储监管大型综合金融集团的权力，在分业监管的大背景下做出了混业监管的创新性尝试，强化集中监管，突出美联储在监管中的核心位置（宋丽智、胡宏兵，2011）。

  在监管方式上，美国开始进行宏观审慎与微观审慎的结合。2008 年金融危机表明，一个稳定的微观审慎监管体系是必需的，但却不足以保证整个金融体系的稳定。因为微观审慎以单个金融机构为单位，考察的是资本充足率、流动性、不良贷款率等微观指标，但个体的理性并不必然引致集体的理性，因而在微观审慎框架下，个体金融机构往往因为同质化经营出现"合成谬误"，如危机前各金融机构增加资产证券化运作的个体行为导致了整体经济杠杆率的提升，和之后去杠杆过程中市场流动性的紧缺。宏观审慎是为弥补微观审慎的系统性缺陷而发展起来的，指的是金融监管当局为减少金融危机或经济波动给金融体系带来的损失，从金融市场整体而非单一机构角度实施的各种制度安排。宏观审慎监管政策工具需要结合各国国情和具体环境来设计和选择。目前各国监管当局使用过的工具基本可以分为三类：（1）抑制信贷过度扩张和资产价格泡沫的政策工具，如对特定行业的监管资本要求、贷款乘数和债务收入比例进行逆周期调整；（2）降低杠杆和期限错配放大效应的政策工具，如外币贷款限额和期限错配比例限制等；（3）降低金融体系内在关联性和负外部性的政策工具，如针对金融机构共同风险暴露的监管措施等。

对金融市场和金融产品的监管上，美国通过一系列具体的条款扩大了监管范围、加强了监管力度，提高了监管标准：（1）扩大监管范围，突出全面覆盖的监管理念。如消灭对冲基金、私募股权基金等领域的监管空白，要求大型对冲基金和私募股权基金及其他投资顾问机构在证券交易委员会注册登记并定期接受检查，此类机构如果具有特大规模或特别风险，将同时接受美联储的系统风险监管。将以场外交易为主的资产支持证券纳入中央对手方清算机制，强化各类产品的交易价格、交易数量及风险敞口等方面的信息披露，从而促进产品标准化，加大对产品信息的获取和产品交易的跟踪。（2）要求资产证券化产品的发起人自留风险以提高基础资产的质量。金融危机前，美国等发达经济体较多采用的是表外模式的资产证券化①，以银行为代表的资产证券化发起人通过真实出售把风险资产转移到资产负债表之外以后，就把违约风险转移给了证券化资产的购买者，由于借款人和市场投资者观察不到银行的行为，从而可能降低发起人事前审查、事后监督基础资产的激励，引发道德风险。鉴于此，危机后正式成为法律的《多德—弗兰克法案》规定：发放贷款并把贷款转移给第三方的债权人，以及资产支持证券的发起人，必须至少自留交易总额的5%。（3）要求加强信用评级公司等中介机构的信息披露，如在附有信用评级的报告中，要求信用评级机构详细描述发行人为证券化产品提供的担保和保证，以及担保和保证的实现机制，并说明这种担保和保证的实现机制与其他证券化产品的区别等。

第二节　危机后中国的政策调整

中国作为发展中国家的代表，国际金融危机前的经济增长虽然也由需求驱动，但不同于美国依靠金融扩张需求，中国是通过需求的外延式扩张、以外需的增加拉动经济的增长。增长方式的不同造成了危机中中美经济所暴露问题的不同，问题的不同又进而导致监管改革方向和细则

---

① 欧洲具有较大规模的表内资产证券化产品，如担保债券（CB）、整体业务证券化（WBS）等。

上的差异。

一 中国经济增长模式在危机中暴露出的问题

国际金融危机爆发后,中国经济增长模式依次暴露出以下问题。

危机初期,外需的下滑导致了外延式增长模式的中断。如第七章所述,进入21世纪后,中国经济增长的主要驱动力来源于外需的大规模扩张,但外需拉动增长的经济模式依赖于两个国内外重要的经济基础。国外方面,以美国为代表的进口国国内需求不会萎缩;国内方面,生产能力的扩张能够满足需求的不断扩张。金融危机前,发达国家持续的金融创新、信贷扩张、资产价格上涨通过杠杆率的不断上升,保证了中国出口商品主要消费国需求的持续膨胀;中国国内的人口、投资、技术等红利保证了供给的不断扩张不会因资源限制而中断。在国内外扩张条件均满足的情况下,需求与供给的同步增长保障了中国经济的长期高速增长。然而,金融危机爆发后,维系中国经济高速增长的国外条件被打破,美国等发达经济体金融风险的系统性暴露,直接将经济推入了去杠杆的通道,之前依靠金融膨胀的需求剧烈收缩,对进口商品的需求也同步大幅缩水,进口需求的下滑加之贸易保护主义的兴起导致中国增长所依赖的扩张路径被迫中止。

危机中后期,为维持经济增长、缓和就业。政府部门出台了一系列大规模救助措施提振内需、以内需扩张替代外需下滑。中央政府最先出台的四万亿刺激方案,其投资额度在可控范围内,投资领域也主要集中在基建、民生、灾后重建等领域,在应对危机、维护社会稳定方面发挥了重要作用。中央政策出台后,各级地方政府纷纷效仿,开展并主导了大规模投资计划,这些刺激计划不仅在投资额度上大大超过中央政府的计划规模,在投资领域上也未能有效把关,虽然在施行初期通过以"信贷—投资驱动模式"代替了危机前的"出口—收入—消费联动机制",保持了经济的高水平增长;但在长期,人为推动的需求扩张不仅难以改变经济增速下滑的趋势,还恶化了供需结构,加剧了产能过剩、房地产高库存、资金脱实向虚、杠杆率上升、金融风险加大等一系列问题:(1)产能过剩。一方面,钢铁、煤炭等行业在危机后受国内工业化、城镇化进程的调整以及国际金融危机的冲击本身已显示出过剩的征兆,但大规模的财政投入和信贷支持延缓了相关企业的退出；另一方面，光伏、风电等战略性新兴产业在各地政策支持下出现了潮涌式投资，全国范围出现大量盲目、重复建设，使得相关行业产能在短短几年内迅速过剩。（2）资产价格的高涨与房地产库存问题。第七章第一节提及，住房市场化改革后，兼具消费与投资双重属性的房地产消费一直是拉动内需的重要途径。危机后信贷的大额投放带动了住房价格的高涨，强化了房地产的投资属性。投资需求的强化带动了住房价格的不断上升，引发住房供给的不断上涨。为了遏制房价的泡沫化上涨，2010年一、二线城市纷纷出台限贷限购政策，这导致了房地产开发向三、四线城市的转移，在地方政府依然较大程度依赖土地财政获取资金并以GDP为经济发展主要目标的背景下，三四线城市的房地产开发量相对于自住购房需求出现快速过剩，库存高企。（3）资金脱实向虚。危机后，面对外部需求的下滑，大量处于低端制造领域的实体企业由于创新、研发能力的欠缺难以迅速转型，营业收入下滑显著；国内人口、制度红利的消退等因素提升了企业经营成本，两方面因素共同压薄了实体企业的利润。此时在大量信贷投放背景下价格高企的房地产行业和资本市场对于具有逐利本性的资金而言无疑更具吸引力，大量资金纷纷从实体企业涌入金融领域，银行表外业务、同业业务在危机后的迅速扩张就是资金流向转变的直接结果。（4）杠杆率上升。财政刺激在危机后延缓了产能过剩企业的市场化退出，造成了国有企业的扩张，两类企业在危机后的信贷扩张中积累了大量债务，在经营效益难以有效改善的状况下，杠杆率显著上升。而地方政府为了支撑大额的投资支出和财政投入，以融资平台等形式介入金融体系，引发了债务与GDP之比的高涨。在实体企业和政府部门杠杆率上升的同时，金融领域的杠杆率也随着资金的脱实向虚、银行表外业务、同业业务的扩张而不断上升。时任央行行长周小川在《守住不发生系统性金融风险的底线》一文提及，"2016年年末，中国宏观杠杆率为247%，其中企业部门杠杆率达到165%，高于国际警戒线，部分国有企业债务风险突出，'僵尸企业'市场出清迟缓。一些地方政府也以各类'名股实债'和购买服务等方式加杠杆。"（5）金融风险的加大。以需求扩张延续经济增长的路径不具持续性，不仅难以扭转经济增速下滑的长期趋势，还会造成经济、金融领域结构性矛盾与风险的累积。如资金向金融领域的快速集聚与资产价格的泡沫式上涨导致了股灾、债灾及钱荒的多轮爆发；银行表外业务的扩张加大了资金规避监管与套利的空间，引发了系统性风险的上升；政府杠杆率的上升提高市场对地方政府债务风险的担忧。

二 危机后中国的政策改革

国际金融危机后中国经济增长暴露出的问题既包括需求下滑、产能过剩、成本过高等实体经济结构性问题，也包括资产价格高企、资金脱实向虚、杠杆上升等金融风险问题，这决定了中国的政策改革要同时兼顾实体和金融领域。由此，金融危机后中国的政策改革大致可分为两类：第一类政策旨在调整实体经济结构，重塑供需平衡，铸就经济长期高质量增长的基础；第二类旨在防控金融风险，加强金融监管。

（一）经济结构调整政策

针对经济结构的调整，中国政府从扩需求和调供给两方面出发，致力于破解供需失衡的矛盾，为经济的长期发展寻找新的平衡增长路径。

需求政策调整包括外需和内需两方面。

外需方面，面对国际金融危机后全球贸易增长低速态势，中国除积极应对国际贸易保护主义，主动进行贸易政策调整，保持传统出口产品的竞争优势外，更是大力开拓新的贸易渠道，通过实施"一带一路"倡议、地区性贸易协定、自贸区建设等拓展外需增长空间，化解过剩产能，并通过推行人民币国际化、筹建亚洲基础设施投资银行等为贸易的拓展提供金融支持。以"一带一路"倡议为例，该倡议由习近平总书记在2013年提出，倡议遵循历史足迹，同"丝绸之路经济带"和"21世纪海上丝绸之路"沿线国家、地区建立新型对外经贸合作关系，这些国家有的资源富集、有的市场广阔、有的基础设施亟待建设，与中国具有很大的差异性和互补性，通过互联互通，发挥各经济体的比较优势，中国可与这些国家实现合作共赢、共同发展的目标。2014—2016年，中国对"一带一路"沿线国家进出口额达3.1万亿美元，占同期外贸总额的1/4以上；对沿线国家直接投资近500亿美元，占同期对外直接投资总额的

1/10 左右。① 在有效扩展外需的同时,"一带一路"国家较为薄弱的基础设施为中国产能过剩问题的解决提供了巨大空间,中国企业通过对外承包交通、口岸等建设工程,可实现钢铁、水泥、建材等多个产业的产能转移,2015 年地方政府工作涉及的"一带一路"基础设施投资项目超过 100 余项,投资规模超过 1 万亿元,带动水泥消费 1 亿吨左右(刘淑娟、郎营等,2015)。

内需方面,经历过危机初期的大幅政策性投入后,中国政府开始逐渐削减总需求对刺激性政策的依赖,将内需扩张的着力点放在消费和投资(尤其是有效投资、民间投资)提升上。

对于消费,国务院总理李克强在第十二届全国人民代表大会第五次会议的政府工作报告中强调要促进消费稳定增长,适应消费需求变化,完善政策措施,改善消费环境。一要加快发展服务消费。开展新一轮服务业综合改革试点,支持社会力量提供教育、养老、医疗等服务。推动服务业模式创新和跨界融合,发展医养结合、文化创意等新兴消费。完善旅游设施和服务,大力发展乡村、休闲、全域旅游。扩大数字家庭、在线教育等信息消费。促进电商、快递进社区进农村,推动实体店销售和网购融合发展。二要增加高品质产品消费。引导企业增品种、提品质、创品牌,扩大内外销产品"同线同标同质"实施范围,更好满足消费升级需求。三要整顿和规范市场秩序。严肃查处假冒伪劣、虚假广告、价格欺诈等行为,加强消费者权益保护,让群众花钱消费少烦心、多舒心。为促进消费提升,中国政府也出台了一系列政策措施:如通过《关于激发重点群体活力带动城乡居民增收的实施意见》等政策文件改善收入分配格局,出台《关于加快发展生活性服务业促进消费结构升级的指导意见》《关于积极发挥新消费引领作用加快培育形成新供给新动力的指导意见》《促进乡村旅游发展提质升级行动方案(2017 年)》等部署发展健康、养老、旅游、教育培训等服务消费,颁布《关于进一步扩大和升级信息消费持续释放内需潜力的指导意见》促进信息消费,发布《消费品标准和质量提升规划(2016—2020 年)》《关于加强产品全面质量监管的

---

① 汪洋:《推动形成全面开放新格局》,载《党的十九大报告辅导读本》,人民出版社 2017 年版,第 55 页。

意见》等提高消费质量，此外还通过鼓励引导绿色消费、支持新能源汽车等耐用品购置优惠、改善流通环境、促进电子商务发展、完善社保体系、开展脱贫攻坚、推进人口城镇化等促进消费需求的持续提升。

对于投资，危机后，中国政府强调要积极扩大有效投资，引导资金更多投向补短板、调结构、促创新、惠民生的领域。在保障政府引导作用的同时，落实和完善促进民间投资的政策措施，并深化政府和社会资本合作。一是通过多种措施激发民间投资活力，如深化投融资体制改革，创新对民间投资的金融支持方式；加大对投资的财税支持力度，提高企业投资效益；大幅放宽市场准入，全面施行负面清单制度管理，加大投资的自由化便利化等。二是深化政府和社会资本合作，完善相关价格、税费等优惠政策，促进民间资本参与PPP项目，盘活存量资产，形成投资良性循环。三是通过扩大服务业对外开放，放宽外资准入限制，改善外商投资环境等积极利用外资。

供给方面，中短期而言，主要是实施供给侧结构性改革，解决经济内部结构性问题，重塑供需平衡，稳定经济增长的基础；中长期而言，要推动经济创新发展，促进生产力的有效提升，重塑经济增长新动能，铸就长期发展的战略根基。两大调整目标在具体部署、政策实施等过程中存在时间和细分目标等的重叠。

供给侧结构性改革旨在解决国际金融危机后中国经济内部的结构性失衡问题。危机后外需的下滑、房地产价格的高企、企业盈利能力的下滑、资金脱实向虚等问题引发了某些传统行业产能过剩、三四线城市房地产库存过高、经济杠杆率增长过快、实体企业经营成本过高、经济发展不协调等问题的爆发。在此背景下，为优化存量资源配置，扩大优质增量供给，实现供需动态平衡，中央财经领导小组于2015年年底提出供给侧结构性改革方案，并研究部署了"去产能、去库存、去杠杆、降成本、补短板"五大任务。去产能方面，持续推动钢铁、煤炭等行业化解过剩产能，更加严格执行环保、能耗、技术、质量和安全等法规标准，更多运用市场机制实现优胜劣汰。去库存方面，坚持分类调控，因城施策，重点解决三、四线城市房地产库存过多问题，将去库存和促进人口城镇化结合起来，并大力发展住房租赁市场，加快建立健全房地产基础制度和长效机制。去杠杆方面，通过落实市场化法治化债转股、加大股权融资力度、推动混合所有制改革等方式降低国有企业杠杆率；规范地方政府举债行为，严控地方政府债务增量，稳妥处置地方政府杠杆率；并积极调控信贷总量，防止宏观杠杆率过快上升，主动防范化解金融风险。降成本方面，切实推进税费改革，降低企业税务负担，加大对违法违规收费的监管力度，深化能源、就业、交通等体制改革，降低企业用电、物流、劳动力等成本，增强企业竞争力。补短板方面，从严重制约经济社会发展的重要领域和关键环节、从人民群众迫切需要解决的突出问题着手，既补硬短板也补软短板，既补发展短板也补制度短板，激发微观主体活力，促进市场机制发展，解决好医疗、养老、教育、卫生、食品质量安全、生态环境等问题，提升人力资本，改善基础设施薄弱环节，做好精准脱贫等，提高供给质量，增强发展后劲。①

在坚持供给侧结构性改革主线，优化经济结构、重塑供需平衡的基础上，中国供给面调整更为长期的目标还包括在现代化经济体系下，通过科技、创新、人力资源、现代金融等的协同，推动制造业创新升级，加快制造强国，实现经济发展的质量变革、效率变革和动力变革。(1) 通过培育创新环境、提升创新水平、加快完善社会主义市场经济体制、促进生产要素的跨区域流动和优化配置提高全要素生产率。如继续深入实施创新驱动发展战略，加强国家创新体系建设，加快科技体制改革，突出科技创新对培育发展新动能的指引作用，加大对知识产权的保护和激励，进一步开放创新要素市场，孵化培育"专精特新"的创新型小微企业，建设区域创新中心和创新型城市等；着力构建市场机制有效、微观主体有活力、宏观调控有度的经济体制，使市场在资源配置中起决定性作用，充分调动各类市场主体自主决策、自主经营的积极性、主动性、创造性。(2) 通过发展先进制造业和服务业实现产业优化升级。如推动互联网、大数据、人工智能和实体经济深度融合，大力发展增材制造、高性能医疗器械、工业机器人等高端装备制造，强化空天海洋、信息网络、生命科学等领域的军民融合发展；围绕研发设计、绿色低碳、现代供应链、人力资本服务、检验检测、品牌建设、融资租赁、电子商

---

① 陈和：《深化供给侧结构性改革》，载《党的十九大报告辅导读本》，人民出版社2017年版，第188页。

务等重点领域,切实提高生产性服务业专业化水平,加快服务环节专业化分离和外包。(3)通过改革财税体制、建设现代化金融体系,强化产业升级的财税金融支持,促进资本形成。如实施有利于制造业转型升级的财政税收政策,建立完善支持企业技术改造的长效机制和政策体系;深化金融体制改革,增强金融服务实体经济能力,提高直接融资比重,促进多层次资本市场健康发展。(4)通过加快劳动力数量红利到质量红利的转换、建设多层次人才队伍等提高人力资源水平。如加快教育现代化,从基础教育、高等教育到职业教育,全面提高教育质量,建设知识型、技能型、创新型劳动者大军;培养和造就具有国际水平的战略科技人才、科技领军人才、青年科技人才和高水平创新团队,激发和保护企业家精神,弘扬劳模精神和工匠精神等。(5)促进科技、产业、劳动、资本等的协同发展。发挥科技创新成果转化为现实生产力的作用,发挥资本、资产、资金支持产业发展的作用,发挥各类劳动者和人才投身于创业创新的作用,协同促进实体经济和产业体系优质高效发展。

需求和供给的相互促进、彼此关联决定了中国的结构调整政策要对需求和供给两手抓。(1)需求可以促进供给。根据第四章第一节论述的逆萨伊定律,需求面的变化会对经济供给面的长期变化产生实质影响,长期的需求不足会导致经济供给能力的收缩,反之需求的有效提高在未受生产资源约束的情况下也能促进供给能力的提升。国际金融危机后,随着产能过剩等经济结构性问题的缓解,中国的生产空间和产能利用率有进一步提升的空间,在此情况下,可以凭借总需求的提升带动供给能力的扩张。同时,在总体需求提升的过程中,市场会凸显一部分潜在新需求,这些新需求是企业拓展市场、进行创新的重要源泉,与新需求对接形成的新产品、新技术也是供给提质增效的表现。(2)供给可以带动需求的提升。中国特色社会主义进入新时代,中国社会主要矛盾已经转化为人民日益增长的美好生活需要和不平衡不充分的发展之间的矛盾。在人民美好生活需要日益广泛的同时,中国产品升级一定程度落后于家庭消费偏好的转变速度,这一方面导致居民在教育、医疗和文化等领域的需求被抑制,另一方面使得某些消费需求转向进口产品。通过产业升级、扩大有效和中高端供给,可以释放被抑制的需求,并通过进口替代增加中国总需求。因此，在结构调整过程中，政府对于供给和需求两手都要抓，通过同时促进总需求和总供给两方面的增长，保持供需的动态平衡，才能实现经济的长期可持续增长。

(二) 金融监管政策

金融危机后，中国政府在多个重要会议上总结论述了金融发展的方向与监管改革的目标。在2017年7月14日召开的第五次全国金融工作会议上，习近平总书记指出做好金融工作要把握好以下重要原则：(1) 回归本源，服从服务于经济社会发展。金融要把为实体经济服务作为出发点和落脚点，全面提升服务效率和水平，把更多金融资源配置到经济社会发展的重点领域和薄弱环节，更好满足人民群众和实体经济多样化的金融需求。(2) 优化结构，完善金融市场、金融机构、金融产品体系。要坚持质量优先，引导金融业发展同经济社会发展相协调，促进融资便利化、降低实体经济成本、提高资源配置效率、保障风险可控。(3) 强化监管，提高防范化解金融风险能力。要以强化金融监管为重点，以防范系统性金融风险为底线，加快相关法律法规建设，完善金融机构法人治理结构，加强宏观审慎管理制度建设，加强功能监管，更加重视行为监管。(4) 市场导向，发挥市场在金融资源配置中的决定性作用。坚持社会主义市场经济改革方向，处理好政府和市场关系，完善市场约束机制，提高金融资源配置效率。加强和改善政府宏观调控，健全市场规则，强化纪律性。在2017年10月18日开幕的中国共产党第十九次全国代表大会上，习总书记指出：深化投融资体制改革，发挥投资对优化供给结构的关键性作用。深化金融体制改革，增强金融服务实体经济能力，提高直接融资比重，促进多层次资本市场健康发展。健全货币政策和宏观审慎政策双支柱调控框架，深化利率和汇率市场化改革。健全金融监管体系，守住不发生系统性金融风险的底线。

总体而言，中国在金融危机后，针对主要负责资金这一重要资源配置的金融体系所进行的监管改革在方向上着重于以下方面。

首先，资金投向要回归本源。金融业要服从服务于经济社会发展。把为实体经济服务作为出发点和落脚点，全面提升服务效率和水平，把更多金融资源配置到经济社会发展的重点领域和薄弱环节，更好满足人民群众和实体经济多样化的金融需求。在总体投向上防止资金"脱实向虚",杜绝资金在金融体系内空转,解决企业融资难问题,引导资金流向有助于经济结构提升的实体领域,配合供给侧结构性改革的"补短板"要求。

其次,资金配置要优化结构。金融机构在资金的具体配置中,要规避对长期亏损、失去清偿能力和市场竞争力的"僵尸企业""落后产能"等的继续支持,推动"去产能"的贯彻实施,稳妥有序实现市场出清;同时避免违规流入房地产市场,按照分类调控、因城施策的政策要求,推动降低库存压力较大的三、四线城市房地产"去库存"。

再次,资金成本要有效降低。在转变发展方式、优化经济结构、转换增长动力的攻关期,中国通过税制改革、融资便利等各项措施促进企业"降成本",解决企业融资贵问题,推动实体企业增强创新力度、实现效益增长。针对这一监管目标,监管机构对直接、间接服务于企业融资的金融机构,提出了诸如盘活信贷存量、加大不合理收费管理、严禁拉长融资链条、清理"通道"业务,引导同业、理财、委托贷款等业务健康发展等多项改革要求。

最后,资金风险要主动防范。2017年中央经济工作会议要求"把防控金融风险放到更加重要的位置",党的十九大报告提出"守住不发生系统性金融风险的底线"。对此,监管要求各金融机构严控投资杠杆,切实推动经济"去杠杆"进程,规避业务乱象,遏制风险源头。同时,加强制度管理,系统排查业务制度与现有监管规定的对接情况,及时更新制度空白。

为落实以上监管导向,监管部门采取了一系列具体措施。

在"一行三会"基础上,设立国务院金融稳定发展委员会,强化综合监管,推进金融业综合统计和监管信息共享,突出功能监管和行为监管。其主要职责包括统筹金融改革发展与监管,协调货币政策与金融监管相关事项,统筹协调金融监管重大事项,协调金融政策与相关财政政策、产业政策等;分析研判国际国内金融形势,做好国际金融风险应对,研究系统性金融风险防范处置和维护金融稳定重大政策等。

央行层面,一是坚定执行稳健的货币政策,处理好稳增长、调结构、控总量的关系,坚持以供给侧结构性改革为主线,以解决融资难融资贵问题为抓手,加强货币政策与其他相关政策协调配合。如建设普惠金融体系，对普惠金融实施定向降准，加强对小微企业、"三农"和偏远地区的金融服务，推进金融精准扶贫，鼓励发展绿色金融等。二是强化宏观审慎管理和系统性风险防范职责，健全货币政策和宏观审慎政策双支柱调控框架，守住不发生系统性金融风险的底线。如将对银行业的监管体系由差别准备金动态调整和合意贷款管理机制调整为宏观审慎评估体系（Macro Prudential Assessment，MPA），将同业存单纳入 MPA 同业负债占比指标进行考核，出台资管新规，整治现金贷等。

银监会层面，主动配合人民银行履行宏观审慎管理职责，加强与其他金融监管部门、国家部委和地方政府的监管协作。一是支持现代化经济体系建设，强化服务意识，修复经济失衡。二是防范和化解新形势下金融风险，整治银行业市场乱象，抓紧补齐监管制度短板。2017 年 3 月底到 4 月上旬，银监会密集下发以《关于开展银行业"违法、违规、违章"行为专项治理工作的通知》《关于开展银行业"监管套利、空转套利、关联套利"专项治理工作的通知》《关于开展银行业"不当创新、不当交易、不当激励、不当收费"专项治理工作的通知》为代表的一系列监管文件。一方面规范商业银行资金投向，防止资金"脱实向虚"，杜绝资金在金融体系内空转，引导资金流向有助于经济结构提升的实体领域。另一方面要求商业银行对业务尤其是同业业务进行系统性的自查与调整，着力防范流动性风险、信用风险、影子银行业务风险等重点领域风险，深入整治乱搞同业、乱加杠杆、乱做表外业务等市场乱象。

证监会层面，一是积极推动资本市场改革发展，助力实体经济发展。时任证监会副主席姜洋在 2016 央视财经论坛暨中国上市公司峰会上的讲话中提到，证监会近年来立足服务实体经济的根本宗旨，不断健全市场体系，夯实市场基础，创新体制机制，进一步激发市场活力，为推进供给侧结构性改革、落实"三去一降一补"五大重点任务、促进大众创业万众创新作出积极贡献。如健全多层次股权融资体系（包括交易所市场、新三板和区域性股权市场融资等）为企业降低杠杆、培育动力提供多种渠道；完善市场化并购重组和退出机制，推进企业去产能、去库存等。二是严厉打击违法违规行为，维护资本市场稳定。如对违法违规行为保持高压态势，严厉打击欺诈发行、内幕交易、市场操纵、虚假信息披露等违法违规行为,严厉惩治编造传播虚假信息、大股东违规减持、中介机构未履职尽责等乱象;严把上市公司准入关,强化对分级产品的适当性管理和风险揭示,加强融资融券资本约束,清理场外配资,防止杠杆资金助涨助跌;规范上市公司并购重组、完善上市公司停复牌规则、完善减持制度;强化交易所一线监管等。

保监会层面,为进一步支持实体经济发展,维护保险业稳定,保监会出台了包括《中国保监会关于进一步加强保险监管维护保险业稳定健康发展的通知》《中国保监会关于进一步加强保险业风险防控工作的通知》《中国保监会关于强化保险监管打击违法违规行为整治市场乱象的通知》《中国保监会关于保险业支持实体经济发展的指导意见》《中国保监会关于弥补监管短板构建严密有效保险监管体系的通知》在内的"1+4"系列文件。一方面坚决防范化解保险领域重大风险,推动行业发展回归本源,切实保护保险消费者的利益,全面落实服务实体经济、防控风险、深化改革三项重点任务,让保险业发展成果惠及更广大人民群众;鼓励保险资金投资国家重大工程建设,参与去杠杆和服务中小微企业发展,实现金融资本与实体产业的优势互补、和谐共赢。另一方面重塑保险监管,补齐监管短板,重点加强对创新业务和交叉领域的制度完善,防止监管套利,把业务扩张激进、风险指标偏离度大的异常机构作为监管重点;持续整治市场乱象,在市场准入、产品审批备案、高管核准等方面进行必要的限制,确保市场公平、维护行业稳定。

除"一行三会"外,其他政府部门也纷纷出台相关文件,通过政策协同促进供给侧结构性改革的有序落实、金融风险的有效防范。如财政部发布《关于延续小微企业增值税政策的通知》和《关于支持小微企业融资有关税收政策的通知》推动小微企业发展,增强实体经济活力;印发《关于进一步规范地方政府举债融资行为的通知》,全面改正地方政府不规范的融资担保行为。如外汇管理局着力深化外汇管理改革,提升跨境贸易和投资的便利化水平,更好地服务实体经济,同时加大对外汇违法违规行为的打击力度,防范跨境资本流动风险,维护国家经济金融安全。

第三节 危机后中美政策比较

一 中美政策调整的相关性

实体层面的调整与危机前的全球经济失衡密切相关，国际金融危机后中美的实体经济调整均是从失衡到再平衡的过程。危机之前，以美国为代表的发达经济体通过金融膨胀支撑了需求的不断扩张，以中国为代表的发展中国家利用相对廉价的人力、环境、资源等成本维持了供给的不断增长，需求和供给的扩张通过迅速增加的贸易在全球范围内实现匹配。在此过程中，作为全球供给方的发展中经济体通过贸易盈余积累了大量的外汇储备，不断增长的外储又通过投资美国国债等形式从资本账户流入美国等发达经济体，源源不断的资本项目盈余维系了发达国家的金融扩张。由此，全球范围内的供需扩张最终带动了全球不同国家经济的长时期同步高增长。然而，这种全球范围内供需均衡的增长本质上是失衡的，在经济增长中，发达经济体的贸易赤字问题愈加恶化，发展中国家对外需的依赖日益严重，单个经济体内部供需不匹配的程度进一步增大。国际金融危机爆发后，全球贸易和资本流动受危机波及，维系全球供需匹配的功能减弱，经济失衡问题开始大范围暴露。此后，美国等发达国家开始加强金融监管，防止需求金融化膨胀中系统性风险的累积，并纷纷实施"再工业化"战略、贸易保护政策等，重塑经济内部结构均衡，削减贸易赤字。中国等发展中经济体在外需依赖度难以短时期下降的背景下，一方面大力发展区域性贸易，致力于外需的替代性扩张；另一方面继续推动技术创新，通过出口产品质量的提升重塑贸易竞争优势。在着力应对外需变化的同时，也积极寻求新的消费增长点，并主动开展经济结构性改革，化解产能过剩，致力于经济体内部的平衡。

金融层面的调整源于之前过度宽松的宏观政策。国际金融危机前，美国政府长期将利率维持在低于泰勒规则要求的水平之下，过度宽松的政策环境所导致的流动性泛滥，引发了资产价格的高企、杠杆率的提升、金融创新的深化、道德和信用风险的加剧，最终导致了系统性风险的持续累积。中国政府在国际金融危机爆发后，为应对发达国家的订单减少，改善2007年"两防"（防止经济增长由偏快转为过热、防止价格由结构性上涨演变为明显通货膨胀）政策的影响，动用了一系列政策资源进行经济刺激。中央和地方联动释放的大规模信贷在危机初期世界经济环境普遍暗淡的情况下保障了中国经济的"一枝独秀"，但也造成了中国经济增长对信贷的依赖、政策刺激效用的递减、资产价格的上升、资金在金融领域的空转等一系列问题。因此，中美两国金融问题的恶化都与宏观政策的过度宽松有关。危机爆发后，面对经济增长的乏力，流动性难以迅速收紧，在此背景下，为解决资金的脱实向虚、缓释金融风险，两国均采用了以加强金融监管、强化宏观审慎为导向的政策改革。

实体去监管，金融重监管。金融危机后，在实体经济发展中，中美两国的政策都有去监管的导向，如美国通过减少监管负担、提供政府支持、推进税改计划降低企业成本，激励美国制造业回归、吸引国际制造业到美国投资。中国通过加快完善社会主义市场经济体制、进一步简政放权，激发微观主体活力，加快建设制造强国、发展先进制造业。金融层面中美两国的调整都旨在通过强化监管达到防范系统性风险累积、保护投资人权益等目的。国际金融危机后，中美均出台了更为严厉的金融监管政策，抑制金融的过度创新，如美国通过颁布《多德—弗兰克法案》扩大监管机构权力，抑制金融机构道德风险，维护金融系统消费者权益；中国也通过"一行三会"等监管机构下发系列文件，强化金融风险防控，整治金融乱象。

二　中美政策调整的差异性

实体经济调整上，美国注重内收，中国尝试外拓。金融危机前，发达经济体内部的需求扩张外溢性地带动了全球总需求的扩张，进而拉动了世界经济的普遍增长，这种表面均衡实质失衡的增长导致了发达国家巨额的贸易赤字以及发展中国家超高的外需依赖度。危机爆发后，为应对经济增长的放缓与贸易的失衡，美国贸易保护主义倾向日益严重，从2008年到2016年采取了600多项贸易保护措施，成为限制自由贸易的头号国家。特朗普继任总统后，不仅宣布退出《跨太平洋伙伴关系协定》（TPP），更是与多国开打贸易战。通过贸易保护，美国致力于减少需求的外溢作用，增强需求对国内经济增长的拉动作用，并通过"再工业化"等战略重新增强经济的供给能力，激励实体企业回流美国，以起到促进就业的目的。在美国政策收缩、将发展重点从国际向国内回收的同时，中国的政策调整确趋向于外拓。中国政府在危机后提倡形成全面开放新格局，通过"一带一路"区域共建、设立亚洲基础设施投资银行、人民币国际化等倡议寻求地区层面的合作共赢，为外需寻找替代市场，在共同发展中提高中国的商品和生产力输出，增强中国的经济、金融影响力。

金融监管改革上，一是对金融系统的改革要求有所差异。美国的政策改革主要在于加强金融体系的风险防控，抑制过度创新带来的道德风险和信用风险，保护投资者权益。而中国针对金融领域的改革除了防控风险外，还注重金融对实体企业的服务，因为不同于服务业比重较高的美国，中国的产业结构相对而言还处于升级进程，第二产业对国民经济具有巨大支撑作用，要求金融服务实体，能更好地促进制造业的质量变革，以及国民经济的有效恢复。二是在国际层面的风险传播和防范上存在差异。由于美元较高的国际化地位，美国的宏观政策具有极大外溢性，在全球资本流动中，美国政府的主导性相对较大。而中国由于资本项目未完全开放，汇率市场化进程也仍在推进中，因此在应对国际资本冲击方面较为被动。在美国等发达国家下调利率大幅刺激经济期间，中国需要密切防范国外资本涌入引发的汇率升值、资产价格上升等问题；而在美国步入加息进程后，为防止资本的大规模流出，又需积极干预汇率市场，严格跨境资金管理。

改革政策的出台时点不同。中美两国的政策调整虽然从大的时间段来看都是国际金融危机之后，但在具体时点上由于两国经济、金融问题爆发时间的不同而存在差异。本次国际金融危机由美国次贷危机引发，美国经济首当其冲，国内经济、金融问题也最先爆发，因此，各项改革政策的出台时间较早，如时任美国总统奥巴马早在2009年4月就提出要"重振制造业"，美国国会在2010年7月正式通过了大萧条以来最为全面、严厉的金融改革法案——《多德—弗兰克法案》。中国由于并非金融危机的直接冲击国，外需下滑的影响相对而言在时间上较为滞后，且危机初期的大规模救助维持了经济的高增长，暂时掩盖了经济的结构性问题。之后，随着政策刺激效用的递减，供给侧结构性问题的凸显，以及金融风险的暴露，危机造成的经济、金融问题才大规模暴露，此后针对性的改革措施开始密集出台。因此整体而言，中国政策改革的出台时点要晚于美国。如供给侧结构性改革于 2015 年年底首次提出，"一行三会"主导的金融监管改革在 2016 年以后开始大规模发力。

经济的恢复程度存在差异。经历了危机后的大规模量化宽松后，美联储在 2015 年年底启动了利率正常化进程，经济步入加息通道，之后进一步启动了资产负债表缩表进程。而中国货币政策虽然经历了从大幅刺激到微刺激再到稳健中性的调整，但当前还是通过定向降准等方式为实体企业输送流动性。经济主要问题、问题暴露时点以及改革调整时点的不同导致了当前中美经济恢复程度的差异。（1）国际金融危机中，美国经济面临的主要问题集中在金融领域的系统性失灵，中国经济的问题主要在于实体领域的结构性失衡，而金融领域的调整要快于经济结构的调整，因此危机后美国经济的恢复程度相对较快。（2）危机爆发后，金融领域的问题凸显较早，美国修复金融体系、强化金融监管的政策调整也进行得较早。中国由于不是危机直接冲击国，经济问题爆发的时间点晚于美国，加之后续人口结构、产业结构问题相继爆发，政策调整的全面性和力度要大于美国，因此所需调整时期也较长。

第九章

传统潜在产出测算方法的局限性

本书对经济增长的研究,采用的不是新古典的增长模型研究,即没有分别研究生产要素的变动,再根据生产要素的情况讨论经济增长的变动,而是采用了纳入金融因素的长周期需求供给法进行分析。这是由于国际金融危机前以新古典、新兴古典为主流的经济理论在危机中的不适用性,导致建立在这些主流理论基础上的一系列经济分析和建模方法在危机中遭遇了系统性失灵,危机前的主要潜在产出测算方法亦是如此。现有的针对西方经济体的几大类潜在产出测算方法,包括线性趋势法、单变量滤波法、生产函数法、多变量经济结构关系法及动态随机一般均衡法(刘元春、杨丹丹,2016a),其理论基础都立足于新古典的三大特征——全方位的市场有效论、产出的供给决定论与经济的长期均衡论,这就导致这些方法并不适用于政府干预大规模存在、供给面核算特殊及制度变迁频繁的发展中国家,而金融危机中市场的失灵、逆萨伊定律的存在与有效需求的长期不足更加弱化了现有方法的三大理论特征,从而加大了这些方法在应对金融危机后经济增长时的不合理性(刘元春、杨丹丹,2016b)。

第一节 潜在产出测算的理论基础及适用性

在现有潜在产出测算方法[①]逐渐完善的同一时期,主流宏观理论上正

---

① 关于现有潜在产出测算方法的分类、简介、代表性文献等具体梳理详见刘元春、杨丹丹(2016)。

好对应着新古典经济学的回归与壮大,基础理论的演变深刻影响了一系列的经济研究方法,作为政策实践基础的潜在产出测算也不例外,在占据主流的新古典经济学影响下,现有测算方法的理论基础具有以下三大特征:(1)全方位的市场有效论。这一时期的市场有效不再局限于产品市场,对于金融市场也假设在完全信息的情况下,所有资产的价格都能够被市场合理配置,由此,市场有效所包括的个体决策的理性、机构运行的有效性也被全方位扩展开来(Fama,1970)。(2)产出的供给决定论。在市场有效、信息完全的基础下,只有实际供给面的波动才会对经济造成影响,需求的变动只会带来价格的改变,而价格机制的灵活调节总能保证市场的出清,这一理论特征源自于萨伊定律,进一步发展于实际经济周期理论。(3)经济的长期均衡论。虽然短期也有关于价格粘性、不完全竞争等一些非均衡设定,但在长期依然坚持市场会自动出清,供给能力决定经济的长期增长速度。这三大特征之间彼此联系而又逐步递进,在市场有效的基础上,出清一定会实现,供给可以完全决定需求,长期趋势值也必然等于经济的均衡值。

过去几十年中发展出来的几大主要潜在产出测算方法,包括线性趋势法、单变量滤波法、生产函数法、多变量经济结构关系法及动态随机一般均衡法(DSGE),都不同程度依托于这三大特征:在长期经济必然达到稳态,稳态的增长率仅由供给面决定的理论指导下,线性趋势法和统计滤波法均通过对实际产出在长期中的平滑处理,计算经济的潜在产出;生产函数法在计算过程中对供给面核算的依赖、对单变量供给要素的滤波化处理,以及在较长测算期间内对函数具体形式设定的固定性都表明这一方法完全隶属于新古典的范畴;[①] 多变量经济结构关系法与DSGE 法在测算过程中结合了一些微观基础,并通过加入垄断竞争、名义刚性、货币政策的短期非中性等方式采用了凯恩斯主义的一些设定,但这些微观模型的推导过程中仍然依据个体理性、市场出清等假设以实现最终的均衡。

---

① 虽然在就业因素的估计中,许多研究者联系了通胀与失业间的关系,但非加速通货膨胀失业率这一概念本就属于新古典框架内的定义。

三大经典特征在低通胀、高增长的平稳发展时期,确实取得了良好的经济解释及政策效果。然而,一旦经济运行偏离这几大特征,新古典主义对经济的解释能力就出现剧烈下降(Bernanke,2010),建立在这些经典特征之上的潜在产出测算也必然遭遇预测失灵、政策偏误等一系列挑战。

第二节　潜在产出测算在金融危机中的问题

下文按照危机积累、危机爆发、危机后经济萧条的顺序,先从危机前现有潜在测算的首要特征——有效市场假定被推翻,即市场失灵的角度切入,解释失灵引发的价格扭曲如何导致了资源配置的失效与产出的不可持续;进而延伸到市场失灵如何造成第二大特征——供给决定论的失效,分析金融深化如何加深了逆萨伊定律的传递及影响,导致了产出的间断式下滑;最后探讨在经济面临长期停滞的情况下第三大特征——长期均衡论的难以实现性。基于此,解释危机时期的潜在产出测算是如何出现系统失灵的。

一　危机前市场失灵对潜在产出测算的冲击

对于市场有效的范围新古典主义内部也存在些微分歧,但这种分歧主要表现在对市场始终有效的坚持以及承认市场偶尔会出现失灵但这些失灵一定能被央行修正的坚持上(Krugman,2009)。然而,危机期间出现的市场失灵无论范围还是广度上都远远超出新古典的研究范畴,金融、产品市场的共同失灵引发的价格失真经由非理性的微观个体、机构放大后,导致了资源配置的广泛失效,此时沿用建立在市场有效基础上的潜在产出测算方法,根据经济供给面计算的潜在产出自然难以反映真实的产出水平。

危机之前,有效市场的假定从产品市场进一步扩展到金融市场,理论界普遍认为金融资产的价格取决于经济基本面,不会反映任何过度的悲观情绪或"非理性繁荣"(Cassidy,2009)。而危机之后的回顾研究却发现,在危机前相当长时期内,明斯基的"金融不稳定性"理论较法玛的"有效市场理论"更为真实地反映了金融市场的实际运行:大稳健时期的经济稳定导致全社会杠杆水平的快速提升,而杠杆率的大范围提升导致了资产价格的逐渐泡沫化。只要杠杆水平还存在提升空间,资产泡沫就不会破灭,因为此时无须担心借贷人偿还债务的能力(Krugman,2012)。金融领域的价格调节失灵引发了整体经济的价格扭曲,危机期间主要宏观参数之间对应关系的失衡就是这种扭曲的直接反映:在标准的"新共识"宏观模型中,产出与通胀波动间存在着一个"神圣的巧合"(divine coincidence),有效市场中需求一旦超过供给引发经济过热,价格指标的灵活调整会迅速导致物价水平的提升,反之亦然,由此实现市场的再度出清(Blanchard 等,2010)。然而,此次危机中,无论是危机前的金融繁荣时期,还是危机后产出和就业长期萎缩的萧条时期,主要发达经济体的通胀水平均未出现大幅波动(Williams,2010;Ball 和 Mazumder,2011 等),通胀与产出、就业之间对应关系间的失衡正说明了价格指标的失灵,此时金融部门的发展已经脱离了实体经济基本面。

  市场失灵除直接造成价格调节的失效外,还通过个体投资的非理性,机构运行的无序性进一步加深了价格体系的扭曲:(1)在"理性[①]羊群效应"的指引下,微观个体的最优化决策基础已由成本收益核算变为向他人一致性行为的靠拢(Scharfstein 和 Stein,1990;Chevalier 和 Ellison,1999;Brunnermeier 和 Nagel,2004 等),因而危机中,虽然房地产的价格已经泡沫化,抵押债券的次级化风险也越来越高,但微观投资者向市场一致行为靠拢的非理性举措还是进一步扩大了金融与经济基本面间的差距。(2)在金融联系日益紧密的背景下,金融机构的行为具有很强的外部性,投资的收益可以独享,风险成本却由全社会共担(Stiglitz,2010);同时,资产证券化的深入也导致了越来越多的隐藏信息,隐藏信息的增加与外部性的存在催生了更多的道德风险,加深了资产的泡沫化与价格的失灵。(3)政策利率的偏低人为扭曲了资金成本,造成了金融市场基础成本的扭曲,在危机前几年中的大部分时间里,美国联邦利率水平都

[①] 此处的理性不同于新古典经济学对微观个体的理性假设,前者会导致集体的非理性结果,后者使得整个市场达到最优。

显著低于泰勒规则的预测结果①，持续性的低利率政策，结合信奉自由市场的央行的去监管，放大了房地产等市场中的投机，最终导致了危机的发生（Taylor，2009）。

市场失灵情况下，价格调节机制的扭曲扰乱了正常的资源配置，资产价格的虚高引发了资本的持续流入，导致资源从实体经济到虚拟经济的大规模错配。此时，建立在市场有效基础上的潜在产出测算并不能反映经济真实的供给能力，根据这样的测算结果得出的预测也难以准确反映经济的变化趋势：危机前的数据反映的是价格扭曲条件下资源错配后的经济运行，而危机发生后的泡沫破灭一定程度减少了资源的错配，此时经济的供给能力可能已经转换为另一种状态，但基本数据的变化难以及时展现出这种转换，根据这些数据估计得出的潜在产出不可能准确预测危机爆发后的经济产值。

二 危机中逆萨伊定律对潜在产出测算的挑战

以"供给创造其自身需求"为核心思想的萨伊定律是斯密"看不见的手"理论的具体化，因此，萨伊定律成立且发挥作用的基础在于市场有效，一旦市场出现失灵，供给和需求不能自动平衡，价格黏性调整、资源流动的受阻都会对经济供给面造成影响，以"需求反向作用于供给"为主要内容的逆萨伊定律（Inverse Say's Law）就会出现。在需求能对供给产生实质影响的情况下，依靠供给面的潜在产出测算就会出现问题，需求因素的缺乏使得这些方法不仅难以准确估计受逆萨伊定律影响下的潜在产出变化趋势，还会造成具体分析产出的变化原因时对供给面要素的错误归因。

逆萨伊定律发挥作用时，建立在供给面基础上的潜在产出测算就容易发生偏误：（1）逆萨伊定律发挥作用需要一定时间，在此期间单靠供给面的历史数据很难提前反映需求的未来影响、预测产出的变化；

---

① 21世纪初，为应对互联网泡沫破灭，美联储将联邦基金利率从2000年峰值时期的6.5%一路下调到1.25%，在2003年，出于对伊拉克战争的担忧，美联储再次下调基准利率至1%，此后直到2004年6月，美联储才对利率进行了微小的上调，联邦基准利率的持续低位也使得同一时期大部分利率都下降到历史最低水平（Cassidy，2009）。

(2) 在需求的波动引发不同要素市场的变化时,若依然按照各要素的历史贡献率计算潜在产出,不仅难以捕捉到真实的经济增长状况,还容易错误地将某一要素市场的变化归类到其他要素的变化中去,如当大规模失业开始的初期,生产函数法的计算很可能将统计上还未体现出来的长期失业增加造成的产出下滑归结到全要素生产率下降上(Reifschneider 和 Wilcox,2013)。

金融危机后,总需求的急剧下降通过逆萨伊定律反映到经济供给面就表现为实际产出增速的间断式下跌。① 现有潜在产出测算对数据的处理都是平滑的,就业、资本存量的计算都不会在短期出现急剧变动,这样的方法难以应对产出增长的间断性变化,这就解释了为何危机后各大国际组织对主要经济体的潜在产出预测一直处于频繁调整中。此外,金融因素引入机制的缺失也是以往只重视供给面的测算方法在危机中表现欠佳的重要原因(Rabana 和 Sanjani,2015),即使设定最为复杂的 DSGE 法,也被认为由于金融摩擦引入机制的不完善而未能成功预测出危机(Brázdik 等,2012)。

三 危机后有效需求长期不足对潜在产出测算的影响

金融危机后经济的长期低迷对潜在产出测算方法赖以建立的第三个特征——长期均衡论提出了挑战,供需失衡若持续较长时期,以趋势值代表经济均衡供给能力的测算就会出现问题。

需求面的持续萧条不仅通过逆萨伊定律导致新一轮均衡时期经济供给能力的下降,还对萧条时期的潜在产出测算造成了巨大挑战:(1) 有效需求的持续不足使得经济的长期非均衡成为常态,在此情况下,即使较长时期内的产出平滑值也不能再代表均衡的供给能力。(2) 非均衡的长期存在会通过动摇生产函数法、经济结构关系法、DSGE 法等多变量测算方法的微观基础造成潜在测算的失灵。以非加速通货膨胀失业率(NAIRU)这一理论为例,在长时间的萧条中,

---

① 很多学者从实证角度证实了金融危机对产出的负面影响如 Gordon(2014)、ECB(2013)、Fernald(2012)、Furceri 和 Mourougane(2012)、Benito 等(2010)、Oulton 和 Sebastiá-Barriel(2013)等。

NAIRU 所衍生出的通胀和失业率间的反向对应关系将不再有效，一旦经济低迷时期过长，不论实际失业率高出自然失业率的程度如何，都不能对通胀产生下行压力（Stock & Watson，2010），这不仅使得广泛应用建立在该理论基础上的多变量经济结构关系法失灵，也给根据该理论计算经济供给面劳动投入的生产函数法造成测算困难，而一旦建立在 NAIRU 基础上的通胀—失业原理不再成立，许多宏观模型（如 DSGE）所基于的重要微观基础——厂商价格加成法则也将失效（Hall，2011），微观建模基础与实际的不符使得这些方法不仅难以解释危机后的经济表现，更导致其对经济未来的预测结果一直处于不断的调整中。

第三节　潜在产出测算对发展中经济体的不适用性

对于市场化程度较高、经济体制比较完善的发达经济体，针对现有潜在产出测算三大经典特征的讨论主要局限于危机背景下的大崩溃时期。对于市场还不完善、经济内生性较强、体制处于频繁变动期的发展中国家，潜在产出测算基础理论的适用性即使在非危机时期也是存疑的，这就导致起源、发展于发达经济体的潜在产出测算法在处理发展中经济体的问题时，往往取不到合意的效果。

首先，发展中经济体的市场化程度虽然在近些年有很大提高，但距离有效市场仍有距离，这与追赶型经济体"干预型"的发展特征是分不开的，也符合后发经济体的增长理论（如结构主义）——即政府要主动对经济结构进行干预和调整，在产业升级过程中发挥因势利导的作用。因此，发展中国家的市场失灵虽然在表现形式上也如发达国家一样表现为价格扭曲和资源配置失效，但其根源在于政府同时肩负着市场参与主体和监管者的双重身份，这样的双重身份使得政府可以人为改变某些要素、产品的价格，以扶持相关产业、企业的快速发展，如通过工农业产品"剪刀差"的方式促进工业的优先发展，通过对投资领域和投资规模的调控加快具有较大社会效益的国有企业的优先发展等。价格的扭曲造成了资源分配的失效,导致了现代部门发展不平衡和结构均衡演进效率的损失在发展中国家的长期存在(中国经济增长前沿课题组,2012)。在此情况下,现有方法测算出的只是经济非均衡下的产出,不代表这些经济体的潜在供给能力。

其次,发展中经济体供给面数据收集、核算的特殊性降低了测算方法的有效性。以国际上应用最为广泛的生产函数法为例,在对发展中国家应用该方法时,除了数据统计年限较短、质量不高的问题外,还面临具体处理中的一系列特定问题:对于资本存量的测算,发展中国家的折旧率测算不能简单采用发达国家的标准,比如一个技术变迁较快、前期资本形成效率又低的国家,其折旧率就要高于国际通用标准;对于就业人口的测算,后发国家经济的二元性加大了测算的困难性,当经济未突破刘易斯拐点时,劳动力无穷供应,经济过热并不造成工资的上行压力,发达经济体测算普遍使用的非通货膨胀就业水平就没有参考价值,在此情况下如何纳入传统部门与新部门间的差异、如何统计农业部门的有效就业人口等都是现有测算方法解决不了的问题;此外,发展中经济体测算过程中生产函数的具体构造也不同于西方国家,经济体内闲置及短缺资源的不同分布会严重影响生产要素间的替代性,经济发展的内生性也使得生产要素边际生产率的变化规律更趋复杂,技术研发主体、来源渠道、外溢性的不同也会影响全要素生产率在生产函数中的具体设定。

最后,现有潜在产出测算所基于的长期均衡论也不适用于发展中国家:(1)这些国家发展过程中频繁、快速的制度变迁大大降低了长期平滑处理的有效性,比如假定具体函数形势在较长时期不变的生产函数法就不适用于处于剧烈结构变迁中的发展中国家,再如将不同改革区段放在同一个平滑期内进行处理将会模糊不同区段内的真实供给能力;(2)由于市场失灵长期存在,经济的非均衡运行是发展中国家的常态,如持续性的非充分就业、大规模的融资软约束、某些价格调整的绝对刚性等,在此情况下,建立在一般均衡基础上的潜在产出测算即使能够在经济增长的定性解释上有所贡献,对潜在产出的定量测算也是有偏于现实情况的。

第四节　潜在产出测算的突破思路

本章对于传统潜在产出测算在发达国家危机时期的失灵以及对发展中国家的不适用性分析，并非全盘推翻现有的潜在产出理论，而是为了进一步强调这些理论和方法的适用范围，论述本书未采用潜在产出测算研究危机后经济增速间断式及长期性下滑的原因。

在此基础上，考虑到潜在产出测算的本质目标还是为宏观政策出台提供借鉴，针对这些方法的主要特征得不到满足的市场失灵、资源配置失效、金融泡沫化、有效需求长期不足等时期，本书就潜在产出测算的修正思路提出以下几点建议.

（1）重新回归潜在产出定义的讨论，根据具体政策需要测算不同类别的潜在产出。增长型政策、周期性政策在出台中都需借鉴潜在产出的测算结果，但这些不同类别宏观政策所作用的时间跨度有显著区别，需要借助潜在产出来控制债务率的财政、税收政策着眼于长期，而旨在平抑产出缺口的货币政策更注重短期，因此，能够为不同政策提供最大参考价值的潜在产出也自然有所差异。根据不同的时间长度及经济假设，可将潜在产出的定义分为三类：由永久性的要素、生产力增长以及随机性的技术冲击共同决定的趋势值（Kiley，2013），在现有经济结构下价格和工资充分调整后的自然值（Smets 和 Wouters，2003），物价充分调整且产品和劳动市场达到完全竞争条件下的有效值（Justiniano 和 Primiceri，2009）。趋势值通常被用来指代经济体的实际产出及其增长率在长期的预测值；自然值在价格粘性、市场失灵的假设前提下，会由于需求冲击的内生影响暂时偏离潜在产出的长期趋势（Fernald，2012）；有效值将潜在产出与经济效率对应起来，认为潜在产出是在市场完美的情况下经济体对应的产出水平。趋势值着眼于长期，更多为古典主义导向的研究所采用（Gerlach，2011），适用于长期增长性政策的分析；自然值注重短期，鉴于一个长期或稳态下的潜在产出概念对短期的逆周期政策平滑不具明显的实际效力，凯恩斯主义学者在实际研究中较多采用潜在产出的自然值概念（Basu 和 Fernald，2009）；有效值立足于制度结构主义，虽然这一定义并无对应的较为成熟的实证测算方法，但此次危机引发的众多国家经济的结构性变化使得这种产出缺口定义有必要得到更多关注。

（2）根据不同宏观政策的主要目标，讨论对应的潜在产出测算改进。对于需要了解经济平稳运行下的持续供给能力，以实现增速有效提升与福利最大化的长期政策而言，古典主义导向的测算方法就可以借鉴；对于旨在及时发现经济的未预期波动并尽量平抑这些波动的短期政策来讲，其所需要的自然值的测算重点并不在于产出的均衡值，而在于经济短期变化的预警性。由于短期内自然值会被需求变动内生性地波及从而偏离其长期态势，因此自然值的测算过程中纳入需求因素的考量是非常必要的，这种修正从理论上讲能更为有效地为经济提供预警性（Borio 等，2013，2014；IMF，2014）。

（3）在服务于短期、周期性宏观政策的潜在产出自然值测算中，除了纳入一般性的需求变化解决供给面测算失灵的问题外，还要重视金融因素对测算的影响。危机后，在对金融因素缺位的反思过程中，一些学者在此方面开展了有效尝试，如 Borio（2014）在细数金融周期纳入主流分析范式的具体困难后，提供了未来经济学建模的几大改进方向：包括舍弃时间一致性的预期理论，在建模过程中纳入特定不确定性以及不同的经济运行方式；纳入风险认知和风险规避在经济周期不同时段的系统性波动，以及它们与融资约束变动间的相互影响；更进一步地获取经济体的货币性质，如在资源配置之外，更加关注金融体系所引发的购买力变化，并关注内生性的货币创造等。

（4）对于长期非均衡，尤其是在不同参数间关系面临大规模失衡时期，除了注重结合供给与需求两方面因素外，还要借助其他指标来判断经济的潜在产出，以保证政策出台的效力，如在经济仍未完全走出危机可能的背景下，美联储第九任主席珍妮特·耶伦上任后，在实际 GDP 上行的同时依然于多个场合反复强调自己对劳动力市场的关注。

（5）正式测算前，还要对研究目的以及研究主体的经济运行特征进行判断，根据具体情况变通、修改现有的测算方法，这一点对于发展中国家的研究尤为重要。如通过对经济结构、价格体系、市场化程度等关键指标的判断，考虑测算期间是否存在阶段性变化，未来预测时期的资源配置与历史研究有多大差异，在此基础上考虑分段研究，以及不同阶段内测算方法的调整；再如当测算数据年限不全或质量欠佳时，考虑通过转换分析问题的方式进行求解,如在资本折旧率不确定的情况下,可以尝试城市化率等指标来测算投资增长率,以求解资本存量的增长速度(中国经济增长前沿课题组,2012)。

第十章

总结与思考

上文分析表明,金融危机后,危机发生国经济增速的间断式及长期性下滑在时间和空间上具有普遍性,历史上大萧条之后的美国、主权债务危机后的拉美经济体、房地产泡沫破灭后的日本、地区性金融危机后的亚洲国家都曾经历过危机冲击期间经济的显著性下滑以及危机后经济的长期停滞。因此,本轮国际金融危机后发达国家乃至全球经济增速的大幅度下滑及增长停滞不具偶然性,且这种增长变化在最终表现上不因危机波及国经济状况的发达与否而呈现显著性差异。由于这种显著且长期性增长变化的普遍性以及在时点上与金融危机的密切关联性,本书采用长周期视角,将研究角度从危机前的金融、经济繁荣时期一路拓展到危机中金融崩溃、经济萧条时期,再进而延展到危机后经济停滞、大衰退的长期增长下滑时期,将危机后作为理论研究热点的增长问题和金融问题同时纳入分析框架,探究二者间的交互作用,研究经济增长的驱动因子。

由于2008年国际金融危机对主流古典理论、模型的推翻,本书没有采用立足于新古典基础之上的传统潜在产出测算方法来讨论经济增长的波动,而是回归到考虑了金融冲击的周期框架,凭借对萨伊定律的推翻,从需求影响供给、周期影响增长的角度入手,讨论经济增速在危机后的变化。出于这样的研究视角,本书在文献综述部分对现有经济周期理论中四大主要学派——凯恩斯学派、货币学派、奥地利学派以及马克思主义学派中的金融理论进行了系统梳理,分析了这些学派中金融与危机、衰退间的关系,梳理了其分析逻辑,并探究了代表性金融因素,如利率、信贷、债务、货币等在实体经济运行中的具体作用,为本书的分析奠定了基础。

在具体逻辑的梳理中，本书先是回溯了萨伊定律及其前提条件以及时代限制，论证了金融深化背景下逆萨伊定律的存在性及合理性，为之后的宏观需求、供给分析法奠定了分析基础，建立了作为需求面冲击的金融波动与被主流经济理论归为供给面的经济增长的联系。进而以2008年国际金融危机中作为代表性危机国家的美国为分析对象，以危机前美国经济、社会等领域的变化推导出了金融长周期的触发点——需求不足与资本过剩的共存，论证为何这二者的共存导致了金融延续增长这一经济发展路径的必然性及合理性，并探讨了这一路径的持续条件、保障条件以及路径实施过程中通胀盯住制、利率调节制的失灵等问题。由过剩资本、宽松政策、金融自由化等支撑的金融膨胀先是促进了需求的扩张，延缓了经济因需求不足可能导致的危机爆发，并经由需求的扩张引致了供给的增长，而供给的增长又会通过收入的提升、利润的增加进一步助力金融扩张需求的循环，这样由金融支撑的供需正向互动最终导致了经济的过度均衡，并表现为长时期低通胀下的繁荣。然而，一旦金融延续增长的路径被利率的上升、预期的转向、流动性的紧缩等原因打断，失去信贷与资产泡沫支撑的社会总需求就不仅会滑落回真实值，还会因为金融体系的崩溃进一步收缩。而需求的间断式下滑不仅打断了供需间的正向循环，还会凭借加速效应造成大规模的产能过剩，并在之后通过逆萨伊定律将需求的萎靡传导到供给的减少上，最终表现为经济增速的间断式及长期性下滑。由于供需调节速率以及金融修复和实体振兴速度间的不同，危机后的增长下滑在时间上具有阶段性，经济会先在危机爆发后的初期呈现显著而剧烈的波动，之后逐渐围绕一个低水平的增长率较为稳定地运行。

进行完理论层面的逻辑梳理后，本书通过一个两期的OLG模型，解释了长周期分析中以利率为代表的各项指标的变动。先论证了危机前收入不平等的扩大、国际资本流动等因素对利率的下拉作用，之后证明了在利率走低为表征的资本过剩下，以债务扩张为代表的金融膨胀如何防止了利率的继续下降，延缓流动性陷阱的到来与危机的爆发；最后分析了危机后以去杠杆为代表的金融崩溃和资产泡沫破灭如何导致经济触及了利率零下限，引发了政策调控的失灵以及经济的长期停滞；并探讨了增长停滞背景下的通胀表现以及胆怯型陷阱问题，证明了节俭悖论、辛劳悖论、弹性悖论的存在。

完成逻辑推演与模型论证后，本书就理论中的几个特征性问题做了具体说明，并与第三章中凯恩斯主义、货币主义、奥地利学派以及马克思主义学派的理论进行了比较分析。（1）在本书的论述中，只要经济运行中贫富差距扩大与金融快速创新同时进行，且没有足够的抵消力量，则金融危机的爆发以及经济增速的间断式和长期性下滑将必然发生。这一结论与四大主流学派的结论相符。具体分析中，本书借鉴了凯恩斯主义学派中边际消费倾向递减、金融不稳定性的研究，但在资本收益、金融与实体互动方面有所不同；吸收了货币主义分析中债务、货币量在危机形成中的作用，但本书分析中的债务不是孤立的，一定是和需求、供给的变动联系在一起才导致了危机的必然性，且本书突破了货币长期中性的假定；认同奥地利学派货币非中性、人为制造的繁荣必然不可持续的观点，但反对其自由市场完美的结论，坚持不加干涉的自由市场运行必然导致危机的爆发；类似马克思主义学者的危机必然性源于生产领域的观点，但是相对马克思主义学者的生产过剩而言更强调资本过剩，以此突出金融对实体的作用，虽然认同资本过剩情况下资本收益率的下降，但区别于马克思主义平均利润的概念，认为金融的膨胀会使得不同领域资本收益率的差异成为常态。（2）在本书的论述中，需求不足与资本过剩共存的初始条件导致了金融延续增长这一选择的必然性及可行性，在金融延续增长的过程中，利率的下降或者说低利率环境的持续，以及金融对实体影响的非中性是两大重要特征。其中利率的下降在其他学派的有关论述中亦可以找到相似之处，如从凯恩斯学派需求不足的必然性就能推出利率下降的必然性，且后来的凯恩斯主义学者在论述金融不稳定中的融资、信贷扩张时也都提及低利率环境的保障作用；货币主义论述中债务周期的膨胀与利率的走低有关，滞胀的爆发也源于货币超发导致的资金低成本；奥地利学派人造繁荣的一个基本条件就是政策利率的非市场化降低；马克思主义认为利润率的走低是危机的根源，而利率作为商业资本的利润会随平均利润而降低。至于金融非中性，凯恩斯在分析大萧条时就在对萨伊定律的批判中进行了提及，奥地利学派更是立场鲜明，货币主义者虽然坚持货币的长期中性，但在短期也承认货币供应的收紧会造成经济的萧条；马克思主义的论述虽然以生产领域为主、金融为辅，但也认为金融的介入会加大生产领域的矛盾。（3）关于政府的作用，四大流派的结论都是根据其关于危机、经济周期波动原因的归纳推导出来的，如凯恩斯主义认为经济的需求不足与金融不稳定是必然的，因此政府要积极干预；货币主义相对而言收缩了政府的权限，认为政府只要按照单一规则发放货币即可；奥地利学派将危机的原因归为人为干预，因此提倡政府的完全退出；马克思主义认为危机的根源在于资本主义的阶级性，只要突破资本主义制度才有可能避免。本书对于政府的定位也来源于理论推演过程中对危机根源的分析，由于本书所分析的长周期范畴内危机的爆发及危机后的经济增速变化根源于危机前的繁荣时期，因此在对政府作用的探讨上也根据周期的不同阶段而有所差异。本书认为，在危机前的经济正常运行或者说繁荣时期，政府要减少微调，不要人为延缓小型危机的爆发，要进行积极的风险防控与金融监管，同时主动干预分配问题，以此减少经济失衡的累积，限制金融的过度膨胀，从源头上杜绝金融延续增长这一路径初始条件的达成；在危机后的经济崩溃以及长期停滞时期，则要进行主动有为的政策干预，通过货币、财政、金融、结构、国际政策等的多方位着力和协调，防止金融恐慌造成的系统性风险以及需求的长期不足通过逆萨伊定律对潜在产出造成长期影响，避免短期政策的无为在长期造成更大的经济损失。

　　通过与主流学派的理论对比为本书的分析提供理论上的合理性后，本书把立足于 2008 年国际金融危机的理论推导扩展到对大萧条、拉美债务危机、日本泡沫破灭、亚洲金融危机、欧洲债务危机这五大典型危机的分析中，以事例论证证明本书理论的普遍性，并发掘危机发生国发展阶段的差异对危机表现和主要特征的影响。在对这五次大型危机的分析中，本书发现了一系列相似点，且这些相似点符合本书理论推演中的特征和结论，证明了本书理论针对其他金融危机案例分析时的适用性。这些相似点包括：危机发生国在之前的繁荣时期经济中均有较为充裕的资本，当时的低利率环境也保障了资本充裕的持续性，充裕而又价格低廉的资金导致了金融泡沫的出现以及需求的不断扩张，且被需求引致的产出增加均未受到产能的限制，同时扩张的需求和供给导致了历次危机前经济的高度繁荣，之后危机爆发均和资金的收紧有关，且危机后均有经济的长期萧条，而这种萧条时期的经济增速滑落在时间上都呈现一定程度的分化。在诸多相似之外，这些危机还由于发生国具体国情的不同而存在一系列的差异：如对于危机前过剩资本的来源，发达国家往往来自于自身经济中，而发展中国家有相当大的比例来源于国际资本；对于危机前的需求不足，在发达国家主要指的是不靠金融扩张，以及不靠政府债务和财政支出的真实社会需求的不足，而发展中国家的需求不足主要指的是与出口导向战略中兴建的高比重制造业相比，国内民众的需求是不足的；需求不足的不同导致了扩张方式的不同，发达国家的需求扩张主要靠的是金融膨胀，发展中国家更偏向于外需的增加；危机前的经济繁荣虽然均有政府的人为干预，但政府干预的方式存在差异，发达国家的政府主要是保证政策的扩张性，而发展中国家的干预除了宏观政策上的扩张性外，还表现在发展战略的人为导向上；危机后的经济增速下滑原因，发达国家更偏金融崩溃，而发展中国家更倾向于外需的下降，这导致了危机后政策重点与萧条恢复时长的不同。

立足于发展中国家和发达国家在经济增速下滑根源上的差异性，本书分析了2008年国际金融危机过后中国经济增速的大幅度下滑、短暂反转以及之后的长期走低问题。在全球化程度日益加深的背景下，发达国家主导的金融膨胀在危机前的扩张具有全球性，被人为扩张的需求会通过国际流动外溢到高储蓄率的发展中经济体，外需的增长通过乘数效应也会引致这些国家的产出增加，产出增加带来的利润、收入增长以及预期的优化进而引发了这些国家的资产价格上涨与信贷扩张，中国经济在危机前的持续增长也符合这一逻辑。改革开放以后，中国历经三次对经济增长具有历史性推动作用的大型改革——20世纪80年代以家庭联产承包责任制为核心的农村土地制度改革，20世纪90年代以建立社会主义市场经济体制为目标的经济体制改革，以及21世纪初以加入世贸组织为标志的对全球化浪潮的加入；前者致力于释放生产力，偏向于供给改革，后两者更注重需求的扩大性改革，这在相应时期的通胀变动上有着显著体现。因此，中国前30年高增长的主要驱动力来源于需求的人为性及外延型扩张。在需求扩张的同时，由于人口、投资、制度、技术等领域的红利作用，中国的供给能力得以持续增长，因此需求的扩张并未遭遇产能的限制，供需两方面的扩张共同造就了中国经济的增长奇迹。危机后，随着发达国家金融化扩张进程的终止，中国的外需遭遇大幅度下滑，危机初期由政府主导的国内投资虽然暂时弥补了外需下滑对经济的影响，维持了短暂的回暖，但之后随着发达国家需求的持续萎靡，民间投资的后继乏力，以及政策刺激效果的递减，中国社会总需求的巨大下滑逐渐体现，并造成了产能过剩，以及增长速度阶梯形、持续性下滑的结果。对于中国经济未来的增长前景，本书认为短期经济增长不会再出现危机初期那样的大幅波动；更长期的增长前景要视替代性需求扩张、供给侧结构匹配、升级等动能转换的效果而定。要保障中国经济的继续追赶，政府需在预期管控、收入分配和增长推动等方面施加政策调节。

结束中国的分析之后，本书以美国代表发达国家、中国代表发展中国家，梳理这两个代表性国家在全球金融危机后的政策调整，并进行横向和纵向两个角度的分析，纵向分析将危机后的政策调整与危机前经济高增长阶段暴露出的问题一一对应，进一步完善上文的长周期分析；横向分析深入阐述经济扩张路径不同的发达国家和发展中国家在危机后政策调整上的联系与差异。危机前，美国金融扩张式的发展道路，一方面造成了整体经济的金融化，具体表现为制造业比重的下滑、贸易赤字的上升以及整体经济的债务化等；另一方面累积了巨大的金融风险，如证券化业务的发展降低了发起人审核资产的激励，导致商业银行的贷款质量不断下降，重复证券化加剧了金融市场的信息不对称，持续不断的金融创新推高了经济体的杠杆率。危机后，美国政府积极进行政策调整以应对以上问题，在实体经济方面提倡重振制造业，通过税收优惠等政策扶植措施力促传统产业回归，积极发展高端制造业，并推进以振兴制造业为目标的贸易和产业政策。在金融领域加强监管，改良原有监管模式的弊端，完善监管协调，注重宏观审慎与微观审慎的结合，扩大监管范围，加强监管力度。中国经济在危机前需求外延式扩张的增长路径加大了经济对外需的依赖度，金融危机爆发后，发达国家进口需求的下滑与贸易保护主义的兴起导致中国经济的扩张路径被迫中止，此后，政府部门的大规模救助措施在短期稳定经济增长的同时，也加剧了产能过剩、房地产高库存、资金脱实向虚、杠杆率上升、金融风险加大等一系列问题。为应对以上问题，中国政府从实体和金融两方面着手进行政策改革。实体领域，扩需求和调供给两手抓。需求方面，积极拓展替代性外需，提振消费、鼓励民间投资；供给方面，实施供给侧结构性改革，发展先进制造业，推动经济创新发展，以此重塑供需平衡，稳定经济增长基础并铸就长期高质量增长的动力。金融领域，引导资金回归本源、优化结构，服务实体助力供给侧结构性改革，降低资金成本，解决企业融资难融资贵问题，并深入进行监管改革，切实防范金融风险。危机前经济发展的全球化以及危机中冲击范围的世界性使得中美政策调整具有一系列相关性，如两国实体层面的调整均与危机前的全球经济失衡密切相关，危机后的调整均是从失衡到再平衡的过程，金融层面的调整都与之前过度宽松的宏观政策有关，实体调整均侧重去监管，金融调整侧重强化监管等。在具有相关性的同时，中美两国危机前经济扩张方式的不同也导致危机后的政策调整存在特定差异，如实体经济调整上，美国注重内收，中国尝试外拓；金融监管改革上，中国除防范金融风险外，还特别强调金融对实体的服务作用，且在国际风险的防范和应对上相较美国更为被动；改革政策的出台时点、经济恢复程度等方面也存在不同。

理论和实践分析结束后，本书在第九章针对所采用的研究方法做了补充说明，具体解释为何不选择新古典的增长理论而是用长周期的供需分析法研究金融危机后经济增速的间断式及长期性下滑问题。危机中以新古典、新兴古典为代表的传统经济理论遭遇巨大挑战，建立在这些主流理论基础上的一系列经济分析和建模方法包括潜在产出测算方法也遭遇系统性失灵，测算方法和经济预测的失灵严重影响了宏观调控的精确性。本书通过梳理总结现有潜在产出测算依托的三大特征——全方位的市场有效论、产出的供给决定论与经济的长期均衡论，分析了危机中市场的失灵、逆萨伊定律的存在与有效需求的长期不足如何导致了潜在产出测算的失灵，研究了发展中国家政府干预的大规模存在、供给面核算的特殊性及制度变迁的频繁性如何造成起源于发达国家的潜在产出测算方法的不适用性。但这些分析并非全盘推翻现有的潜在产出理论，而是为了进一步强调这些理论和方法的适用范围，论述本书未采用潜在产出测算研究危机后经济增速间断式及长期性下滑的原因。在此基础上，针对不满足传统潜在产出测算基础的市场失灵、金融泡沫化与经济停滞时期，本书提出了潜在产出测算的改良与突破思路。

最后，依托于上文的一系列分析，本书提出以下几点思考。

第一节　增长基础的再讨论

主流经济学一直认为经济的增长基础在于供给，这一经济学结论与人类社会的历史发展进程密切相关，在人类社会发展的绝大部分时期，一直到19世纪，制约发展的都是生产力的进步与供给的短缺，供给的不足不仅导致了经济增长的缓慢，更对人口的增长、社会的发展造成极大制约。在这样的历史背景下，属于稀缺资源的产品供给就成了经济增长的主要制约及推动力。因此，经济学发展之初主要致力于生产效率、供给能力的提升，对经济增长的讨论也大都与分工效率、资源丰裕程度等相联系，对需求面的讨论是较为忽视的，或者说认为经济增长的意义就在于能满足更多人的基本、合理需求。因而，在经济学创立、发展之初，以萨伊定律代表的供给注重论占据统治地位，经济的增长就是不断突破产能限制的过程。

对供给的信奉到了20世纪30年代曾一度被大萧条的爆发打破。大萧条后经济的长期低迷让以凯恩斯为首的经济学家意识到了需求的重要性。但大萧条只是推动这一理论转向的导火索，真正的推动原因还要追溯到大萧条之前以电力技术的广泛应用为驱动的技术革命的爆发，电力的大规模应用极大地解放了生产力，提高了生产效率，导致了产品供给在极短时期内的大规模增长以及经济的快速进步。供给能力的提高甚至在一定程度上超额满足了民众的基本需求，并促进了社会财富的大规模产生和集聚。此时，相对需求而言，供给的稀缺性出现显著下降。因此，西方国家才会爆发出一场人类历史上标志性的、由需求不足引发的经济危机。大萧条之后，随着扩张性政策作用的显现，以及之后以第二次世界大战中大规模军用设备为代表的需求扩张对经济的显著拉动，凯恩斯主义经济学开始被广泛接受，需求代替供给成为当时理论界的重点讨论对象。

第二次世界大战之后，在社会供给能力提升及和平环境的推动下，全世界经历了一场人口出生的高峰，人口的激增从消费和投资两方面对需求产生了大幅度推动，而供给方面，第二次技术革命爆发带来的增长效应已经逐渐释放完全，此时，供需之间的相对稀缺逐渐逆转，供给的重要性又开始凸显，直至经石油危机的爆发而再一次成为限制增长的主要因素。在此背景下，着重供给分析的古典主义重回主流，理论界关于真实经济周期理论、一般均衡理论、自由市场的讨论层出不穷，为供给的增长主导作用证明；而政策界，以私有化、竞争化为代表的浪潮也极大地促进了微观主体的活力，推动了生产效率的提升。之后，第三次技术革命的爆发又为这一时期的产能扩张增添了极大助力，供给的大规模扩张再次扭转了供需的相对关系。在此背景下，才有了上文所述的需求不足与资本过剩的共存，以及金融化需求扩张对增长的延续。

在古典范畴的分析中，制约经济增长的是资源的稀缺性，生产要素中相对最为短缺的是增长的关键。而本书认为，在宏观层面，经济增长由需求和供给两方面决定，两者均衡时才是最为稳定的增长，否则就会出现短缺或过剩，且两者中相对不足的才是决定增长的关键，也即增长在宏观层面而言，亦取决于宏观供需的稀缺性。回顾过去，在人类历史及经济学的发展进程中，供给和需求的相对变化不仅决定了增长基础的变化，更导致了经济学主流理论的变迁；展望未来，在科技进步速度日益加快的同时，导致经济突破如大萧条后长期衰退的需求扩张因素，包括大规模战争的爆发、人口的激增等在未来成为既定事实的可能性越来越小，需求对经济的制约将越来越重要，因此，日后经济学的发展应对需求因素给予更为广泛的关注。

第二节　古典二分法的突破

在主流经济学分析范畴内，需求和供给、短期与长期、周期和增长这些因素之间有着较为严格的区分，需求是能造成经济短期周期性波动的因素，供给是决定经济长期增长的基础。需求变动引发的周期波动的影响只存在于短期，造成的摩擦、失业等也都不会影响经济的长期供给和增长，短期会非均衡波动的市场一定能在长期实现出清，而由于长期均衡的绝对性，经济的增长就完全由供给决定。然而，现实中，这种严格的区分是不成立的，如金融的天然不稳定性会推翻市场有效的假定，阻碍供需的自然匹配；供需失衡一旦不能在短期得到解决，需求就会通过逆萨伊定律持续作用于经济的供给面，这种作用力既可在危机前的金融膨胀时期推动产能的持续扩张，亦可在危机后的大衰退时期造成供给能力的萎缩。

大萧条时凯恩斯本人并未突破长短期的严格区分，只是将其政策定位为政府逆周期调控时的措施，未曾展开到长期的讨论，因为"长期我们都将死去"，但其对"供给决定需求"论的批判却揭示了非均衡的存在问题，以及经济需求决定性的可能。大萧条之后，采用凯恩斯主义的政府虽然名义上认同政策的双向性，同时标榜过热时的紧缩与衰退时的扩张。但实际施行中，政策主导者的态度往往是非对称的，在繁荣时期会借由泡沫的难以识别性而对紧缩政策慎之又慎，但一旦面临经济衰退，哪怕仅仅是微型的波动，也会大动干戈地进行扩张，杜绝经济硬着陆的微小可能，而当绝大多数小型波动都能被扼杀于摇篮时期时，经济就会呈现出长时段的稳定增长。因此，在实际中，以短期、逆周期调控为主的凯恩斯主义政策经常被政府用来保证并延续增长，如广场协议甫一签订，日本就大幅释放流动性；互联网泡沫破灭初见端倪，美国就快速下调利率；中国在宏观调控渐成体系后就一直用"三驾马车"拉动经济增长。

第三节　金融的定位与约束

在古典范畴内，金融市场主要起到协助定价、促进资源配置等作用，如产品市场一样，在信息完全的情况下，金融市场也是完美的，所有资产的价格都能充分反映其价值，资源也能被合理而高效地配置。正如第一节所述，古典经济学的产生、发展背景是供给的相对稀缺性，而在供给不足的情况下，对金融的关注自然就着重或者说局限在提高资源配置效率、促进实际产出增加方面。

但是，一旦经济社会的供需关系发生逆转，需求代替供给成为相对稀缺且制约增长的主要因素后，生产领域的利润会因为产能的过剩而出现下滑，但需求领域的收益却会相对增长。对于更易发现机会、更倾向于获利的金融资本而言，此时的作用就不会继续局限在生产领域的资源配置中，而是依托信贷、杠杆化、从众心理等因素推动需求的膨胀并获益，逐渐从供给领域依托生产的位置慢慢演变为需求领域主导消费的位置。

当金融从实体经济的辅助工具转化成为延续经济增长的主要工具后，供需之间的矛盾、经济生产结构的不合理等问题初时会被掩盖，之后随着需求的持续扩张，以及供给匹配性增长过程中生产结构的变迁、生产资料的流动而进一步严峻。若金融的膨胀一直未遭遇合理而有效的约束，金融延续增长的路径就能在较长时期内持续，但此时经济表面上的供需匹配形成的是过度均衡，并不代表经济的实际供求状况。一旦这一进程被打断，经济的高速增长不仅会停止，更会因为繁荣时期累积矛盾的大规模爆发而经历传统商业周期中少有的间断式下滑。且间断式下滑后，由于需求的难以提振，以及供需重新匹配的困难性，经济的增长只能维系在低水平，难以回到之前的高增长轨道。

因此，在需求不足问题日益普遍且广泛的未来，对于金融的约束至关重要。但是，正如繁荣与泡沫、增长与过热之间的界限难以界定一样，金融在合理资源配置与过度膨胀间的区分也难以完全明晰，所以即使本次国际金融危机后，宏观审慎的必要性已成为理论界和政策界的共识，但在"一类错误（假设存在泡沫并采取行动，但实际上价格上涨反映的是基本面的变化）"与"二类错误（假设价格上涨是源于基本面，但实际上是由于泡沫推动）"间的成本比较，以及金融约束政策的具体施行上依然会存在广泛的分歧与持续的讨论。

第四节 政府定位的再思考

不同经济学派对政府定位的讨论因其分析中危机根源的不同而存在差异。大萧条后的凯恩斯主义时期，西方国家均通过大规模的扩张人为创造需求，促进经济的复苏，政府定位偏向于积极主动；而滞胀后占据主流的理论在经济学基础上更偏古典范畴，因此纵然这一时期各国政府都曾对经济进行过多次微调，但发达国家整体倡导的是一种"守夜人"角色的政府定位，提倡政府通过体制、制度的完善不断推动经济的去管制化、私有化、竞争化、市场化，并依据这样的定位对发展中经济体的经济发展进行指导。

本书认为，正是宏观层面供需的相对变化造成以上政府定位的差异,当需求不足是制约经济主要因素时,主动有为的政策干预就被提倡,而当供给相对变得稀缺或不足时,政策定位就偏向于能够极大调动市场力量的减少干预。经济理论的不断完善,尤其是需求、供给的同时重视扩大了政府定位的权益性,对政策边界的缩小或者扩张都能找到各自的理论支撑,然而,这种权益性的存在及扩大,也易造成政策更大范围、更深程度的滥用,以凯恩斯主义逆周期调控政策维持经济的长期增长进而造成危机后经济增速的间断式及长期下滑就是这种滥用的一个具体表现。

根据本书的分析逻辑,拥有权益性的政府在政策方向把控上需更为严谨地因时、因地制宜。考虑到经济运行在时间及空间上的分化,政府的具体定位应根据增长所处的具体时段以及增长的具体来源而不同。当经济处于在供需均衡的稳定增长时期,政府应该收缩权限,避免对经济的频繁微调,让实体的矛盾尽可能以小规模的爆发得到缓解。而当经济的供需出现失衡时,就要进行主动有为的干预,但在具体的政策措施上,要根据不同国家的具体差异而做调整。对于发达国家而言,鉴于经济的失衡更易偏向需求不足,政府应主动对收入分配和金融监管等领域进行干预,一方面通过更为公平的分配方式增加需求、缓解资本的集聚,尽可能从源头上杜绝金融延续增长这一路径产生的必然性;另一方面通过积极而审慎的金融监管避免金融的过度膨胀,以及依靠金融化支撑的需求扩张累积更大的经济矛盾。对于发展中国家而言,生产结构的低端化导致供给在结构化、质量化层面难以弥补需求的要求,政府对此采取的措施通常包括承接发达国家的产业转移并实施出口导向战略,或者吸纳国际资本实施进口替代战略,这样的干预在提高制造业比重、促进产业升级的同时,可以通过供需间的良性互动实现更为快速的经济追赶。但需要注意的是,这样以效率为导向的政府干预,虽然可以在经济增长基础较低时减少交易成本,但具体实施中一定要对宏观产品、资本的供需匹配能力进行重点干预,保证这种人为干预下的失衡的可控性,同时巩固金融系统、培养国内需求,否则,外需的大规模下滑或者资本的大规模外逃就极有可能造成失衡的不可控,引发产能过剩、金融崩溃、经济增长失速等一系列问题。

第五节 本书的创新与不足

　　经济学的重要研究进展，尤其是有关危机的著述创新都是反周期的，大型危机对经济学研究具有非常大的推动作用，且这些危机之后的理论创新往往决定了未来很长一段时期，或者说到下次大型危机之前的理论主导方向。本次国际金融危机之后，经济学界目前理论反思、创新的两个重要方面就是经济的增长停滞以及传统主流理论框架对于金融研究的忽略。本书关于金融危机后经济增速间断式及长期性下滑的研究试图在这一大的理论创新领域做出微末贡献。

　　本书的创新在于：（1）理论分析方面：从长周期的视角，完整地纳入风险积累、爆发的全过程讨论经济增速的下滑，重点分析了金融的跨期替代作用如何阶段性地掩盖了供给与需求间的不平衡，从而将平滑性的增长以危机为界转换成间断式及长期性的下滑，并将危机后的经济表现、政策调整等与危机前高速增长时期经济暴露出的问题进行了对应，对现有的金融危机、增长停滞研究做了一定补充。（2）学术观点方面：总结了危机发生的必然性，提出只要经济运行中贫富差距扩大与金融快速创新同时进行，且没有足够的抵消力量，则金融危机的爆发以及经济增速的间断式及长期性下滑将必然发生；并就逆萨伊定律的存在性、传统潜在产出测算方法的局限性、经济增长的基础、古典二分法的突破、金融的定位与约束、政府的作用等问题提出了思考。（3）研究论证方面：较为系统地梳理了经济周期领域四大主要学派——凯恩斯学派、货币学派、奥地利学派以及马克思主义学派中金融对经济周期波动及经济危机、经济萧条的影响机制。在此基础上将本书的分析结论、理论特征等与之进行对比研究，验证本书理论的科学性，并讨论了本书分析与四大主要学派观点的联系和差异。（4）现实解释方面：用一个普遍性的增速下滑理论，解释了大萧条、拉美债务危机、日本经济危机、亚洲金融危机、2008年国际金融危机以及欧洲债务危机这六次发生于不同时期、不同类型经济体的典型危机，在总结相似性的同时分析了经济发展阶段不同的国家在危机表现中的差异，并以中美两国为代表，具体解释了这些差异的来源以及其所导致的危机应对政策的不同。

本书的不足主要在于缺乏微观和宏观间的严谨推导。文章虽然通过一个 OLG 模型证明了理论推演中的基本特征，但总体而言偏宏观事实的描绘，欠缺宏观事实与微观基础间的联系；本书在分析过程中论证了古典范畴假设、分析在金融危机中的一系列不适用性，包括以个体行为代表群体行为、理性预期、完全信息、市场均衡、萨伊定律、古典二分法等的失灵问题，但这些假设和分析逻辑正是新古典微观建模的根基所在，本书通过主流理论解释不了的宏观经验事实反推出了这些微观根基的问题，却没有在微观层面做出有效的改进。

参考文献

[1] Adrian, T., Moench, E., Shin, H., "Macro Risk Premium and Intermediary Balance Sheet Quantities" *Federal Reserve Bank of New York Staff Reports*, No. 428, 2010.

[2] Adrian, T., Shin, H., "Liquidity and Leverage" *Journal of Financial Intermediation*, Vol. 19, No. 3, 2010.

[3] Aghion P, Bacchetta P, Banerjee A., "A Corporate Balance-sheet Approach to Currency Crises" *Journal of Economic theory*, Vol. 119, No. 1, 2004.

[4] Akerlof G A, Dickens W T, Perry G L, et al., "The Macroeconomics of Low Inflation" *Brookings Papers on Economic Activity*, No. 53, 1996.

[5] Alberola E, Estrada Á, Santabárbara D., "Growth beyond Imbalances. Sustainable Growth Rates and Output Gap Reassessment" *Banco de España Working Paper*, No. 1313, 2013.

[6] Alvaredo F, Atkinson A B, Piketty T, et al., "The Top 1 Percent in International and Historical Perspective" *Journal of Economic Perspectives*, Vol. 27, No. 3, 2013.

[7] Amano, R., Carter, T., Coletti, D., "Next Steps for Canadian Monetary Policy" *Bank of Canada Review*, spring, 2009.

[8] Ambler, S., "Price-Level Targeting and Stabilisation Policy: A Survey" *Journal of Economic Surveys*, Vol. 23, No. 5, 2009.

[9] Anderton R, Aranki T, Dieppe A, et al., "Potential Output from A Euro Area Perspective" *ECB Occasional Paper*, No. 156, 2014.

[10] Arestis P, Sawyer M., "A Critical Reconsideration of the Foundations of Monetary Policy in the New Consensus Macroeconomics Framework" *Cambridge Journal of Economics*, Vol. 32, No. 5, 2008.

[11] Arestis, P. and I. B. F. Mariscal, "Capital Stock, Unemployment and Wages in the UK and Germany" *Scottish Journal of Political Economy*, Vol. 47, No. 5, 2000.

[12] Arestis, P., "New Consensus Macroeconomics: A Critical Appraisal" *The Levy Economics Institute of University of Cambridge Working Paper*, No. 564, 2009.

[13] Arestis, P., M. C. Sawyer, "Can Monetary Policy Affect the Real Economy?" *European Review of Economics and Finance*, Vol. 3, No. 3, 2004.

[14] Baker S R, Bloom N, Davis S J., "Measuring Economic Policy Uncertainty" *National Bureau of Economic Research Working Paper*, No. 21633, 2015.

[15] Ball L M, Mazumder S., "Inflation Dynamics and the Great Recession" *Brookings Papers on Economic Activity*, Vol. 11, No. 121, 2011.

[16] Ball L, DeLong B, Summers L. "Fiscal Policy and Full Employment" *Center on Budget and Policy Priorities*, April 2, 2014.

[17] Ball, L. et al, "Aggregate Demand and Long-run Unemployment" *Brookings Papers on Economic Activity*, No. 2, 1999.

[18] Ball, L. M., and S. Mazumder, "Inflation Dynamics and the Great Recession" *NBER Working Paper*, No. 17044, 2011.

[19] Ball, Laurence M, "Long-Term Damage from the Great Recession in OECD Countries" *NBER Working Paper*, No. 20185, 2014.

[20] Barry Eichengreen, Donghyun Park, Kwanho Shin, "When Fast Growing Economies Slow Down: International Evidence and Implications for China" *Asian Economic Papers*, Vol. 11, No. 1, 2011.

[21] Barry Eichengreen, Donghyun Park, Kwanho Shin, "Growth Slowdowns Redux: New Evidence on the Middle-Income Trap" *NBER Working Paper*, No. 18673, 2013.

[22] Basu, S., J. G. Fernald, "What Do We Know (and Not Know) about Potential Output?" *Federal Reserve Bank of St. Louis Review*, Vol. 91, No. 4, 2009.

[23] Bean C R. "Globalisation and Inflation" *Bank of England Quarterly Bulletin*, winter, 2006.

[24] Bean C, Paustian M, Penalver A, et al., "Monetary Policy after the Fall" *Federal Reserve Bank of Kansas City*, Jackson Hole, Wyoming, August 26-28, 2010.

[25] Bean C., "Is there a new consensus in monetary policy?" Chapter 9 in Arestis P. (ed.) *Is There a New Consensus in Macroeconomics?* Houndmills, Basingstoke: Palgrave. Bean, Charles. 2007.

[26] Beltran D O, Kretchmer M, Marquez J, et al., "Foreign holdings of US Treasuries and US Treasury yields" *Journal of International Money and Finance*, Vol. 32, No. 1, 2013.

[27] Benigno P, Eggertsson G B, Romei F., "Dynamic Debt Deleveraging and Optimal Monetary Policy" *NBER Working Paper*, No. 20556, 2014.

[28] Benigno P, Ricci L A., "The Inflation-output Trade-off with Downward Wage Rigidities" *NBER Working Paper*, No. 15762, 2010.

[29] Benigno, G., Fornaro, L., "Stagnation Traps" *Barcelona Graduate School of Economics Working Paper*, No. 832, 2015.

[30] Benito, A. et al, "The Impact of the Financial Crisis on Supply" *Bank of England Quarterly Bulletin*, Vol. 50, No. 2, 2010.

[31] Bernanke B S., "Some Reflections on the Crisis and the Policy Response" Remarks delivered at the Russell Sage Foundation and Century Foundation Conference on "Rethinking Finance", New York City, April 13, 2012.

[32] Bernanke B, Gertler M, Gilchrist S., "The Financial Accelerator in A Quantitative Business Cycle Framework" in *J. B. Taylor* and *M. Woodford* (ed.) *Handbook of Macroeconomics*, edition 1, volume 1, chapter 21, Elsevier, 1999.

[33] Bernanke B, Reinhart V, Sack B., "Monetary Policy Alternatives at the

Zero Bound: An Empirical Assessment" *Brookings Papers on Economic Activity*, No. 2, 2004.

[34] Bernanke B., "Implications of the Financial Crisis for Economics" *Speech at the Conference Co-sponsored by the Center for Economic Policy Studies and the Bendheim Center for Finance*, Princeton University, Board of Governors of the US Federal Reserve System, 2010.

[35] Bernanke B., "The Macroeconomics of the Great Depression: A Comparative Approach" *Journal of Money, Credit and Banking*, Vol. XXVII, 1995.

[36] Biggs M, Mayer T. The Output Gap Conundrum. *Intereconomics/Review of European Economic Policy*, Vol. 45, No. 1, 2010.

[37] Blanchard O J, Furceri D, Pescatori A., and "A Prolonged Period of Low Real Interest Rates?" in *Teulings, C. and Baldwin, R (ed.) Secular Stagnation: Facts, Causes and Cures*, A VoxEU. org eBook, London: Centre for Economic Policy and Research Press, 2014.

[38] Blanchard O J, Galí J., "Labor Markets and Monetary Policy: A NK Model with Unemployment" *American Economic Journal Macroeconomics*, Vol. 2, No. 2, 2008.

[39] Blanchard O, Dell'Ariccia G, Mauro P. "Rethinking Macroeconomic Policy" *Journal of Money, Credit and Banking*, Vol. 42, No. s1, 2010.

[40] Blanchard O, Dell'Ariccia G, Mauro P. "Rethinking Macro Policy II: Getting Granular" *IMF Staff Discussion Notes*, Vol. 13, No. 3, 2013.

[41] Blanchard O, Galí J., "Real Wage Rigidities and the New Keynesian Model" *Journal of Money, Credit and Banking*, Vol. 39, No. s1, 2007.

[42] Blanchard, Olivier Jean, and Nobuhiro Kiyotaki., "Monopolistic Competition and the Effects of Aggregate Demand" *American Economic Review*, Vol. 77, No. 4, 1987.

[43] Blinder A S., "What Central Bankers Could Learn from Academics and Vice Versa" *Journal of Economic Perspectives*, Vol. 11, No. 2, 1997.

[44] Bolt W, Els P J A V. "Output Gap and Inflation in the EU" *WO Research Memoranda (discontinued)*, No. 550, Netherlands Central Bank,

Research Department, 1998.

[45] Borio C E V, Disyatat P, Juselius M. , "A Parsimonious Approach to Incorporating Economic Information in Measures of Potential Output" *BIS Working Paper*, No. 442, 2014.

[46] Borio, C. E. and A. J. Filardo, "Globalisation and inflation: New cross-country evidence on the global determinants of domestic inflation", *BIS Working Paper*, No. 227, 2007.

[47] Borio C, Disyatat P, Juselius M. , "Rethinking Potential Output: Embedding Information about the Financial Cycle" *BIS Working Paper*, No. 404, 2013.

[48] Borio, C. and Zhu, H. , "Capital Regulation, Risk Taking and Monetary Policy: A Missing Link in the Transmission Mechanism" *BIS Working Paper*, No. 268, 2008.

[49] Borio, C. E. , "The Financial Cycle and Macroeconomics: What Have We Learnt?" *Journal of Banking & Finance*, Vol. 45, No. 8, 2014.

[50] Borio, C. , Disyatat, P. , "Unconventional Monetary Policies: an Appraisal" *The Manchester School*, *University of Manchester*, Vol. 78, No. s1, September, 2010.

[51] Bouis R, Cournède B, Christensen A K. , "Implications of Output Gap Uncertainty in Times of Crisis" *OECD Economics Department Working Paper*, No. 977, 2012.

[52] Bouis R, Duval R. , "Raising Potential Growth after the Crisis: A Quantitative Assessment of the Potential Gains from Various Structural Reforms in the OECD Area and Beyond" *Brazilian Oral Research*, Vol. 24, No. 4, 2011.

[53] Brázdik F, Hlaváček M, Marsal A. , "Survey of Research on Financial Sector Modeling within DSGE Models: What Central Banks Can Learn from It" *Czech Journal of Economics and Finance*, Vol. 62, No. 3, 2012.

[54] Brunnermeier, M. K. , S. Nagel, "Hedge Funds and the Technology Bubble" *The Journal of Finance*, Vol. 59, No. 5, 2004.

[55] Caballero R J, Farhi E. , "The Safety Trap" N*BER Working Paper*, No. 19927, 2014.

[56] Caballero R J. , "Macroeconomics after the Crisis: Time to Deal with the Pretense-of-Knowledge Syndrome" *Journal of Economic Perspectives*, Vol. 24, No. 4, 2010.

[57] Calvo, Guillermo A. , "Staggered Prices in a Utility-Maximizing Framework" *Journal of Monetary Economics*, Vol. 12, No. 3, 1983.

[58] Camba-Mendez G, Rodriguez-Palenzuela D. "Assessment Criteria for Output Gap Estimates" *Economic Modelling*, Vol. 20, No. 3, 2003.

[59] Carlstrom, C. and Fuerst, T. , "Agency Costs, Net Worth, and Business Fluctuations: A Computable General Equilibrium Analysis" *American Economic Review*, Vol. 87, No. 5, 1997.

[60] Cassidy J. *How Markets Fail: The Logic of Economic Calamities*. New York, Farrar, Straus and Giroux, 2009.

[61] Cecioni, M. , Ferrero, G. , Secchi, A. , "Unconventional Monetary Policy in Theory and in Practice" *Bank of Italy Occasional Paper*, No. 102, 2011.

[62] Cerra, V. and S. C. Saxena, "Growth Dynamics: the Myth of Economic Recovery" *American Economic Review*, Vol. 98, No. 1, 2008.

[63] Chagn O, Döpk J. , "Measures of the Output Gap in the Euro-Zone: An Empirical Assessment of Selected Methods" *Kiel Working Paper*, No. 1053, 2001.

[64] Chevalier J, Ellison G. , "Career Concerns of Mutual Fund Managers" *Quarterly Journal of Economics*, Vol. 114, No. 2, 1999.

[65] Christiano, L. ; Ilut, C. ; Motto, R. and Rostagno, M. , "Monetary Policy and Stock Market Boom Bust Cycles" *European Central Bank Working Paper*, No. 955, 2008.

[66] Clarida, Richard, Jordi Galí, and Mark Gertler. , "The Science of Monetary Policy: A New Keynesian Perspective" *Journal of Economic Literature*, Vol. 37, No. 4, 1999.

[67] Claus I, Conway P, Scott A. , "The Output Gap: Measurement, Com-

parisons and Assessment" *Reserve Bank of New Zealand Research Paper*, No. 44, 2000.

[68] Congdon T., "Two Concepts of the Output Gap" *World Economics*, Vol. 9, No. 1, 2008.

[69] Cooper G., *The Origin of Financial Crises: Central Banks, Credit Bubbles and the Efficient Market Fallacy*, Hampshire: Harriman House Limited, 2010.

[70] Cornwall, J., "The Role of Demand and Investment in Long-term Growth" *Quarterly Journal of Economics*, Vol. 84, No. 1, 1970.

[71] Cotis J P, Elmeskov J, Mourougane A., "Estimates of Potential Output: Benefits and Pitfalls from a Policy Perspective", *OECD Economics Department, Centre for Economic Policy Research*, 2004.

[72] Cúrdia V, Woodford M., "Credit Frictions and Optimal Monetary Policy" *National Bank of Belgium Working Paper*, No. 146, 2008.

[73] Delong B., "What Market Failures Underlie our Fears of Secular Stagnation?" *Blog Post*, February, 2014.

[74] DeLong, J. Bradford, and Lawrence H. Summers, "Fiscal Policy in a Depressed Economy" *Brookings Paper on Economic Activity*, Vol. 44, No. 1, 2012.

[75] Drehmann M, Borio C E V, Tsatsaronis K., *Characterising the Financial Cycle: Don't Lose Sight of the Medium Term*! New York: Social Science Electronic Publishing, 2012.

[76] Drehmann, M. and Juselius, M., "Measuring Liquidity Constraints in the Economy: the Debt Service Ratio and Financial Crises" *BIS Quarterly Review*, September, 2012.

[77] Dupasquier C, Guay A, St-Amant P., "A Survey of Alternative Methodologies for Estimating Potential Output and the Output Gap" *Journal of Macroeconomics*, Vol. 21, No. 3, 1999.

[78] ECB, "Trends in Potential Output" *Monthly Bulletin*, January, 2011.

[79] ECB, "Potential Output, Economic Slack and the Link to Nominal Developments since the Start of the Crisis" *Monthly Bulletin*,

November 2013.

[80] Edge R M, Kiley M T, Laforte J P. , "Natural Rate Measures in an Estimated DSGE Model of the US Economy" *Journal of Economic Dynamics and Control*, Vol. 32, No. 8, 2008.

[81] Eggertsson G B, Mehrotra N R, Singh S R, et al. , "A Contagious Malady? Open Economy Dimensions of Secular Stagnation" *IMF Economic Review*, Vol. 64, No. 4, 2016.

[82] Eggertsson G B. , "The Paradox of Toil" *FRB of New York Staff Report*, No. 433, 2010.

[83] Eggertsson, G. and P. Krugman, "Debt, Deleveraging, and the Liquidity Trap: a FisherMinsky-Koo Approach" *The Quarterly Journal of Economics*, Vol. 127, No. 3, 2012.

[84] Eggertsson, Gauti and Neil Mehrotra, "A Model of Secular Stagnation" *Mimeo, Brown University*, 2014.

[85] Eggertsson, Gauti B. , Neil R. Mehrotra, and Lawrence H. Summers, "Secular Stagnation in the Open Economy" *American Economics Review*, Vol. 106, No. 5, 2016.

[86] Emmanuel Farjoun and Moshe Machover, *Laws of Chaos*, London: Birkhäuser Boston, 1983.

[87] Fama E F. , "Efficient capital markets: A Review of Theory and Empirical Work" *The Journal of Finance*, Vol. 25, No. 2, 1970.

[88] Fernald J. , "Productivity and Potential Output Before, During, and After the Great Recession" *Federal Reserve Bank of San Francisco Working Paper*, Series 15, 2014.

[89] Frankel J. , "The Death of Inflation Targeting" *VoxEU. Org*, 19, 2012.

[90] Frieden J. , "The Political Economy of Adjustment and Rebalancing" *Journal of International Money and Finance*, Vol. 52, No. C, 2015.

[91] Furceri, D. and A. Mourougane, "The Effect of Financial Crises on Potential Output: New Empirical Evidence from OECD Countries" *Journal of Macroeconomics*, Vol. 34, No. 3, 2012.

[92] Furlanetto F, Gelain P, Taheri Sanjani M. , *Output Gap in Presence of*

Financial Frictions and Monetary Policy Trade-Offs, New York: Social Science Electronic Publishing, 2014.

[93] Galbraith J K., "The Collapse of Monetarism and the Irrelevance of the New Monetary Consensus" *The Levy institute of Bard College Policy Note*, No. 1, 2008.

[94] Galí J., *Monetary Policy, Inflation, and the Business Cycle: An Introduction to the New Keynesian Framework*, Princeton: Princeton University Press, 2009.

[95] Gerlach P., "The Global Output Gap: Measurement Issues and Regional Disparities" *BIS Quarterly Review*, June, 2011.

[96] Gertler, M and Kiyotaki, N., "Financial Intermediation and Credit Policy in Business Cycle Analysis" in: *Benjamin M. Friedman* and *Michael Woodford* (ed.) *Handbook of Monetary Economics*, edition 1, volume 3, chapter 11, 2010.

[97] Goodfriend M, King R., "The New Neoclassical Synthesis and the Role of Monetary Policy, NBER Chapters" in: *NBER Macroeconomics Annual 1997, Volume 12*, National Bureau of Economic Research, Inc., 1997.

[98] Goodfriend M, McCallum B T., "Banking and Interest Rates in Monetary Policy Analysis: A Quantitative Exploration" *Journal of Monetary Economics*, Vol. 54, No. 5, 2007.

[99] Goodfriend M., "How the World Achieved Consensus on Monetary Policy" *Journal of Economic Perspectives*, Vol. 21, No. 4, 2007.

[100] Goodfriend, Marvin., "Monetary Mystique: Secrecy and Central Banking" *Journal of Monetary Economics*, Vol. 17, No. 1, 1986.

[101] Goodhart, C., Carolina, O., Dimitrios, T., "Analysis of Monetary Policy and Financial Stability: A New Paradigm" *CESIFO working paper*, No. 2885, 2009.

[102] Gordon R J., "A New Method of Estimating Potential Real GDP Growth: Implications for the Labor Market and the Debt/GDP Ratio" *NBER Working Paper*, No. 20423, 2014.

[103] Gordon R J., "Is US Economic Growth Over? Faltering Innovation Con-

fronts the Six Headwinds" *NBER Working Paper*, No. 18315, 2012.

[104] Gordon R J., "Secular Stagnation: A Supply-side View" *American Economic Review*, Vol. 105, No. 5, 2015.

[105] Gordon R J., "The Demise of US Economic Growth: Restatement, Rebuttal, and Reflections" *NBER Working Paper*, No. 19895, 2014.

[106] Gorodnichenko, Y., M. D. Shapiro, "Monetary Policy When Potential Output Is Uncertain: Understanding the Growth Gamble of the 1990s" *Journal of Monetary Economics*, Vol. 54, No. 4, 2007.

[107] Greenspan, A. and J. E. Kennedy, "Estimates of Home Mortgage Originations, Repayments, and Debt on One-to-four-family Residences" *Board of Governors of the Federal Reserve System, Finance and Economics Discussion*, Series 41, 2005.

[108] Gruber J W, Kamin S B., "The Corporate Saving Glut in the Aftermath of the Global Financial Crisis" *FRB International Finance Discussion Paper*, No. 1150, 2015.

[109] Hall R E., "The Long Slump" *American Economic Review*, Vol. 101, No. 2, 2011.

[110] Hancock, D., Passmore, W., "Did the Federal Reserve's MBS Purchase Program Lower Mortgage Rates?" *Journal of Monetary Economics*, Vol. 58, No. 5, 2011.

[111] Hansen A H., "Economic Progress and Declining Population Growth" *American Economic Review*, Vol. 29, No. 1, 1939.

[112] Hatcher, C., "Comparing Inflation and Price-level Targeting: A Comprehensive Review of The Literature" Cardiff Economics Working Paper, No. 22, 2011.

[113] Hausmann R, Rodrik D., "Growth Accelerations" *Journal of Economic Growth*, Vol. 10, No. 4, 2005.

[114] Helbling T, Jaumotte F, Sommer M., "How has Globalization Affected Inflation?" *IMF World Economic Outlook*, Chapter 3, April, 2006.

[115] Hlédik T, Jonsson M, Kucsera H, et al. Potential output in DSGE models. *European Central Bank Working Paper*, Series 1351, 2011.

[116] IMF, *World Economic Outlook*, International Monetary Fund, Washington D. C., April, 2014.

[117] IMF, *World Economic Outlook*, International Monetary Fund, Washington D. C., April, 2015.

[118] Issing O., "Central Banks: Paradise Lost" CFS Working Paper, No. 30, 2012.

[119] Issing O., "Communication, Transparency, Accountability: Monetary Policy in the Twenty-first Century" *Federal Reserve Bank of St. Louis Review*, No. 87, 2005.

[120] Justiniano A, Primiceri G., "Potential and Natural Output" *Society for Economic Dynamics Meeting Paper*, No. 25, 2009.

[121] K Brunnermeier M, Nagel S., "Hedge Funds and the Technology Bubble" *The Journal of Finance*, Vol. 59, No. 5, 2004.

[122] Kahn, G., "Beyond Inflation Targeting: Should Central Banks Target the Price Level?" *Federal Reserve Bank of Kansas City Economic Review*, March, 2009.

[123] Karabarbounis L, Neiman B., "The Global Decline of the Labor Share" *The Quarterly Journal of Economics*, Vol. 129, No. 1, 2013.

[124] Kiley, M. T., "Output Gaps" *Journal of Macroeconomics*, Vol. 37 (C), 2013.

[125] King, Robert G., Charles I. Plosser, and Sergio T. Rebelo, "Production, Growth and Business Cycles: I. the Basic Neoclassical Model" *Journal of Monetary Economics*, Vol. 21 (2 - 3), 1988.

[126] Kiyotaki N, Moore J., "Credit Chains" *Journal of Political Economy*, Vol. 105, No. 21, 1997.

[127] Kleibergen, F. and S. Mavroeidis, "Weak Instrument Robust Tests in GMM and the New Keynesian Phillips Curve" *Journal of Business and Economic Statistics*, Vol. 27, No. 3, 2009.

[128] Kocherlakota, Narayana, "Impact of a Land Price Fall when Labor Markets are Incomplete" *Federal Reserve Bank of Minneapolis*, mimeo, 2013.

[129] Koo R C., *The Holy Grail of Macroeconomics: Lessons from Japans Great Recession.* Hoboken: John Wiley & Sons, 2011.

[130] Koop G, Onorante L., *Estimating Phillips Curves in Turbulent Times Using the ECB's Survey of Professional Forecasters*, New York: Social Science Electronic Publishing, 2011.

[131] Koske I, Pain N., "The Usefulness of Output Gaps for Policy Analysis" *OECD Economics Department Working Paper*, No. 621, 2008.

[132] Krugman P, Eggertsson G B., "Debt, Deleveraging and the Liquidity Trap" Society for Economic Dynamics Meeting Paper, No. 1166, 2011.

[133] Krugman P., "Four Observations on Secular Stagnation" in *Teulings, C. and Baldwin, R (ed.) Secular Stagnation: Facts, Causes and Cures*, A VoxEU.org eBook, London: Centre for Economic Policy and Research Press, 2014.

[134] Krugman P., "Inflation Targets Reconsidered" *Draft paper for ECB Sintra Conference*, May. 2014.

[135] Krugman P., "Secular Stagnation, Coalmines, Bubbles, and Larry Summers" *New York Times*, November 16, 2013.

[136] Krugman, P., "How Did Economists get it So Wrong?" *New York Times*, September 2, 2009,

[137] Krugman, P., "How to End this Depression" *New York Review of Books*, May 24, 2012.

[138] Kuttner K., "A Snapshot of Inflation Targeting in its Adolescence" in *Christopher Kent* and *Simon Guttmann* (ed.) *The Future of Inflation Targeting Reserve Bank of Australia*, RBA Annual Conference Volume, 2004.

[139] Kydland, Finn E., Edward C. Prescott, "Time to Build and Aggregate Fluctuations" *Econometrica*, Vol. 50, No. 6.

[140] Lo S H, Rogoff K., "Secular Stagnation, Debt Overhang and Other Rationales for Sluggish Growth, Six Years on" *BIS working paper*, No. 482, 2015.

[141] Lucas, RobertE., Jr., and Thomas J. Sargent, *Rational Expectations and*

Econometric Practice, Minneapolis: University of Minnesota Press, 1981.

[142] Matheson T, Sandri D, Simon J. , "The Dog That didn't Bark: Has Inflation Been Muzzled or Was It Just Sleeping" *IMF World Economic Outlook*, Chapter 3, April, 2013.

[143] McCallum, Bennett T. 1981, "*Price Level Determinacy with an Interest Rate Policy Rule and Rational Expectations*" Journal of Monetary Economics, Vol. 8, No. 3, 1981.

[144] Mello L D, Padoan P C. , "*Promoting Potential Growth: The Role of Structural Reform*" OECD Economics Department Working Paper, No. 793, 2010.

[145] Meltzer, Allan H. , *A History of the Federal Reserve. Vol 1, 1913 – 1951*, Chicago: University of Chicago Press, 2003.

[146] Meyer L H. "Does Money Matter?" *Federal Reserve Bank of St. Louis Review*, Vol. 83, No. 5, 2001.

[147] Mian A R, Sufi A, Trebbi F. , "Resolving Debt Overhang: Political Constraints In the Aftermath of Financial Crises" *NBER Working Paper*, No. 17831, 2012.

[148] Mian A R, Sufi A. , "House Price Gains and U. S. Household Spending from 2002 to 2006" *NBER Working Paper*, No. 20152, 2014.

[149] Mian A, Sufi A. , "House Prices, Home Equity—Based Borrowing, and the US Household Leverage Crisis" *American Economic Review*, Vol. 101, No. 5, 2009.

[150] Michal Andrle. "What Is in Your Output Gap? Unified Framework & Decomposition into Observables", *IMF Working Paper*, No. 105, 2013.

[151] Mise E, Kim T H, Newbold P. , "On Suboptimality of the Hodrick – Prescott Filter at Time Series Endpoints", *Journal of Macroeconomics*, Vol. 27, No. 1, 2005.

[152] Mishkin F S. , "Estimating Potential Output" *Speech at the Conference on Price Measurement for Monetary Policy*, Federal Reserve Bank of Dallas, Dallas, Texas. 2007.

[153] Mishkin, F. , "Monetary Policy Strategy: Lessons from the Crisis"

NBER Working Paper, No. 16755, 2011.

[154] Mishkin, F. S. , "Inflation Dynamics" *International Finance*, Vol. 10, No. 3, 2007.

[155] Mishkin, F. , "Central Banking after the Crisis" *Paper for the 16th Annual Conference of the Central Bank of Chile*, Santiago, November, Chile.

[156] Morrow K M, Röger W. , "Production Function Approach to Calculating Potential Growth and Output Gaps-Estimates for the EU Member States and the US" *European Economy Directorate General Economic and Financial Affairs Economic Paper*, NO. 176, 2002.

[157] Nason, J. M. and G. W. Smith, "The New Keynesian Phillips Curve: Lessons from Single-Equation Econometric Estimation" *Economic Quarterly*, Vol. 94, No. 4, 2008.

[158] Nechio F, Ferrero A, Carvalho C. , "Demographics and Real Interest Rates: Inspecting the Mechanism" *Federal Reserve Bank of San Francisco Working Paper*, Series 5, 2016.

[159] Neiss K S, Nelson E. , "Inflation Dynamics, Marginal Cost, and the Output Gap: Evidence from Three Countries" *Journal of Money, Credit and Banking*, Vol. 37, No. 6, 2005.

[160] Nelson E, Nikolov K. , "UK Inflation in the 1970s and 1980s: the Role of Output Gap Mismeasurement" *Journal of Economics and Business*, Vol. 55, No. 4, 2003.

[161] OECD, *Economic Policy Reforms* (2009 – 2014): *Going for Growth*, Paris: OECD, 2009 – 2014.

[162] Okun A M. , "Potential GNP: Its Measurement and Significance" *Proceedings of the Business and Economics Statistics Section*, American Statistical Association, Washington, DC, 1962.

[163] Orphanides A, Van Norden S. , "The Unreliability of Output-gap Estimates in Real Time" *Review of Economics and Statistics*, Vol. 84, No. 4, 2002.

[164] Orphanides A. , "Taylor Rules" *Ssrn Electronic Journal*, Vol. 19, No.

18, 2007.

[165] Oulton, N. , M. Sebastiá-Barriel, "Long and Short-term Effects of the Financial Crisis on Labor Productivity, Capital and Output" *Bank of England Working Paper*, No. 470, 2013.

[166] Palacio-Vera A. , "The 'Modern' View of Macroeconomics: Some Critical Reflections" *Cambridge Journal of Economics*, Vol. 29, No. 5, 2005.

[167] Piketty T. *Capital in the twenty-first century.* Cambridge: Harvard University Press, 2014.

[168] Posner R A. , *A Failure of Capitalism: The Crisis of 08 and the Descent into Depression*, Cambridge: Harvard University Press, 2009.

[169] Qian Y, Roland G. , "Federalism and the Soft Budget Constraint" *American Economic Review*, Vol. 88, No. 5, 1998.

[170] Rabanal, P. and M. T. Sanjani, "Financial Factors: Implications for Output Gaps", IMF Working Paper, No. 153, 2015.

[171] Rajan R G. , "Has Finance Made the World Riskier?" *European Financial Management*, Vol. 12, No. 4, 2006.

[172] Rajan R. , *Fault Lines*, Princeton: Princeton University Press, 2010.

[173] Rawdanowicz, Ł. et al. , "Secular Stagnation: Evidence and Implications for Economic Policy" *OECD Economics Department Working Paper*, No. 1169, 2014.

[174] Reifschneider D, Wilcox D. , "Aggregate Supply in the United States: Recent Developments and Implications for the Conduct of Monetary Policy" *FEDS Working Paper*, No. 77, 2013.

[175] Reinhart C M, Reinhart V R, Rogoff K S. , "Debt Overhangs: Past and Present" *NBER Working Paper*, No. 18015, 2012.

[176] Robert J. Gordon. , "A New Method of Estimating Potential Real GDP Growth: Implications for the Labor Market and the Debt/GDP Ratio" *NBER working Paper*, No. 20423. 2014.

[177] Roberts, J. M. , "Monetary Policy and Inflation Dynamics" *International Journal of Central Banking*, Vol. 2, No. 3, 2006.

[178] Rogoff K. , "The Optimal Degree of Commitment to an Intermediate Mo-

netary Target" *Quarterly Journal of Economics*, Vol. 100, No. 4, 1985.

[179] Rogoff K., "Three Challenges Facing Modern Macroeconomics" *White Paper Submitted to the National Science Foundation*, September 21, 2010.

[180] Rotemberg, Julio J., and Michael Woodford, "Oligopolistic Pricing and the Effects of Aggregate Demand on Economic Activity" *Journal of Political Economy*, Vol. 100, No. 6, 1992.

[181] Rotemberg, Julio J., Michael Woodford, "Markups and the Business Cycle" in *Olivier J. Blanchard and Stanley Fischer (ed.) NBER Macroeconomics Annual* 1991, Cambridge: MIT Press, 1991.

[182] Saporta V., "The Role of Macro Prudential Policy" *Bank of England Discussion Paper*, November 19, 2009.

[183] Sargent, Thomas J., Neil Wallace, "'Rational' Expectations, the Optimal Monetary Instrument, and the Optimal Money Supply Rule" *Journal of Political Economy*, Vol. 83, No. 2, 1975.

[184] Sawyer, M., "The NAIRU, Aggregate Demand and Investment" *Metroeconomica*, Vol. 53, No. 1, 2002.

[185] Scharfstein, D S., J. C. Stein, "Herd Behavior and Investment" *American Economic Review*, Vol. 80, No. 3, 1990.

[186] Schleer F, Kappler M., "The Phillips Curve: (In) stability, the Role of Credit, and Implications for Potential Output Measurement" *ZEW-Centre for European Economic Research Discussion Paper*, No. 067, 2014.

[187] Smets F, Wouters R., "An Estimated Stochastic Dynamic General Equilibrium Model of the Euro Area" *Ssrn Electronic Journal*, Vol. 1, No. 5, 2002.

[188] Stiglitz J E., *Freefall: America, Free Markets, and the Sinking of the World Economy*, New York: WW Norton & Company, Inc., 2010.

[189] Stock J H, Watson M W., "Modeling Inflation after the Crisis" *NBER Working Paper*, No. 16488, 2010.

[190] Summers L H., "Demand Side Secular Stagnation" *American Economic*

Review, Vol. 105, No. 5, 2015.

[191] Summers L H., "Low Equilibrium Real Rates, Financial Crisis, and Secular Stagnation" in *Martin Neil Baily & John B. Taylor* (ed.) *Across the Great Divide: New Perspectives on the Financial Crisis*, Palo Alto: Hoover Institution, Stanford University, 2014.

[192] Summers L H., "Reflections on the 'New Secular Stagnation Hypothesis" in *Teulings, C. and Baldwin, R* (ed.) *Secular Stagnation: Facts, Causes and Cures*, A VoxEU. org eBook, London: Centre for Economic Policy and Research Press, 2014.

[193] Summers L H., "U. S. Economic Prospects: Secular Stagnation, Hysteresis, and the Zero Lower Bound" *Business Economics*, Vol. 49, No. 2, 2014.

[194] Summers L H., "Speech at IMF Fourteenth Annual Research Conference in Honor of Stanley Fischer" *http: //larrysummers. com/imf-fourteenth-annual-research-conference-in-honor-of-stanley-fischer/*, Washington: November 8, 2013a.

[195] Summers L., "Why Stagnation Might Prove to Be the New Normal" *Financial Times*, December 15, 2013.

[196] Svante Öberg, "Potential GDP, Resource Utilization and Monetary Policy" *Speech at the Statistics Sweden's annual conference*, Saltsjöbaden, October 7, 2010.

[197] Svensson, L., "Flexible Inflation Targeting-Lessons from the Financial Crisis" *Speech at the workshop "Towards a new framework for monetary policy? Lessons from the crisis"*, organized by the Netherlands Bank, Amsterdam, September 21, 2009.

[198] Swanson E T, Williams J C., "Measuring the Effect of the Zero Lower Bound on Medium- and Longer-Term Interest Rates" *Federal Reserve Bank of San Francisco Working Paper*, Series 2, 2012.

[199] Taylor J B, Woodford M. *Handbook of macroeconomics*, Elsevier: North-Holland, 1999.

[200] Taylor J B., "The Economic Hokum of 'Secular Stagnation'" *Wall*

Street Journal, January 1, 2014.

[201] Taylor, J. B., "The Financial Crisis and the Policy Responses: An Empirical Analysis of What Went Wrong" NBER Working Paper, No. 1463, 2009.

[202] Taylor, J., "Monetary Policy and the State of the Economy" *Testimony before the Committee on Financial Services* U. S. House of Representatives, 2008.

[203] Taylor, John B., "Discretion versus Policy Rules in Practice" *Carnegie-Rochester Conference Series on Public Policy*, Vol. 39, No. 1, 1993.

[204] Tereanu E, Tuladhar A, Simone A S., "Structural Balance Targeting and Output Gap Uncertainty" IMF Working Papers, No. 107, 2014.

[205] Teulings, C., Baldwin, R., *Secular Stagnation: Facts, Causes, and Cures*, A VoxEU. org eBook, London: Centre for Economic Policy and Research Press, 2014.

[206] Thwaites G., "Why are Real Interest Rates so Low? Secular Stagnation and the Relative Price of Investment Goods" *Bank of England Working Paper*, No. 564, 2015.

[207] Tirole J., "Asset Bubbles and Overlapping Generations" *Econometrica*, Vol. 53, No. 6, 1985.

[208] Tobin, James, "Stabilization Policy Ten Years After" Brookings Papers on Economic Activity, No. 1, 1980.

[209] Todd Keister, Antoine Martin, and James McAndrews, "Divorcing Money from Monetary Policy" *Federal Reserve Bank of New York Economic Policy Review*, September, 2008.

[210] Warnock F E, Warnock V C., "International Capital Flows and US Interest Rates" *Journal of International Money and Finance*, Vol. 28, No. 6, 2009.

[211] Wieland, Johannes, "Are Negative Supply Shocks Expansionary at the Zero Lower Bound," *Manuscript*, 2013.

[212] Williams J., "Sailing into Headwinds: the Uncertain Outlook for the US Economy" *Presentation to Joint Meeting of the San Francisco and*

Salt Lake City Branch Boards of Directors, Salt Lake City, UT. 2010.

[213] Williams, JC., "The Federal Reserve's Unconventional Policies" *FRBSF Economic Letter*, November 13, 2012.

[214] Woodford, M., "Methods of Policy Accommodation at the Interest-Rate Lower Bound" *Presention at "The Changing Policy Landscape,"* FRB Kansas City Economic Policy Symposium, Jackson Hole, WY, 2012.

[215] Woodford, Michael., "Central Bank Communication and Policy Effectiveness" in *Federal Reserve Bank of Kansas City (ed.) The Greenspan Era: Lessons for the Future*, Kansas City: Federal Reserve Bank of Kansas City, 2005.

[216] Woodford, Michael. *Interest and Prices: Foundations of a Theory of Monetary Policy.* Princeton: Princeton University Press, 2003.

[217] Yellen, J., "The Federal Reserve's Asset Purchase Program" *Speech at the Brimmer Policy Forum, Allied Social Science Associations Annual Meeting*, Denver, Colorado, January 8, 2011.

[218] [奥] 鲁道夫·希法亭:《金融资本》,李琼译,华夏出版社2010年版。

[219] [奥] 路德维希·冯·米塞斯:《人类行为的经济学分析》,郭笑文等译,广东经济出版社2010年版。

[220] [德] 马克思:《资本论》,中共中央马克思恩格斯列宁斯大林著作编译局译,人民出版社2004年版。

[221] [法] 雅克·阿塔利:《危机之后?》,林平译,中国文联出版社2009年版。

[222] [马来西亚] 沈联涛:《十年轮回:从亚洲到全球的金融危机(第3版)》,杨宇光译,上海远东出版社2016年版。

[223] [美] 艾伦·格林斯潘:《动荡的世界:风险、人性与未来的前景》,余江译,中信出版社2014年版。

[224] [美] 安德鲁·克莱曼:《大失败——资本主义生产大衰退的根本原因》,周延云译,中央编译出版社2013年版。

[225] [美] 奥利维尔·布兰查德:《金融危机的教训(反思当代政策)》,王志毅译,浙江大学出版社2013年版。

[226]［美］保罗·戴维森：《凯恩斯方案：通向全球经济复苏与繁荣之路》，孙时联译，机械工业出版社 2011 年版。

[227]［美］保罗·克鲁格曼：《萧条经济学的回归和 2008 年经济危机》，刘波译，中信出版社 2009 年版。

[228]［美］保罗·克鲁格曼：《现在终结萧条!》，罗康琳译，中信出版社 2012 年版。

[229]［美］本·S. 伯南克：《金融的本质》，巴曙松译，中信出版社 2014 年版。

[230]［美］本·S. 伯南克：《大萧条》，宋芳秀等译，东北财经大学出版社 2007 年版。

[231]［美］波斯纳：《资本主义的失败：〇八危机与经济萧条的降临》，沈明译，北京大学出版社 2009 年版。

[232]［美］布拉德利·W. 贝特曼：《回归凯恩斯》，丁志杰译，中国金融出版社 2011 年版。

[233]［美］布里安·P. 辛普森：《市场没有失败》，齐安儒译，吉林出版集团有限责任公司 2013 年版。

[234]［美］查尔斯·P. 金德尔伯格、罗伯特·Z. 阿利伯：《疯狂、惊恐和崩溃——金融危机史（第六版）》，朱隽等译，中国金融出版社 2014 年版。

[235]［美］费雪：《繁荣与萧条》，李彬译，商务印书馆 2014 年版。

[236]［美］弗里德曼、施瓦茨：《美国货币史》，巴曙松等译，北京大学出版社 2009 年版。

[237]［美］高柏：《日本经济的悖论——繁荣与停滞的制度性根源》，刘平译，商务印书馆 2004 年版。

[238]［美］戈特弗里德·冯·哈伯勒：《繁荣与萧条：经济周期运动的盛衰交替》，朱应庚译，中央编译出版社 2011 年版。

[239]［美］海曼·P. 明斯基：《稳定不稳定的经济：一种金融不稳定视角》，石宝峰译，清华大学出版社 2015 年版。

[240]［美］亨特·刘易斯：《经济学的真相：凯恩斯错在哪里》，曹占涛译，东方出版社 2010 年版。

[241]［美］卡门·M. 莱因哈特、肯尼斯 S. 罗格夫：《这次不一样：八

百年金融危机史》,綦相等译,机械工业出版社 2012 年版。

[242] [美] 拉古拉迈·拉詹:《断层线:全球经济潜在的危机》,刘念等译,中信出版社 2011 年版。

[243] [美] 理查德·沃尔夫:《相互竞争的经济理论:新古典主义、凯恩斯主义和马克思主义》,孙来斌等译,社会科学文献出版社 2015 年版。

[244] [美] 默里·罗斯巴德:《美国大萧条》,谢华育译,上海人民出版社 2009 年版。

[245] [美] 乔治·阿克洛夫、罗伯特·席勒:《动物精神》,黄志强译,中信出版社 2016 年版。

[246] [美] 乔治·库珀:《一本书读懂经济危机周期》,张桦等译,中信出版社 2010 年版。

[247] [美] 泰勒·考恩:《大停滞科技高原下的经济困境美国的难题与中国的机遇》,王颖译,上海人民出版社 2015 年版。

[248] [美] 泰勒·考恩:《大停滞?》,王颖译,上海人民出版社 2015 年版。

[249] [美] 托马斯·J. 萨金特:《动态宏观经济理论》,朱保华译,上海财经大学出版社 2014 年版。

[250] [美] 西奥多·E. 伯顿:《资本的秘密:金融危机与大萧条经济周期的规律》,李薇等译,陕西师范大学出版社 2009 年版。

[251] [美] 约翰·卡西迪:《市场是怎么失败的》,刘晓锋译,机械工业出版社 2011 年版。

[252] [美] 约翰·莫尔丁、[英] 乔纳森·泰珀:《终局:看懂全球债务危机》,章爱民译,机械工业出版社 2012 年版。

[253] [美] 约瑟夫·阿洛斯·熊彼特:《经济周期循环论》,叶华译,中国长安出版社 2009 年版。

[254] [美] 约瑟夫·E. 斯蒂格利茨:《自由市场的坠落》,李俊青等译,机械工业出版社 2011 年版。

[255] [挪威] 拉斯·特维德:《逃不开的经济周期》,董裕平译,中信出版社 2012 年版。

[256] [日] 池田信夫:《失去的二十年》,胡文静译,机械工业出版社

2012年版。

[257] [日] 林直道：《危机与萧条的经济理论：对日、美及东亚经济衰退的剖析》，江瑞平译，中国人民大学出版社2005年版。

[258] [英] 斯基德尔斯基：《重新发现凯恩斯》，秦一琼译，机械工业出版社2011年版。

[259] [英] 阿代尔·特纳：《危机后的经济学：目标与手段》，李伟平译，中国人民大学出版社2014年版。

[260] [英] 冯·哈耶克：《作为一种发现过程的竞争——哈耶克经济学、历史学论文集》，邓正来译，首都经济贸易大学出版社2014年版。

[261] [英] 哈耶克：《价格与生产》，滕维藻等译，上海人民出版社1958年版。

[262] [英] 加里·B. 戈顿：《对金融危机的误解：我们为何无法发现其来临》，中国金融出版社2016年版。

[263] [英] 克拉克：《经济危机理论：马克思的视角》，杨健生译，北京师范大学出版社2011年版。

[264] 戴园晨：《住房体制改革——关于"有恒产者方有恒心"的最新诠释》，广东经济出版社2009年版。

[265] 韩和元：《告别恐慌》，中央民族大学出版社2009年版。

[266] 何秉孟、刘溶沧、刘树成主编：《亚洲金融危机：分析与对策》，社会科学文献出版社2007年版。

[267] 何秉孟：《亚洲金融危机：分析与对策》，社会科学文献出版社2007年版。

[268] 李晓鹏：《大崩溃》，北京邮电大学出版社2009年版。

[269] 李晓鹏：《大崩溃正在降临的危机与金融风暴史》，北京邮电大学出版社2009年版。

[270] 刘崇仪：《经济周期论》，人民出版社2006年版。

[271] 刘盾、施祖麟：《收入分配与经济增长——非主流理论、经济危机与中国实际》，北京交通大学出版社2016年版。

[272] 刘鹤：《两次全球大危机的比较研究》，中国经济出版社2013年版。

[273] 刘世锦：《中国经济增长十年展望（2016—2025）：由数量追赶到质量追赶》，中信出版集团2016年版。

[274] 刘淑娟、郎营、易妮：《"一带一路"将适度缓解国内水泥行业产能过剩》，《中国建材报》2015年6月3日。

[275] 刘元琪：《资本主义经济金融化与国际金融危机》，经济科学出版社2009年版。

[276] 裴小革：《经济危机整体论：马克思主义经济危机理论再研究》，中国社会科学出版社2013年版。

[277] 强飙：《马克思经济危机理论视角下国际金融危机研究》，经济科学出版社2014年版。

[278] 石自强：《历次金融危机解密》，龙门书局2011年版。

[279] 温铁军：《八次危机：中国的真实经验1949—2009》，东方出版社2013年版。

[280] 薛莉：《国际金融危机对转型国家的冲击及其应对》，江西人民出版社2011年版。

[281] 杨灿：《中国经济与金融周期的统计研究》，中国统计出版社2010年版。

[282] 杨健生：《经济危机理论的演变》，中国经济出版社2008年版。

[283] 赵崇龄：《外国经济思想通史》，云南大学出版社2015年版。

[284] 戴慧：《日本经济泡沫的教训及其启示》，《海南金融》2011年第10期。

[285] 范志勇、杨丹丹：《"新共识"货币政策框架的形成、内涵和实践原则：基于中国视角的批判》，《教学与研究》2016年第4期。

[286] 江时学：《拉美经委会论拉美债务危机》，《拉丁美洲研究》1987年第1期。

[287] 江时学：《拉美债务危机的出路何在——兼评"布雷迪计划"》，《拉丁美洲研究》1991年第4期。

[288] 林毅夫：《金融危机祸起2001年互联网泡沫》，《软件世界》2008年第10期。

[289] 林毅夫：《回顾金融危机：多数经济学家都没意识到》，2013年4月27日，http://blog.sina.com.cn/s/blog_60f5a9be0101j7hn.

html。

[290] 刘元春、李舟、杨丹丹：《金融危机后非常规货币政策工具的兴起、发展及应用》，《国际经济评论》2017年第2期。

[291] 刘元春、杨丹丹（a）：《金融危机后产出缺口理论的回顾、反思与最新进展》，《中国人民大学学报》2016年第2期。

[292] 刘元春、杨丹丹（b）：《市场失灵、金融危机与现有潜在产出测算的局限》，《经济学动态》2016年第8期。

[293] 罗伯特·布伦纳：《全球生产能力过剩与1973年以来的美国经济史》（上、下），《国外理论动态》2006年第2、3期。

[294] 齐楚：《拉美国家的债务危机》，《现代国际关系》1983年第5期。

[295] 沈红芳：《亚洲金融危机：东亚模式转变的催化剂——对泰国与菲律宾的案例研究》，《世界经济》2001年第10期。

[296] 宋丽智、胡宏兵：《美国〈多德—弗兰克法案〉解读——兼论对我国金融监管的借鉴与启示》，《宏观经济研究》2011年第1期。

[297] 宋玉华、叶绮娜：《美国金融监管改革及其面临的挑战》，《世界经济研究》2010年第3期。

[298] 汪同三、蔡跃洲：《投资、净出口拉动经济增长的深层次原因从收入分配视角的分析》，《东北大学学报》（社会科学版）2007年第1期。

[299] 卫玲：《中国经济增长红利的变化及其新红利空间的创造》，《西北大学学报》（哲学社会科学版）2012年第5期。

[300] 谢富胜、李安、朱安东：《马克思主义危机理论和1975—2008年美国经济的利润率》，《中国社会科学》2010年第5期。

[301] 宿玉海、宋凡：《日元升值、经济泡沫破灭及对中国的启示》，《宏观经济研究》2010年第6期。

[302] 杨瑞龙：《我国制度变迁方式转换的三阶段论》，《经济研究》1998年第1期。

[303] 于春海：《出口拉动GDP新探》，《中国经济报告》2016年第11期。

[304] 赵春玲、张武春：《赤字财政、巨额负债与拉美经济危机的频繁爆发》，《内蒙古社会科学》（汉文版）2002年第5期。

[305] 张丽娟:《金融危机以来美国贸易政策的回顾与展望》,《国际贸易问题》2011 年第 6 期。

[306] 张婷玉、崔日明:《美国"再工业化"战略实施效果评析与启示》,《世界贸易组织动态与研究》2013 年第 6 期。

[307] 中国经济增长前沿课题组:《中国经济长期增长路径、效率与潜在增长水平》,《经济研究》2012 年第 11 期。

[308] 周黎安:《晋升博弈中政府官员的激励与合作》,《经济研究》2004 年第 6 期。

[309] 周舟:《从欧元区各国的比较看欧债危机根源》,《国际金融研究》2013 年第 12 期。

[310] 朱民、边卫红:《危机挑战政府——全球金融危机中的政府救市措施批判》,《国际金融研究》2009 年第 2 期。